KB040700

내가 몰랐던 상처를 마주하고,
다시 나를 성장시키는

# 홀로서기 수업

김진관 지음

늘 괜찮다며, 혼자 아파하는 당신에게

생각의힘

차
례

# 들어가며

     이십사 년 전 연세대학교 생화학과 졸업을 일 년 앞둔 시점에서 내가 가야 할 길이 정해졌다. 이상하게 마음이 허전했고 삶이 따분하게 느껴졌다. 마음에 안 들지는 않았지만 딱히 마음에 든 것도 아니었다. 다시 태어나고도 싶었지만 그럴 순 없으니, 처음부터 짚어보면서 다시 키워보고 싶었다. 고민 끝에 무작정 심리학과를 찾았다. 당시 얼굴도 모르던 선배에게 새롭게 시작하고 싶다는 뜻을 밝혔더니 돌아온 답이 이랬다. "나중에 밥 굶어도 좋으면 와서 해봐요. 좋은 공부하고 자신을 얻으니까 본전은 건질 거예요." 그 표정이 묘했다. 기죽이려는 의도는 아니었다. 따뜻했고 어딘가 자신 있어 보였다. 그 후 스물두 해 동안 밥을 굶지는 않았다. 십 년이 홀쩍 넘게 이어진 배움은 감사한 시간이었다. 그리고 지금으로부터 십여 년 전 학교 바깥으로 나와 돛단배를 띄웠고 망망대해에서의 고독한 항해가 시작되었다. 호주 시드니에서 심리상담치료에 전념하며 살아온 지난 십 년은 나 스스로도 홀로 설 수 있는 시간이었고, 감히 행복했다고 말할 수 있다. 그리고 이제는 나도 해주고 싶은 말들이 많아졌다.

"마음 아픈 사람들 이야기만 종일 들으면 힘들지 않아요?"

흔히 듣는 질문이다. 하지만 전혀 그렇지 않다. 각박한 세상 속에서의 부대낌에 비하면 상담실 안에서의 시간은 각박하지 않다. 상담실을 스스로 찾는 분들은 대부분 좀 더 예민한 사람, 좀 더 간절한 사람, 자기 탓을 잘하는 사람이다. 이런 분들은 대체로 마음에 대한 통찰력이 좋다. 나는 그 분들이 조금 더 외롭거나 예민해져 소통과 해법이 절실해졌을 때 자기 성찰을 하는 절대 고독의 시간을 겸허한 마음으로 함께한다. 그 분들이 자아를 발견하고 이해하고 받아들이는 아름다운 시간을 함께한다.

"그래도 힘든 점이 있을 것 같은데……."

물론 지칠 때가 있다. 정신적 몰입도가 큰 일이다 보니 하루 종일 상담을 하면 체력적으로 고갈되는 것을 자주 느낀다.

매듭이 잘 풀리지 않을 때도 그렇다. 아픔을 덜어내고 행복해지려고 마주 앉아서 속을 다 열어놓았는데 매듭을 풀지 못하면 그보다 난감한 일도 없지 않겠는가. 사람의 심리가 워낙 복잡다단해서 심리상담가들로서는 이만하면 충분한 경지라는 것이 애당초 없다. 신기하게도 노력을 멈추고 쉬면 제자리가 아니라 어김없이 퇴보를 한다. 좀 엄격하게 말하자면 사례 하나를 만날 때마다 상담자는 배움과 성장과 진화를 거듭해야만 한다. 힘든 일이지만 오히려 그래서 감사할 일이다.

진화를 거듭하는 동안 크게 깨달은 것이 하나 있다. 상담이 잘 되려면 상담을 받는 사람이 자신에게 힘이 있다는 것을 진정으로 믿어야 한다는 사실이다. 매듭을 상담자가 푼다고 생각하면 더욱 꼬일 뿐이다. 이 깨달음은 시간이 지날수록 더욱 명료해진다. 이 점은 상담치료에 막 입문할 때부터 배우고 머리에 새기지만, 몸으로 느끼고 마음에 새겨 넣기까지는 꽤 오랜 시간이 걸린다. 힘들어하는 사람들을 돕고 싶은 마음에 자꾸만 힘이 들어가고 자기 힘으로 풀겠다고 서두르는 것은 본능에 가까운 현상이라는 게 그나마 상담자들이 할 수 있는 변명이다. 세월이 꽤 지나도 여전히 내 힘으로 매듭을 풀겠다고 애쓰는 내 모습이 문득 느껴질 땐 자괴감이 밀려온다. 그럴 때는 자신을 성찰하는 상담자는 그래도 성장하고 있는 것이라며 스스로 위안을 삼곤 한다.

"어떤 사람들이 상담을 하러 와요?"

당신과 가까이 지내는 그 분들이다. 누가 봐도 늘 어둡거나 불안정해 보이는 분들도 상담치료를 받겠지만, 뭐든지 잘하고 누구와도 잘 어울리는 분들도 의외로 상담치료를 받는 경우가 많다. 서로의 힘든 마음을 가까운 사람들이 몰라주고 있었을 뿐이다. 상담실을 찾는 사람들은 대부분 관계 중심적인 분들이다. 이타적이고 희생적이기까지 한 분들, 책임감이 큰 분들, 올바름에 대한 집착이 강한 분들, 애정이나 인정을 갈구하는 분들, 관계가 두려워 회피하는 분들, 또는 타인의 평가에 지나치게 민감한 분들이 가장 흔히 상담을 찾는다. 누구나 상담이 필요하다는 인식도 널리 퍼져 있지만 그래도 여전히 '우리와는 좀 다른' 사람들이 상담치료를 찾는 게 아닌가 하는 편견이 여전하다.

세상이 급속도로 변하고 있다. 편리해지고 재밌거리들도 어마어마하게 늘었지만 그만큼 각박해졌다. 지나치게 속도가 빨라졌고, 경쟁이 치열해졌고, 시기와 분노가 여기저기 쌓이고, 관계들이 대체로 가벼워지고 얕아졌다. 모든 심리장애는 사랑과 인정을 받고 싶은 근원적 욕구가 꾸준히 좌절되면서 자라난다. 외로움, 공허함, 두려움, 분노를 호소하는 사람들이 점점 더 많아질 수밖에 없다. 심리장애는 흔해졌는데, 힘들 때는 좀 내려놓고 쉬고 싶은데, 세상은 계속 돌아가고 주위에서는 다들 앞만 보고 달리고 있으니 어디 기댈 데가 없다. "너만 힘드니? 나약하게 왜 그래." 차가운 세상이다.

그렇다. 이 책은 홀로서기가 절실한 분들께 드리는 이야기다.


"안 그래도 외롭고 공허해서 간절히 기댈 데가 필요한데 홀로서기를 하라고요?"

자존감이 높아야 홀로서기가 가능하다. 홀로서기를 연습해야 자존감이 높아진다. 홀로서기는 혼자서도 괜찮은 것이고, 자기 스스로가 마음에 들어야만 가능하다. 그럴 때 비로소 타인과의 관계에서 더 풍성한 것을 누리게 된다. 혼자인 게 너무 외롭고 힘들면 타인의 관심에 매달리게 된다. 자신이 마음에 들지 않으면 타인의 인정에 매달리게 된다. 더욱이 타인과 의미 있는 금자탑을 쌓아야만 비로소 의미가 생기는 삶이라면 너무 위태롭지 않은가. 홀로서기는 적절한 거리를 유지함으로써 독립된 자아를 지키고 관계를 살찌우고 삶을 의미 있게 만드는 지혜다.

"좋은 책도 읽고 누구보다 열심히 노력하는데 왜 나아지지 않을까요?"

정말 중요한 질문이다. 이 책이 세상에 나와야 하는 가장 핵심적인 이유가 여기에 있다. 좋은 메시지, 깊은 공감, 다부진 결심으로도 왜 실제 달라지는 건 별로 없는가. 왜 책을 읽을 때는 달콤하지만 책을 덮으면 같은 일상, 같은 패턴, 같은 흐름의 반복을 벗어나지 못하는가. 책을 통해 크게 성장하는 것은 분명하지만, 심리적 갈등이나 아픔이 치유되는 것은 좀 다른 이야기다. 인지적인 역량과 통찰이 남부럽지 않은 분들도 심리적 장애를 잘 털어내지 못하는 경우가 흔하다. 버지니아 울프Virginia Woolf나 어니스트 헤밍웨이Ernest Hemingway는 왜 자살했을까. 최고의 지성이 되는 것, 최고의 작품을 남기는 것, 그리고 자아실현은 과연 동의어일까. 정서적 안정감이 부족하거나 자존감이 낮아도 자아실현이 가능할까.

정말 전환점이 필요하고, 스스로 간절히 노력하고 있으며,

게다가 충분히 역량이 있는 분들이 제대로 된 변화와 치유로 나아가지 못하고 같은 자리만 맴돌고 있는 걸 보면 안타깝다. 그 분들에게 조금의 힘이라도 보태고 싶은 마음이 든다. 어쩌면 조금 큰 힘을 보탤 수도 있겠다.

　　모든 것에 예민한 사람도 없고 아무것에도 예민하지 않은 사람도 없다. 누구나 무의식 안에 자동화된 자기만의 습성 같은 걸 갖고 있는데, 그것이 자기만의 예민함을 만들어낸다. 그걸 찾아내고 이해하고 가슴으로 통찰하기 전에는 자신이 왜 어떤 특정한 것들에 그리 예민한지, 또는 왜 정서적으로 불안정한지 이해하지 못한다.

　　문제는 무엇을 모르는지 그걸 몰라서 달라지지 못하는 것이다. 벌컥 화를 내버렸지만 실은 그렇게까지 화낼 일은 아니라는 것, 알고 있다. 자신이 과하게 희생적이지 않아야 한다는 것도, 남 눈치를 볼 필요가 없다는 것도, 책임감이나 도덕주의에 대한 강박을 조금만 내려놓으면 된다는 것도 다 안다. 다만 문제는 내려놓아야 한다는 걸 잘 알면서도 신경이 자꾸만 곤두서는 현상을 이해할 수 없다는 것이다. 다부진 결심을 해도 여전히 내려놓지 못하는 것은 자신의 무의식에 자동화되어버린 습성들 때문이다. 그것들을 자각하지 못하는데 어떻게 내 마음을 컨트롤할 수 있을까? 책 읽을 때는 달콤한 기분에 젖어 용기백배하기도 한다. 마치 슬럼프에 빠진 학생이 '더 큰 꿈을 품고 불철주야 매진한 끝에 끝내 달콤한 결실을 맺는 공상'에 젖어 마음에 힘이 불끈 솟아오르지만, 막상 공부를 시작하려면 곧 마음이 산란해지면서 '아직은 시작할 분위기가 아니니까' 딴짓부터 조금 하다가, 좀 더 하다가, 푹 빠져서 휘말리다가, 정신 차릴 때 즈음에는 자괴감만 커지는 것과 같은 현상이다.

심리상담은 무의식 안의 것들을 의식으로 끌어올리는 작업이다. 그것이 커다란 전환점을 만들어낸다. 아무리 훌륭한 이론에 근거한 해법이어도 조언이나 가르치는 방식으로 전해지면 별로 효과가 없다. 하나의 해법을 내놓고 모든 이를 거기에 끼워 맞추는 식으로는 더더욱 효과를 낼 수 없다. 각자가 자신만의 고유한 무의식 속 마음의 습관을 인지해야 한다. 그것들이 자신의 감정, 태도, 생각, 행동에 어떻게 영향을 끼치고 있는지를 통찰해야만 한다. 뜨겁게 통찰한 후에 비로소 변화와 치유의 과정이 스르르 따라오게 된다. 몸에 힘을 주지 않아도 스르르 일어나게 되어 있다는 말이다.

"자신의 무의식의 기제를 이해하는 일이 한 권의 책으로 가능할까요?"

당연히 쉽지 않은 일이다. 사실 불가능에 가깝다. 그렇지만 이 책 한 권을 읽고 자신의 한 길 마음속에 대해 좀 더 적극적으로 탐구하고 싶어진다면, 그래서 자신에게 필요한 책을 골라서 좀 더 적극적으로 읽을 수 있게 된다면 그것만으로도 이 책은 큰 의미가 있다. 이 책 한 권을 읽으면서 자신의 아픈 상처에 대해 한탄하거나 자책하기보다는 '나도 참 힘들었구나, 딱하기도 하지'라며 연민을 느낄 수 있다면, 그것이 자신을 좀 더 아껴주기 시작하는 의미 있는 전환점이 될 수 있으리라 기대한다. 책을 읽을 때 마음에 어떤 화두를 품고 있느냐에 따라 그 책에서 얻어가는 게 천차만별 달라진다. 구체적인 호기심과 적극적인 자기 의문을 품고 있는 사람이 더 많은 걸 얻고 소화시키는 법이다. 해답을 서둘러 찾으려 하기 전에 우선 자신의 의문이 무엇인지를 천천히 알아가야 하지 않을까.

심리상담을 찾는 분들과 심리학 서적을 찾아 읽는 독자들의 마음이 크게 다르지 않을 것이다. 심리상담 때 오가는 말들은 우리들의 자아, 관계, 삶에 관한 내밀하고 간절한 이야기들이다. 특별한 사람들의 특별한 이야기가 아닌 만큼 많은 분들이 자신의 이야기라고 느끼리라 믿는다.

인간은 필연적으로 고독한 존재이기에 소울메이트가 필요하며 서로 기댈 수 있는 연대감이 절실하다. 홀로서기는 편안하고 자유로운 절대 고독 같은 것이며, 안정감 있는 관계 맺기를 위해 필수적인 기본 조건이다. 이 책 한 권이 홀로서기가 절실한, 더불어 살기를 소망하는, 나아가서 자아실현을 꿈꾸는 분들에게 작지만 의미 있는 길잡이가 되기를 희망한다.

# 내가 아는 나와
# 내가 모르는 나
# 사이에서

# 내가 몰랐던 상처들,
# 어디에 있었을까

'나는 누구인가? 어떻게 살 것인가?'

어떤 답을 꺼내보아도 시원하지 않다. 체념하고 잊어도 어느 새 또 골몰하고 있다. 작정하고 내려놓으려 하면 왠지 삶이 훅 날아 가버릴 것만 같아서 불안하다. 답이 없는 질문을 끌어안고 살아온 게 언제부터인지 모르겠다.

'나는 대체 왜 너를 사랑하는가?'

이토록 차갑고 모진 사람을 왜 외면하지 못할까? 어디까지 나를 내주어야, 내가 얼마나 더 바닥이 나야 이 짓을 그만둘까? 모 두가 날 바보라 한다, 나 자신까지 포함해서 모두가. 심지어 그 사람 도 내게 그만하라 한다. 그만해야 하는 건 안다. 그런데 달리 무엇을 해야 할지 모르겠다.

'나는 왜 그에게 다가가지 못할까?'

그가 내게 왔다. 그가 내게 더 가까이 다가오려 한다. 나 역시 그를 원하고 있다. 그런데 난 거부한다. 알 수 없는 두려움이 내 앞을 가로막고 있다. 그를 갖고 나면 그가 내 안에서 얼음처럼 차갑게 굳어버릴 것만 같다. 그가 내게 오면 그는 더 이상 그가 아닐 것 같다. 그를 잃은 나는 다시 깊고 차가운 늪에 빠질 것이다. 이 두려움을 넘어설 자신이 없다.

'나의 열정은 도대체 어디서 찾아야 하는 걸까?'

무얼 해봐도 결국 시들해진다. 뜨겁게 시작해도 오래 가지 못하고 또 식는다. 또 다른 열정이 이제는 반갑지 않다. 끓어오르는 게 두려워지기 시작한다. 식어버릴 때의 참담한 실망을 또 하고 싶지 않다. 자꾸 움츠러든다. 무엇에도 열정이 없는 내 자신이 싫어지려 한다. 나도 내가 싫은데 누가 날 좋아할까?

'사람과 사회에 대한 애증, 그 끝은 어디일까?'

계란으로 바위치기라 했다. 나 하나의 애끓는 비탄과 살을 내주는 노력으로 사람들과 사회의 불완전과 불합리를 바꿔놓을 수는 없다. 머릿속으로는 잘 알고 인정해보지만, 마음이 괜찮아지지 않는다. 미워해도 떠날 수 없는데, 사랑할수록 더 미워진다. 옳지 않은 걸 잘 알면서도 다 그런 것 아니냐며 좋은 게 좋은 거라고들 한다. 이젠 나아가야 할 방향을 모르겠다.

간단하게 답할 수 없는 질문들이다. 마음 안에서 이런 질문들이 끝없이 맴돌 때가 있다. 자신도 알 수 없는 자기 마음이 있다. 나도 모르는 내 마음을 알아가려면 어린 시절과 무의식을 탐색해야 한다. 이 책에서 처음부터 끝까지 일관하는 두 가지 주제는 '어린 시절'과 '무의식'이다. 이 두 가지를 빼놓고서는 자존감, 자아 찾기, 홀로서기, 마음의 치유 등에 대해 논할 수가 없다.

어린 시절과 무의식에 대한 이야기들이 당신의 마음을 불편하게 할 수도, 따뜻하게 할 수도, 호기심을 채워줄 수도 있으리라 짐작한다. 오랫동안 애써 부정하거나 외면하던 것들, 즉 무의식 안에 숨겨놓은 자신에 관한 진실들, 무의식 안에 새겨진 인간 본성의 민낯들, 또는 어린 시절의 상처들을 대면하려면 큰 용기가 필요하다. 무언가 보이기 시작할 때 반가울 수도 있고, 울컥할 수도 있고, 어색할 수도 있고, 두려울 수도 있고, 화가 날 수도 있다. 꼭 알아야 할 것들을 알아가려 할 때 조금의 불편함은 피할 수 없는 일이다. 이제부터 먼 길, 급하지 않게 차근차근 가보겠다.

### 내면의 어린아이는 너그러운 보살핌을 원한다
### 평생 한결같이

'내면의 어린아이'는 인간의 본성에서 비롯되는 욕구다. 자아는 내면의 어린아이를 보살피는 역할을 한다. 내면의 어린아이가 찡얼거리면, 자아가 상황을 살피고 지혜를 끌어모아 해결책을 찾는다. 마땅히 그래야 한다. 그런데 이상한 일이다. 남도 아닌 자기 내

내가 몰랐던 상처들,
어디에 있었을까

면의 어린아이에게 냉정하다 못해 가혹하거나 잔인한 자아들이 있다. 찡얼거리는 어린아이에게 좀 참으라며 윽박지르기도 하고, 못 본 척 외면하기 일쑤이며, 어른스럽지 못하다며 혼내기도 한다. 자아에게 거부당한 내면의 어린아이는 울거나 화가 나거나 심할 경우 두려움에 떤다. 자아와 내면의 어린아이의 소통이 엇갈릴수록 내면의 어린아이는 점점 더 안으로 웅크린다. 이 둘 사이의 관계를 좀 더 살펴보자.

'저 남자 멋지다. 심장이 쿵쾅거리고 볼이 달아오른다. 가까이 가서 눈에 띄고 싶다. 그의 마음에 내가 들어가고 싶다.' 이 순간 자아가 집중력을 끌어모은다. 여기까지는 본성의 순리이다. 그다음 자아의 선택은 성격과 가치관에 따라 다양하게 갈린다.

한 예를 보자. 남자들은 여자들의 머리카락 향기에 약하다던데, 기왕이면 묶은 머리를 풀어보자. 간간이 찰랑찰랑 흔들어주는 것도 좋다. 기회만 주어지면 사적인 질문들도 마다하지 않는다. 그럴 땐 눈에 힘을 주고 동그랗게 떠보기도 한다. 관심이 크니까. 조금만 웃겨도 크게 웃어주는 건 기본이다. 성격 좋아보이도록 목젖이 보이게 웃어도 좋다. 나긋나긋 웃을 때는 눈에 힘을 좀 풀어보기도 한다. 적어도 지금은 차분함과 따뜻함도 겸비해야 하니까. 그렇다. 관심과 호감을 들키려는 행동이다. 자아가 이런 선택을 하는 근거는 간단하다. '나 정도면 분명히 통할 것'이라고 믿기 때문이다. 통하지 않으면? 아니면 말고, 괜찮다. 나를 몰라보는 남자라면 별 볼일 없는 사람일 것이다. 더 나은 남자를 만나기 위해 기회를 아끼는 셈이다. 기회가 오면 잘 잡을 수 있도록 충분한 주의와 노력을 기울이기로 손가락 걸고 약속한다. 바로 내면의 어린아이와의 약속이다. 내면의 어린아이는 언제나 옳고, 거부하는 상대는 언제나 틀렸다. 이처럼 자아의 적극적인 보살핌을 받는 내면의 어린아이는 좀처럼 기가 죽지 않고 대체로 느긋하다. 기회는 언제나 환영이다.

다른 예를 보자. 다가가기에는 너무 이르다. 나 스스로 예뻐 보인다는 확신이 없을 때는 예뻐 보이려는 시도를 하는 게 아니다. 섣불리 관심을 보이면 그가 움찔하고 물러날 것이다. 그보다 당황스러운 일이 어디 있겠나. 혹시 그가 내게 관심을 보인다 치자. 그게 마냥 좋아할 일인가. 보여달란다고 다 보여줄 수는 없는 노릇이다. 특히 내게는 알리지 말아야 할 것들, 들키지 말아야 할 것들이 있다. 그런 건 원래 보여주지 않으려 해도 잘 보이는 법이다. 그러니 표정과 몸짓과 언어를 잘 단속해야 한다. 준비가 되지 않았을 때는 물러나는 게 상책이다. 기회는 또 있다. 게다가 갖고 싶다고 바로 덤비는 건 철없는 애들이나 하는 짓이다. 감정이 왜 이렇게 아이처럼 산만하게 널뛰는지 모르겠다. 좀처럼 흔들리지 않는 묵직한 내면을 갖고 싶다. 자아가 좀 더 강해져야 할 것 같다.

자, 이렇게 생각하는 사람의 경우 산만하게 널뛰는 내면의 어린아이는 슬프고 화가 나지만, 결국 기가 죽는다. 자아의 외면과 책망 앞에서 더욱 움츠러든다. 그래서 내면의 어린아이는 함부로 흔들리지 말자고, 자아를 귀찮게 하지 말자고 다짐한다. 이런 자아를 가진 내면의 어린아이에게 기회는 곧 위기이다.

내면의 어린아이는 상대의 반응에 따라 기가 살거나 죽는 게 아니다. 자신의 자아가 자신을 어떻게 대하는지에 따라 달라진다. 상대의 거부는 일시적인 실망이겠지만, 자아의 거부는 영구적으로 지속되는 아픔이다. 그러니 자아가 내면의 어린아이를 어떻게 다루고 있는지 알아야 한다.

### 우리는 자기 내면의 어린아이를 잘 모른다

자아는 매 순간 내면의 어린아이를 위해 일을 하고 있다. 그래서 자아와 내면의 어린아이는 서로 긴밀한 관계에 있어야만 한다. 그런데 자아가 내면의 어린아이에 대해 잘 모른다면 그건 큰 문제이다. 무엇을 원하는지도 잘 모를뿐더러 심지어 그 존재조차 잊고 산다면 어떻게 되겠는가. 외면당하던 내면의 어린아이가 참다 못해 간혹 수면 위로 떠오를 때가 있다. 그제야 자아가 내면의 어린아이의 존재와 볼멘소리를 인지하게 되겠지만, 그동안 어떤 욕구가 결핍이었는지, 지금은 정확히 무엇을 원하는지, 어떻게 해야 불만족을 해소할 수 있는지를 금방 알아낼 재간이 없다. 자아가 적극적으로 고심한다고 해도 해법이란 게 잠깐의 노력으로 금세 나오는 건 아니다. 우리는 자신의 자아가 내면의 어린아이를 평소에 어떻게 다루는지를 알아야 한다.

'나는 왜 행복하지 않은가' '나는 대체 무엇을 원하는가' 등의 질문에 우리는 시원스레 답을 하지 못한다. 저 사람은 아니다 하면서도 나는 왜 자꾸만 그에게 빠져드는지, 저 사람이 분명 좋은데 왜 자꾸 그를 멀리하게 되는지 스스로 설명하지 못하는 경우가 대부분이다. 스스로 안다고 자부하는 사람들을 보면 실제로는 더 모르는 사람이거나, 합리화를 통해 자신을 속이는 사람인 경우가 많다. 원하는 걸 말하는 게, 관심을 좀 보이는 일이, 싫은 내색을 좀 하는 게 왜 그리도 어색하고 불편한지 스스로 이해하지 못하는 사람들이 많다. 싫지만 차마 거절하지 못하고 돌아서면 화가 나는 사람도 마찬가지다. 모두 무의식중에 해석하고 판단하고 행동하는 것이다.

## 내면의 어린아이가 떨고 있으면 불안장애, 절망하면 우울증이다

불안과 우울에 빠진 사람들은 대체로 어디서부터 어떻게 잘못되었는지 스스로 설명하지 못한다. 어렴풋이 알 것 같다가도, 결국 알다가도 모르겠다며 답답함에 빠지곤 한다. 내면의 어린아이가 무엇을 왜 불안해하는지, 또는 어쩌다가 그렇게까지 희망을 잃고 우울해하는지 자아가 답을 하지 못하는 것이다. 답을 알고 있다면 애당초 그렇게까지 오래도록 불안과 우울에 젖어들지 않았을 것이다.

지적 능력이 매우 높고 감수성도 풍부하고 학식도 깊고 넓은데다 훌륭한 성품을 갖춘 사람들 가운데도 불안과 우울에 시달리는 사람들이 있다. 누구보다 열정적으로 열심히 사는 사람들, 남들이 쉽게 넘보지 못하는 업적을 이룬 사람들, 부와 명예뿐 아니라 훌륭한 부모와 형제들까지 다 가진 사람들도 불안과 우울에 빠진다. 그러니 자아가 똑똑하지 못한 게 문제가 아니다. 울고 있는 내면의 어린아이를 인지하지 못해서 그럴 뿐이다.

## 자신의 성격 형성 과정을
## 기억할 수 있는 사람은 없다

누구나 청소년기에 이르면 자신의 성격을 상세하게 묘사할 수 있게 된다. 흔히 하는 말로 머리가 커지고, 자신을 좀 알게 된 것이다. 그런데 내면에서 어떤 과정을 겪으며 자신의 성격이 형성되었는지 설명할 수 있는 사람은 없다. 모두 무의식중에 일어난 일이기 때문이다. 어린아이들에게는 생각, 감정, 느낌 등이 훨씬 강렬하다. 어른은 혼자일 때 심심하거나 외로움을 느끼겠지만, 아이들은 혼자 남겨지면 견디기 어려운 서러움과 공포를 느낀다. 어른들이 슬그머니 눈물을 흘리는 정도라면 아이들은 세상이 떠내려가고 가슴이 찢겨질 듯 사력을 다해서 운다.

여기서 주목할 것은, 아이들은 자신이 지금 경험하고 있는 생각이나 감정 등을 언어로 잘 설명하지 못한다는 사실이다. 성장 과정에서 겪은 수많은 강렬한 내적 경험들을 토대로 어떤 행동은 패턴화되고, 어떤 생각은 습성화되며, 어떤 감정들은 고질화된다. 그래서 어떤 가치관이 선택적으로 스며들게 된다. 그런 일들이 내면에서 벌어지는 동안 인지되지 않기에, 그로부터 한참이 지난 청소년기에 돌아보아도 그 과정이 기억나지 않는 건 당연하다. 그러니까 성격의 형성은 어린 시절에, 무의식중에 일어난다. 그 무의식은 우리의 평생을 지배한다. 그런데 우리는 어떻게 지배당하는지 잘 알지 못한다.

그러나 무의식에 갇혀 활동하는 어린 시절의 영향을 탐구하는 일은 가능하다. 무의식은 의식이 쉽게 닿지 않는 내밀한 곳에 꼭꼭 숨어 있는 마음이지만, 절대 찾아낼 수 없는 건 아니다. 꽤 어려운 일이기는 하지만 얼마든지 스스로 느낄 수 있고 확인할 수 있다. 게다가 무의식 안이라고 해서 자신의 자아나 생활양식과 동떨어진 신비로운 세계도 아니다. 오히려 무의식에 대한 탐구를 하다 보면 현재의 자아와 삶의 구석구석에까지 정밀하게 연결되어 있음을 알게 된다. 정신분석이나 심리상담에서 무의식을 다룬다는 것은 입이 떡 벌어지도록 신기한 일이 아니다. 물론 주의 깊은 통찰력, 일정 수준의 지능과 감수성 그리고 무엇보다 자신의 무의식에 대한 절실한 호기심이 절대적으로 필요하지만, 결국 누구나 할 수 있는 일이라는 것을 강조하고 싶다. 짧지 않은 여정이고, 책 한 권의 분량으로는 충분하지 않을 수 있겠지만, 차근차근 가능한 많은 것들을 풀어보려고 한다.

## 어른들은 아이처럼 굴 수 있을 때 가장 행복하다

사람이 언제 행복감을 느끼는지에 대해 둘로 구분해보자면, '어른스러움을 인정받을 때' 그리고 '아이처럼 천진해질 때'라고 할 수 있다. 누군가에게 애정 어린 보살핌을 줄 때도, 아이처럼 어리광 부리면서 보살핌을 받을 때도 행복하다. 부단한 노력 끝에 결실을

내가 몰랐던 상처들,
어디에 있었을까

맺을 때도, 좋은 사람들과 좋은 곳에서 좋은 걸 먹을 때도 행복하다. 멋진 공연을 펼치면서 주목받을 때도 행복하지만, 못난 사람처럼 우스꽝스러운 짓을 주고받으면서 낄낄거릴 때도 행복하다. 의미 있는 과업에 열중하며 재능을 발휘할 때도 행복하지만, 퇴근 후 삼삼오오 모여 한가롭게 또는 와자지껄 놀 때도 행복하다.

당신은 어느 쪽의 행복을 많이 추구하면서 살고 있는가? 어른스러운 행복인가, 아이처럼 천진한 행복인가? 사실 대부분의 어른들이 전자를 압도적으로 많이 택할 것이다. 후자를 택하자면 무언가 찜찜한 느낌이 앞설 수도 있겠다.

호주에서 호스피스 간호사로 일하며 임종 직전의 환자들을 보살폈던 브로니 웨어Bronnier Ware가 『내가 원하는 삶을 살았더라면』이라는 책을 펴냈다. 이 책의 원제는 "죽을 때 가장 후회하는 다섯 가지The Top Five Regrets of the Dying"이다. 그 다섯 가지 중 첫째는 "내 뜻대로 좀 살아봤더라면"이다. 타인의 기대에 부응하는 삶을 사느라 자신이 진정 원하는 진짜 삶을 살지 못했다는 것이다. 둘째는 "일을 좀 적당히 하면서 살 걸"이다. 돈벌이와 책임에 매달려 사느라 가족과 함께 하는 시간을 충분히 누리지 못했다는 것이다. 아무리 의미 있고 보람된 일을 하며 살아도 역시 행복은 퇴근 후 또는 휴가 때라는 말이다. 셋째는 "내 속마음을 솔직하게 표현할 걸"이다. 체면이 왜 그리 중요한가. 서운하면 서운하다, 화나면 화난다, 좋아하면 좋아한다, 두려우면 두렵다 말해야 한다. 후회하지 않으려면 말이다. 넷째는 "보고 싶은 친구들에게 연락을 좀 더 자주할 걸"이다. 오랜 친구들과 옛날 그 느낌으로 돌아가 아이처럼 놀 수 있다면 얼마나 좋을까? 그걸 깨달았을 때는 이미 늦었다는 것이다. 다섯째는 "나 자신의 행복을 위해 좀 더 과감하게 도전할 걸"이다. 이것저것 가리느라 뒤로 미루다 보니, 시간이 다 흘러가버렸다. 현실에 안주하느라 모험하지 못했고, 변화보다는 늘 안정을 택했다. 남 보기에 그럴듯한 삶을 유지하는 게 무엇보다 중요했던 것이다. 남는 건 공허함뿐이다. 어른스러운 행복을 추구하는 사람들이 좀 더 아이처럼 놀아보지 못한 것을 후회한다고 말하면 지나친 걸까.

　　지위가 높고 남성미와 카리스마가 넘치는 남자라도 연인 앞에서만큼은 아이처럼 어리광을 부릴 줄 알아야 진정 행복하지 않을까. 늘 강하기만 하고 늘 옳기만 한 사람이, 누구 앞에서든 좀처럼 어수룩해지거나 헐렁해지지 못한다면, 과연 행복한지 꼭 묻고 싶다. 정말로 행복하다는 답이 돌아온다면 그래도 진짜 행복한지 시간을 두고 천천히 생각해보라고 권하고 싶다. 자아는 한껏 열정을 뽐내면서 뿌듯해하고 있을 때 행여 내면의 어린아이가 낙담하고 있다면 그는 행복이 요원한 사람이다. 불안이나 우울에 취약한 사람들은 대체로 어른스럽거나, 책임감이 강하거나, 희생적이거나, 여유로운 휴식을 잘 즐기지 못한다는 특징을 갖고 있다. 훌륭한 사람이 행복한 사람은 아니다.

**내가 몰랐던 상처들,
어디에 있었을까**

# 인간 본성을 비추는
# 동심에 대한 두 관점

<u>어린 아이들의 동심이 아름답지는 않다</u>

예부터 미운 일곱 살이었다. 이제는 아이들이 조숙해서 미운 다섯 살, 미친 일곱 살이라 한다. 더 험한 표현들도 심심치 않게 등장하지만 이해 못할 바는 아니다. 부모에 대한 의존에서 살짝 벗어나 휘젓고 돌아다니기 시작하면서 생기는 말썽들을 통제하느라 힘에 부친 부모들의 볼멘소리이니 말이다.

아이들이 말썽 일으키는 걸 보면 아주 가관이다. 일단 공격적인 행동들이 부모의 신경을 곤두세운다. 동생이나 친구 괴롭히기, 빼앗기, 때리기, 던지기 등은 위험한 행동이니 한시도 눈을 떼서는 안 된다. 소리를 지르거나 드러눕거나 땅바닥에서 구르는 등의 행동에서는 엄마를 힘들게 해서라도 자신의 욕구를 채우겠다는 뻔뻔한 의도가 명백히 보인다. 이런 행동은 부모의 감정을 끓어오르게 함으로써 인내심을 시험하는 것이자, 지혜를 습득하고 기술을 연마하라는 요구이기도 하다. 누가 이기나 해보자는 태도인데 자신 감마저 넘친다. 자신감이 부족한 엄마는 노상 초조해하며 시달리는 반면, 자신감 넘치는 아이들은 무슨 일 있었느냐는 듯 돌아서면 잊는다.

괴롭힘과 왕따는 동서고금을 막론하고 어디에나 있다. 따돌리고 놀리고 때로는 지배하기까지 한다. 힘과 재능을 과시하려 하고, 약자로부터 이득을 취하려 하고, 그룹을 만들어 성가신 사람들을 배척하려 한다. 왕따 현상에 대한 심리학자들의 연구가 활발했던 때가 있었다. 초기에는 피해자들에게서 어떤 요인들을 발견하려 애썼지만 짚이는 게 없었다. 그 후 가해자들의 심리에 대해 집중하기 시작했더니 결과가 나왔다. 결론은 그저 본능이라는 것이다. 연구 결과에 따르면 대다수의 아이들이 한번쯤은 가해 행동을 해보았고, 그런 행동을 하는 데 그리 큰 죄책감을 느끼지 않았으며, 오히려 피해 학생에게 그럴 만한 이유가 있다며 합리화하는 경우도 꽤 있었다. 특히 주목할 점은 아이들이 다수의 그룹에 속함으로써 심리적 안정감을 얻고자 한다는 사실이었다. 이는 공격적 본능과 더불어 안전에 대한 욕구가 더해져서 나타나는 현상이다. 그러니 가해 행동에 참여하지 않는다면, 누구라도 피해자가 될 수 있다는 결론에 이르게 된다.

질투가 인간의 본성에 내재된 기본 감정이라는 것은 '아직은 때가 전혀 묻지 않았을' 어린아이들을 통해 똑똑히 확인된다. 새

인간 본성을 비추는
동심에 대한 두 관점

로 태어난 동생을 괴롭히는 첫째의 마음을 헤아리는 건 어렵지 않다. 우리는 첫째가 부모에게 혼날 때 표정 관리하며 속으로 기뻐하는 동생의 마음도 이해한다. 한 아이에게만 새 옷을 사주거나 칭찬과 관심을 몰아주면 다른 아이가 못 견뎌 할 걸 모르는 사람은 없다. 그런 일이 반복되는 건 아이의 마음에 트라우마를 새길 수도 있을 만큼 치명적이라는 사실도 안다. 사촌이 땅을 사면 배가 아프다는 속담은 인간 본성에 대한 겸허한 성찰이다. 자고로 질투는 사이가 가까울수록 강렬하고 치명적이며, 동시에 그만큼 금기시되어왔다. 질투를 억제하고 존중과 자애를 드러내는 행동은 어른스러움이라는 덕목에서 큰 비중을 차지한다.

아이들은 대체로 영악하다. 자신을 예쁘게 봐주는 사람을 쉽게 알아보고 만만해하며, 자신에게 호의적이지 않은 사람에게 두려움을 느낀다. 무서운 사람의 말은 훨씬 더 잘 듣는다. 그러니 '너무 받아주기만 하면 버릇없어진다'는 말은 한 아이의 인격을 평가할 때 쓰는 표현이 아니다. 모든 아이들의 본성이 그렇다는 걸 인정할 때 하는 말이다.

아이들은 당연히 이기적이고, 사실 그럴 권리가 있다. 오직 그 시기에만 허용된 당당한 이기심이다. 엄마, 아빠가 배가 고픈지 피곤한지는 아이들이 알 바가 아니다. 자기들 배만 채우고 재미에 빠지면 온 집안이 다 행복하다고 인지한다. 타인의 감정도 살피고 양보와 기다림을 배우는 것이 성장기의 과제인데, 그걸 충분히 배우는 데 대략 18년 정도가 필요하다. 성인기에 들어서서 자립하기까지, 스스로의 행동에 대해 완전한 책임감을 갖기까지 그렇게 오랜 세월이 필요한 종은 인간뿐이다. 솔직히 말하자면 그 세월로도 충분히 어른다운 인성을 완성하지는 못한다는 걸 인정해야 한다.

동심이 아름다워서 내 아이가 사랑스러운 건 아니다. 내 아이라서 그럴 뿐이다. 부모에게는 내 아이의 존재 자체가 그저 눈부시게 소중할 따름이다. 이유가 없다. 그저 본능이며 아이의 이기심마저도 예뻐 보인다. "내 새끼 입에 맛있는 거 들어갈 때가 가장 행복하다"는 말에 부모들은 공감한다. "엄마도 먹고 싶어요. 엄마 입에 넣어주세요. 아…." 하면 먹을 걸 쥔 손에 힘이 더 들어가고 얼굴을 삐죽거리다가 금세 울음을 터뜨리는 아이가 너무 귀여워서 어쩔 줄 몰라 한다. 그게 부모 마음이다. 내 아이의 존재 자체가 소중하기에, 그것을 아이들 스스로가 너무 잘 알기에, 아이들은 부모에게 한없이 투정부리고 제멋대로 굴면서도 여전히 사랑받을 것을 잘 안다. 그 믿음이 흔들리면 그건 트라우마다. 트라우마는 평생 집요하게 아이를 따라다닌다.

## 인간의 본성에는 선함도 깃들어 있다.

이기심과 악함만큼이나 이타심과 선함도 오랜 진화를 거치는 동안 우리의 유전자에 본성으로 새겨졌다. 최근의 심리학 연구들은 고작 걸음마 정도 할 줄 아는 유아들조차 이유 없이 남을 돕는 행동을 한다는 걸 발견했다. 예를 들어 하버드 대학교의 와네켄과 토마셀로가 2006년에 실시한 연구에 따르면, 고작 14개월 된 아기들조차 자기 앞의 어른이 바닥에 떨어져 있는 물건을 줍지 못해 애 먹는 시늉을 하면 그걸 집어서 건네주는 행동을 했다. 게다가 도움을 받은 어른이 기뻐하는 표정을 지으면 아이들도 흐뭇해하는 미소로 반응을 했다. 정녕 백만 불짜리 미소다. 와네켄 등의 2007년 연구에서는 좀 더 놀라운 사실이 발견되었다. 아장아장 걸어 다니는 18개월 된 아이들에게 장난감을 보상으로 주겠다고 약속했지만, 보상을 약속받지 못한 아이들에 비해 어른을 돕는 행동이 더 늘어나지 않았다. 게다가 두 번째 시도에서는 보상을 약속받았던 집단에서 오히려 어른들을 돕는 행동이 줄어들었다. 돕는 이유가 보상을 받기 위한 것이 되면서 돕고 싶은 마음이 시들해졌다는 뜻이다. 그 것도 걸음마를 뗀 아기들에게 장난감을 보상으로 주겠다는 데 벌어진 일이다. "지나친 정당화로 인한 효과overjustification effect"라고 부르는 이런 현상은 우리가 곤경에 처한 타인을 돕는 행위 자체에서 기쁨을 느끼는 본성을 가지고 있다는 걸 보여준다.

모든 아이들은 사랑과 인정을 받기 위해서라면 기꺼이 양보하고 희생할 준비가 되어 있다. 어떤 행동을 한 후에 칭찬과 관심을 받으면 천진하게 기뻐하고 그 행동을 되풀이하는 것은 성격이 아니라 타고난 본성이다. 양보와 기다림을 배우고 어른스러움을 익히는 성장 과정을 가능하게 하고 순탄하게 하는 것이 바로 이런 본능이다. 사랑, 관심, 인정을 받고 싶은 욕구가 강렬하지 않다면 인간 본연의 악함이 인간 세상을 더욱 지배했을 것이다.

만약에 독심술이 실제로 있다면 어떨까. 얼굴만 봐도 그 사람이 속으로 하는 말들이 낱낱이 다 들리는 기적이 일어나면 세상은 어떻게 될까. 인류가 단 하루라도 버틸 수가 있을까. 곤란해지지 않을 연인들이 있을까. 절친한 친구들이 의리를 말하고 서로 믿을 수 있을까. 부모 자식 사이는 과연 긴장감 없이 평화로울 수 있을까. 알 수 없고 또한 굳이 알려고 애쓰지 않기에 평화가 가능한 것 아닌가 싶다. 선하지 않은 본성의 목소리들을 굳이 드러내지 않고 애써 알아내려 하지 않는 것은 인류의 오래된 암묵적인 약속이다. 인간의 본성에 악함이 내재되어 있지만, 시기와 질투, 적대감이 근간에 깔려 있지만, 그에 비하면 인간 사회는 신기할 정도로 아름다운 질서를 유지해왔다고 할 만하다. 애착, 우정, 의리, 연민을 늘 소망하고 믿고 실현하면서 살아가고 있는 우리들은 본성에 내재된 악함을 훌륭히 이겨내고 있음을 자축해야 한다. 인간이란 서로에게 의지하지 않으면 견디지 못하는 나약한 감성의 소유자들이기에 그렇다. 누군가에게 안정감 있게 소속되고, 꾸준히 사랑과 인정을 받아야만 비로소 불안을 떨칠 수 있기에 인류는 선함을 잃지 않았다.

인간 본연의 악함도 인정해야 하지만, 본연의 선함도 믿을 만하다. 사랑과 인정을 받고 싶은 욕구가 죽지 않는 한 모든 개인들은 언제나 선해질 준비가 되어 있다. 아이들의 욕구가 이기적이고 무분별할지언정, 모든 아이들은 사랑과 인정에 대한 욕구가 그 어떤 욕구보다 더 간절하기에 우리는 결국 선하다.

## 어른들의 동심이 선하고 아름답다

그렇다면 어른들에게 동심이란 무엇일까? 간단히 말하자면 다시 돌아가고픈 그리움이다. 우리는 어른스러움을 잠시 내려놓고 자기 안의 어린아이를 돌봐주고 싶어질 때 동심을 만난다. 물론 어른스러움을 잃으면 안 된다. 아이처럼 천진하게 행복을 추구할 염치가 없어질 테니까. 게다가 누구도 어른스럽지 않은 사람의 어리광은 받아주려 하지 않을 테니까. 충분히 어른스러운 책임을 다한 당신은 천진하게 행복을 추구할 자격이 있다. 스스로가 유치하다는 이유로 차단하거나 억제하지만 않는다면 누구나 가능하다.

동심은 '아이들만의 것, 순수한 것, 어른이 되면서 잃어버린 그것'이 아니다. 나는 어른이 되어 추구하는 동심이 가장 아름답게 정화된 동심이라고 믿는다. 가장 아름다운 동화는 인간의 탁한 마음을 깨달은 어른이 쓸 수 있다. 그중 하나가 생텍쥐페리가 쓴 『어린 왕자』다. 척박한 사회에서 생존하고, 안정감을 찾고, 정신적인 성장까지 추구하는 우리들은 이제야 비로소 어른들을 위한 동화 『어린 왕자』를 읽고 동심을 그리워할 여유가 생긴 것이다.

이 책은 화가가 되기를 포기하고 비행기 조종사가 된 한 청년이 사하라 사막에서 어린 왕자를 만나 듣게 된 체험담을 위주로 이야기를 풀어간다. 청년이 아는 어른들의 세계란 남루한 옷을 입고 무언가를 설명하는 천문학자의 말은 믿어주지 않지만, 그가 멋진 옷을 입고 증명을 하면 그의 발견을 인정해주는 곳이다. "창턱에는 제라늄 화분이 있고 지붕에는 비둘기가 있는 분홍빛의 벽돌집을 보았어요"라는 말보다는 "이백만 달러짜리 집을 보았어요"라는 말을 들어야 감탄하는 게 이 세계의 어른들이다. 어린 왕자가 조목조목 비판하는 이상한 어른들의 세계는 사회화 과정의 민낯을 드러내 준다. 멋진 옷과 비싼 집, 그럴듯한 명함은 우리의 사회화 과정에서 아주 중요한 덕목이다.

어린 왕자는 세상을 배우기 위해 이웃 별들을 차례로 방문하면서, 가지지 못해 안정감을 획득하지 못한 사람들이 어떻게 자기 과장에 매달리게 되는지를 본다. 어느 별에서는 신하도, 백성도 없는데 늘 명령하지 않고는 안정을 찾지 못하는 왕이 살고 있다. 다음 별에서는 늘 찬양을 갈구하는 허영심 가득한 사람을 만난다. 세 번째 별에 사는 술고래는 부끄러운 것을 잊기 위해서 늘 술을 마신다. 급기야 그는 술을 마시는 자신이 부끄러워서 또 술을 마신다. 네 번째 별의 실업가는 늘 계산을 하고 모든 별들을 자신의 서류에 기록함으로써 소유하고자 애쓴다. 신경증에 시달리는 현대의 도시인들을 보는 느낌이다.

가장 작은 다섯 번째 별에 살고 있는 사람은 가로등 켜는 일을 하는데 쉴 틈이 없다. 별이 너무 작아서 일 분에 한 번씩 낮과 밤이 바뀌는 까닭이다. 앞의 별 사람들에게는 멸시받겠지만 그는 자기 자신을 제쳐놓고 일에만 전념하기에 어린 왕자가 보기에 제일 착실하고 친구로 삼을 만한 사람이다. 하지만 안타깝게도 그 별은 너무 작아서 두 사람이 함께 살 수가 없다. 여섯 번째 아주 큰 별의 지리학자는 바다와 산, 강, 도시 그리고 사막이 어디 있는지도 모른 채 자신의 방에서 '연구'라는 중요한 일에만 몰두한다. 그에게는 꽃 한 송이의 아름다움은 일시적이기 때문에 아무런 가치가 없다. 이들의 모습은 개미처럼 일하면서 외로움을 잊는 우리와 같은 소시민들의 삶을 떠오르게 한다.

마지막으로 방문한 지구라는 별에는 무척 많은 사람들이 살고 있다. 그런데도 이곳 사람들은 모두 외로워한다. 어린 왕자는 5,000송이의 꽃이 만발한 어느 정원에 당도한다. 그리고 그 꽃들이 모두 자기 별에 남기고 온 그 한 송이 꽃과 같은 종류인 장미라는 걸 발견한다. 오직 하나뿐인 꽃을 가졌으니 부자인 줄 알았는데 이렇게 똑같은 꽃이 많다니. 그는 슬프게 운다. 하지만 여우를 만나 길들이면서 특별한 인연을 맺은 왕자는 그 만남과 길들임의 과정을 통해 자기 꽃만이 자신에게 특별한 의미임을 깨닫는다. 여우와 헤어진 후 5,000송이의 장미 정원에 다시 가보았을 때 장미들이 전과는 달리 '나의 꽃'과 조금도 닮지 않았음을 깨닫는다. 나의 꽃은 내가 물을 주고 유리 덮개를 씌워주고 벌레를 잡아주었던 꽃이기 때문에 특별했던 것이다. 내 꽃은 내 불평과 자랑을 들어주고 때로는 말없이 침묵을 지키고 있을 때도 이해해주었다. 내 꽃을 소중히 여기는 것은 그 꽃을 위해 내가 소비한 그 시간 때문이다.

어린 왕자가 차례로 방문한 별들은 우리의 교육, 사회화 그리고 성장 과정을 그대로 비유해 보여준다. 우리는 타고난 이기심과 본성을 절제하고 정제하면서, 배우고 획득하고 안정을 찾고 정신적인 성장을 이루어야 한다. 이 발달 과정은 본질적으로 아름답기보다는 껄끄러운 과제와 시련으로 점철된 고단한 과정이다. 그 성장을 이룬 후 누군가를 만나 길들이고 길들여지는 축복을 맞이한다. 그때 이미 계산에 익숙해진 어른의 마음 안에서 비로소 동심에 대한 그리움이 자라난다. 어린 시절을 그리워하는 동심은 아이의 마음과는 사뭇 다르다. 이제는 탁함을 너무 잘 아는 어른이 그 탁함이 정제되기를 갈구하는 의미에서의 동심이다. 어려서는 산을 보면서 어른이 되고 싶어 하고, 어른이 된 후에는 똑같은 산을 보면서 어린아이가 되고 싶어진다. 동심이 그리운 당신은 여전히 아름다운 성장을 하고 있는 것이다.

# 심상작업으로 보는
# 마음의 테마들

"눈을 감고 행복한 장면을 떠올려보세요"

지금 여기서, 상상 속에서라도 한번 마음껏 행복해보라. 미치도록 행복한 장면을 마음 안에 그려보라. 억지로 만들어내려고 하지는 말자. 마음을 그냥 가만히 놔두면 저절로 떠오르는 게 있을 것이다. 무언가 떠오르거든 생생하게 묘사해보라. 그리고 그 안에서 행복을 만끽해보자.

심리상담을 하다 보면 이런 주문을 가끔 한다. 이런 '행복 상상'을 통해 그 사람의 마음에 자리 잡고 있는 테마들을 발견할 수 있기 때문이다.

"무인도 같아요. 해질녘에 혼자 해변에 앉아 바다를 바라보고 있어요. 주위에 아무도 없어요. 평화로워요. 아무 일도 없어요. 아무런 생각도 하지 않아도 되요. 이 순간이 깨지지 않으면 좋겠어요."

어떤가? 이 장면은 혹시 당신이 못내 그리워하는 행복의 모습은 아닌가? 그런데 너무 지쳐 보인다. 한시도 긴장의 끈을 놓지 못하고 숨 가쁘게 사는 듯 보인다. 몸도 바쁘겠지만 마음이 더욱 분주해 보인다. 사람의 행복이 과연 절대 고독에서 우러날 수 있을까? 절대 고독이 달콤한 것은 사람들에게 치이고 세파에 시달리다가 지쳤을 때뿐이다. 사람의 본성에서 비롯되는 기본욕구들 목록에 '혼자 아무것도 안 하기'가 포함되는가. 내면의 어린아이가 이런 식의 행복을 소망하겠는가. 적막한 공간에 홀로 남겨지는 것은 어린아이에게는 공포에 가까울 것이다. 어른들도 그렇다. 하루 이틀이야 좋겠지만, 이런 시간이 한 달, 두 달 길어져도 여전히 행복할까. 오죽하면 고려나 조선 시대에 유배지로 귀양을 보내는 형벌이 있었을까.

절대 고독의 시간을 그리워하거나 달콤해하는 현대인들이 제법 많으리라 짐작한다. 심리상담 시간에 행복을 그려보라 하면 이런 이미지를 그리는 분들이 아주 많다. 책임감만큼은 둘째라면 서러운 분들이라는 공통점이 있다. 헌신적이고 이타적인 분들도 이런 장면을 행복으로 묘사하는 일이 흔하다. 정말 행복한지 되물을 수밖에 없다.

"피아노 연주를 마치자마자 객석의 청중들이 모두 일어나서 환호하고 있어요. 엄마, 아빠가 따뜻한 표정으로 날 바라보고 있어요. 엄마, 아빠가 흐뭇해하는 그 표정을 잊을 수가 없어요. 다른 참가자 아이들도 날 부러운 시선으로 물끄러미 바라보고 있고요. 너무 뿌듯하고 벅차고 어깨가 으쓱해져요."

발표 불안이나 무대 공포증으로 고생하는 분들이 가장 흔히 떠올리는 행복한 이미지다. 고개가 끄덕여진다. 진실의 대부분은 역설로 통하는 법이다. 사랑이 크기에 미움도 커지듯, 낙천주의에서 한번 좌절하면 금세 염세주의에 빠지게 된다. 염세주의에서 빠져 나오는 지름길은 낙천주의로 돌아서는 것이다. 오만한 사람은 내면 깊은 곳에 열등감이 있고, 열등함을 극복하려는 시도로써 우월감을 지향한다. 열등감과 우월감의 공통점은 사랑과 인정을 받기 위해 둘 다 출중한 능력이 필수라는 기준을 적용하고 있다는 것이다. 우월감을 추구하는 것은 존재감이 부족하다는 반증이다. 반면에 자존감은 우월이나 열등과는 아무런 관계가 없다. 피아노 콩쿠르에서 일등을 하고 환호를 받을 때 비로소 엄마 아빠의 따뜻한 미소를 볼 수 있다면 얼마나 슬픈 일인가. 얼마나 높이 오르고 성취해야 비로소 자존감을 높이고 안정감을 누릴 수 있을까. 그 인생에는 얼마나 긴장이 가득할까. 행복이 그렇게도 멀고 높은 곳에 있어야 하는 건가. 손 닿지 않는 곳에?

"학교 마치고 집에 왔어요. 문을 열고 들어가려는데 맛있는 냄새가 나요. 들어서자마자 엄마가 환하게 웃으면서 두 팔 벌려 날 맞이해요. 엄마랑 같이 깔깔거리면서 간식을 먹고 놀아요."

물론 이런 이미지는 드라마틱한 요소가 없어서 다소 밋밋하게 느껴질 수도 있겠다. 하지만 아주 중요한 포인트 하나가 눈에 띈다. 아이의 행복이 무언가 기특한 일을 한 덕분에 보상으로 주어지는 것이 아니라는 점이다. 서로의 존재 자체가 주는 행복이다. 곁에 있을 때나 없을 때나 한결같은 애틋함이다. 더 바랄 게 없지 않은가. 이런 이미지를 그릴 수 있는 사람은 일상의 소소한 행복으로도 마음을 충분히 채울 수 있다.

그런데 심리상담에서 만나는 사람들 중에 기껏 이렇게 순수하고 행복한 심상을 그려놓고 눈물이 그렁그렁한 분들이 부지기수다. 행복을 느껴보라 했더니 행복을 그려놓고 슬픔에 젖는다. 또렷하게 각인된 아픈 기억, 어린 시절 그때의 그 느낌 때문이다. 그들은 어쩌면 지금도 퇴근 후 아파트 문을 열고 어둡고 서늘하고 텅 빈 공간으로 혼자 들어설 때마다 낯익은 그 느낌이 너무 싫어서 거리를 배회하고 있을지 모른다. 애정 결핍이다.

행복한 심상을 그리는 도중에, 심상은 떠올랐는데 말로 옮기려 할 때 머뭇머뭇하는 사람들도 흔하다. 어느 순간 멈칫하는 이유는 어떤 생각이 불청객처럼 끼어들었기 때문이다. 그 순간을 굳이 포착해보자고 하면 "사실 두 살 아래 남동생을 살피느라 바쁜 엄마의 등만 물끄러미 바라보는 내 모습이 자꾸 떠오르고, 그 장면을 지우려고 해도 잘 사라지지 않아서"라거나 "일에 파묻혀 바쁜 엄마에게 놀아달라고 칭얼대다가 된서리를 맞던 모습이 자꾸 떠올라서"라는 답이 돌아오는 경우가 많다. 상상에서라도 마음껏 행복하겠다는데 무의식 안의 덩어리가 그것마저도 허락을 하지 않는다면서 눈가가 벌게지는 경우가 흔하다.

행복한 장면을 상상으로 떠올려보기는 '심상작업imagery work'

이라는 심리상담 기법의 일종이다. 이를 통해 자신의 무의식 안에 습성으로 자리 잡은 마음의 테마들을 찾아볼 수 있다. 책임에 짓눌려 사느라 자신의 행복 찾기를 잊은 사람, 행복한 장면을 상상하려는데 어느새 슬픔에 젖고 있는 사람, 화려한 무대를 공상하면서 뿌듯함에 젖어 들었다가도 꿈에서 현실로 돌아오면 이내 긴장감에 눌리는 사람 등등. 그 외에도 각양각색의 테마들이 개개인의 마음을 지배하고 있을 것이다. 자신의 마음에 의미 있게 각인된 테마들을 이해하면 자신의 행동 패턴, 관계 맺기의 스타일, 성격과 가치관 등에 대해서도 한층 이해가 깊어질 수 있다.

### 사람의 마음은 비워지는 게 아니다

마음 안에서는 매 순간 어떤 심상들이 떠오르고 사라지고를 멈추지 않는다. 그래서 심상은 억지로 만들어내려고 애쓰지 않아도 가만히 관심만 기울여주면 저절로 떠오른다. 떠오르지 못하게 억누르거나, 의식 안에서 다루어도 괜찮은지 점검하거나, 말로 표현해도 괜찮은지 검열하지만 않으면 된다. '멍 때리는' 순간에도 잡념이 끊일 새가 없는 것이 정상이다. 그리고 그 잡념은 대부분 욕망, 소망, 희망이다. 숨을 쉬는 모든 순간에 사람은 끊임없이 무언가를 소망하면서 공상하고 있는 셈이다. 그건 꿈속에서도 예외가 아님을 다들 잘 알고 있지 않은가.

마음을 비운다는 표현은 그래서 어폐가 있다. 불가능한 일이니까. 명상 등의 수련이 높은 경지에 다다르면 마음이 비워지는 것 아니냐고 오해하는 분들이 많은데, 정확히 반대다. 마음 안에서 쉴 새 없이 떠다니는 여러 심상, 생각, 기억, 욕망 등을 또렷하게 바라보고 인지하는 훈련이 명상이다. 외면하거나 부정하거나 억압하지 않고 피어오르는 대로, 또는 사라지는 대로 그저 바라만 보는 것이다. 비우는 것이 아니라 직면하는 것이 명상이다.

정신이 무언가에 몰두하고 있지 않은 한가로운 때는 잡념이 가장 무성한 시간이다. 그래서 지친 사람들에게는 달콤한 시간이 되는 반면, 우울한 사람들에게는 가장 힘겨운 시간이 되기도 한다.

### 우울한 사람들은 한가한 시간에 우울해진다

바쁘게 무언가에 몰입하고 있을 때는 우울감에 잘 빠져들지 않는다. 몰입하고 있는 일이 설거지나 장보기 같은 사소한 것이어도 그렇다. 생산적이고 보람된 일에 집중하고 있다면 그런 감정에 더더욱 빠져들지 않는다. 문제는 한가한 시간에 마음 안에 욕망, 소망, 충동이 피어오르는 순간 그것들이 자신도 모르게 좌절감으로 이어지기에 우울한 것이다. 어른스러운 활동들은 내면의 어린아이를 잠시 잊게 해주기는 하지만 달래주지는 못한다. 내면의 어린아이는 한가한 시간에 잡념을 통해 어김없이 목소리를 내기 시작한다. 의도치 않아도 과거의 좌절들과 좌절에 대한 미래의 예감들이 찰나의 순간에 피어오르면서 금세 우울한 감정에 젖어드는 것이다. 논리적인 생각의 끝에 좌절을 결론짓는 게 아니라 그저 습관처럼 자동적으로 좌절을 예감하고 있는 상태가 우울이다.

## 마음에도 습관이 있다

신입생 오리엔테이션 날, 수많은 동기와 선후배들을 만나는 장면을 머릿속에 그려보며 '누가 날 좋아해줄까' 하는 상상에 기분 좋게 설레는 사람이 있는가 하면, 혹시나 실수라도 해서 첫인상부터 꼬이면 어쩌나 괜한 걱정으로 긴장하는 사람이 있다. 특별한 이유 없이 어떤 예감에 사로잡히는 이 모습은 마음의 습관 탓이다. 자신을 쉽게 열어 보여주면서 타인에게 성큼 다가서는 사람이 있는가 하면 어디까지 보여줘야 하는지 매 순간 고민하는 사람도 있다. 이런 마음의 습성들은 그 사람의 일생에 걸친 기억과 무관하지 않다. 유복하게 자란 사람들이 괜한 걱정에 시달리는 습관을 가질 이유가 없지 않겠는가. 힘겨운 어린 시절을 보낸 사람이 아무래도 걱정하는 습성이 몸에 배어들지 않았겠나. 어린 시절의 경험을 통해 형성된, 무의식 안에서 자동화된 습성들이 한 개인의 무드, 태도, 생각, 행동을 좌지우지한다.

## 행복을 함부로 소망하지 말라
## 소망하다 상처받으면 헤어날 길이 없다

행복한 장면을 상상하지 못하는 사람들이 있다. 심리상담을 하다 보면 자주 만날 수밖에 없는데, 이건 꽤 독특한 현상이다. 사람으로 태어났는데 사람의 본성을 잊고 사는 모양새다. 내면의 어린아이가 기죽어서 아무 말도 못한 채로 시간이 흐르면서 굳은 것이다. 그러다가 언젠가부터 내면의 어린아이의 존재 자체가 희미하게 잊힌 형국이다. 누구나 살다 보면 행운이 찾아오는 때도 있는 법인데 잠시 행복해하다가도 '내가 이렇게 행복해도 되나?' 하는 생각과 함께 불안해지기 시작하는 사람들이 있다. 불안과 좌절 그리고 체념이 더 익숙한 사람들이다. 해본 적이 없는 행복 상상이라는 걸 하려니 그냥 좀 어색하고 불편하다 느끼는 정도라면 그나마 낫다. 조금 노력하다 보면 이내 행복한 상상이 가능해지고 서서히 즐기기 시작할 테니까. 본성의 욕구가 방어기제의 벽을 뚫고 서서히 살아나는 건 시간문제일 뿐이다. 그런가 하면 마음먹고 행복한 상상을 해보려 해도 도저히 떠오르지 않아서 서글퍼하는 사람들이 있다. 상상이 그저 상상일 뿐이지 뭐 별건가 할 수도 있겠지만 그렇지 않다. 당연히 있어야 할 욕망과 공상이 없는 그 슬픔을 상상이나 할 수 있는가. 상상하려 해도 상상이 되지 않는 그 서러움을 짐작이나 할 수 있는가. 오죽하면 숨쉬기처럼 당연한 본성의 자연스러운 흐름이 그처럼 무의식 안에서 억압되었겠는가. 오죽하면.

## 본성의 기본욕구들이 자연스럽게 순환되는 것 그것이 행복이다

본성의 기본욕구들이 쉽게 충족되는 환경에서 살거나 그러한 성장 배경을 갖고 있는 사람이 가장 운이 좋은 사람이다. 나는 그렇게 믿는다. 심리치료란 습관적으로 억눌려서 표출하는 것이 어색해진 본성의 욕구들이 다시 자연스럽게 느껴지고 어렵지 않게 표현되면서 부드럽게 순환되도록 돕는 것이다.

아이가 원하는 바를 엄마가 다 들어주도록 하는 것이 심리치료가 아니다. 칭얼거리지도 못하고 먼 발치에서 물끄러미 엄마의 등만 바라보던 아이가 엄마 등을 톡톡 치면서 "여기 봐, 내가 있잖아, 나랑 놀아주면 안 돼?"라고 말할 수 있도록 돕는 것이 심리치료다. 엄마가 놀아주지 못해도 그만이다. 할 말을 했으면 된 거다. 다음을 기약하는 법을 배우면 괜찮아진다. 사실 그걸 배우는 것이 자연스러운 성장이기도 하다. 그러나 말조차 못하는 아이는 점점 소망하는 법을 잊게 되거나, 마음 안에서 소망이 피어오르는 순간을 두려워하게 된다. 마음에 드는 이성에게 다가가서 말을 걸어봐야 하는 것 아닌가. 망설이다 돌아서는 게 미덕일까. 말을 못 걸겠으면 주위를 맴돌기라도 해야 하는 것 아닌가. 기회가 오면 잡을 준비라도 해야 하니까. 동시에 '아니면 말고'라는 태도를 지녀야 한다. 그래야 더 쉽게 다가갈 수 있으니까. 그래야 좌절이라는 자연의 섭리 앞에서 쉽게 순응하는 법을 배울 테니까. 그것이 본성의 자연스러운 순환이다. 가져야만 비로소 행복하다고 믿는 사람은 영원히 안정감을 가질 수 없다.

## 인간의 기본욕구는 결국 사랑받고 인정받는 것이다

행복한 상상을 통해 드러나는 개개인들의 테마들은 각양각색이지만, 그 모든 테마들은 결국 한 지점으로 통한다. 사랑받고 싶고 인정받고 싶은 욕구다. 그 외에 또 무엇이 중요한가.

자아실현의
욕구

자존감에 대한 욕구
(존중, 존경, 인정 등)

소속감과 사랑에 대한 욕구

안전과 안정감에 대한 욕구

생리적인 욕구

매슬로의 욕구위계이론

    미국의 저명한 심리학자 에이브러햄 매슬로Abraham Maslow는 인간의 기본욕구에 다섯 단계가 있다고 보았다. 그에 따르면 가장 낮은 1단계에는 먹고 자고 쉬는 생리적 욕구, 2단계에는 안전과 안정감에 대한 욕구, 3단계에는 소속감과 사랑에 대한 욕구가 위치한다. 그중 2단계와 3단계는 사랑받고 싶은 욕구라 통칭할 수 있다. 4단계에는 성취를 통한 자기 만족감과, 타인으로부터 인정과 존경을 받음으로써 채워지는 자존감 욕구가 자리한다. 5단계는 자신의 잠재력을 극대화하면서 지속적인 자기 계발을 통해 끊임없이 성장하고자 하는 자아실현 욕구다. 그러니까 사랑받고 인정받고 싶은 욕구가 채워진 사람이 안정감을 누리게 되고 자아실현으로 나아갈 수 있다는 주장이다. 반면 하위 단계의 욕구가 채워지지 않으면 그 단계에 고착되고 상위 단계의 욕구를 추구할 동력을 얻지 못한다.

심상작업으로 보는
마음의 테마들

# 얽매이지 않는 마음,
# 홀로서기와 자존감

어느 날 혼자 가만히 있다가

갑자기 허무해지고

아무 말도 할 수 없고

가슴이 터질 것만 같고

눈물이 쏟아지는데

누군가를 만나고 싶은데

만날 사람이 없다

_이해인, 「아, 삶이란 때론 이렇게 외롭구나」 중에서

외로우니까 사람이다. 내 마음 알아주는 사람 하나만 있어
도 살 만하다고 느끼는 게 사람이다. 네 마음 안다고 다독여주는 것
만으로도 자신의 외로움을 어느 정도 덜 수 있다. 너나없이 모두 이

런 마음인데 내 마음 같은 너 하나를 만나기가 왜 그리도 어려울까. 노력한다고 되는 일도 아닌 것 같지만, 그렇다고 노력을 안 할 일도 아니지 않은가. 만성화되고 고질화된 외로움은 어느덧 현대인에게 가장 만연한 마음의 병으로 자리 잡아가고 있다. 외로움이 극에 달하면 더 이상 삶의 의미가 없다고까지 느끼기도 하는 게 사람이다.

## 현대 도시는 고질화된 외로움을 양산하기에 안성맞춤이다

우리들의 도시는 자유, 자극, 도전, 사랑, 재미, 웃음도 무한 제공하지만, 동시에 경쟁, 불합리, 모순, 결핍, 시기, 질투 그리고 고독과도 늘 마주서야 하는 곳이다. 유치원에까지 불어닥친 교육 열풍은 이미 익숙한 이야기다. 앞으로 더하면 더했지 덜할 리가 없다는 불안감도 팽배하다. 동네 꼬마들과 골목을 휘젓고 다니던 시절은 어른들 기억 속에 아련한 향수로만 남아 있다. 지금은 아이들끼리 절친한 친구가 되려면 엄마들이 먼저 친해져야 한다. 학원을 다니지 않으면 친구를 사귈 기회조차 없고, 자유 시간의 대부분은 자기 방 컴퓨터 앞에서 보내거나 스마트폰을 들여다보는 것이 요즘 아이들의 라이프스타일이다. IT 기술의 발전에 따라 하루가 다르게 변화하는 삶의 방식은 말할 필요도 없을 것이다. 요컨대 일자리가 줄어들어 각박해졌고, 사람들의 만남이 확연히 줄었다. 궁금한 것이 있거나 조언을 얻고 싶을 때도 가장 먼저 인터넷 커뮤니티나 포털 사이트를 찾으니, 별일 없어도 이웃들과 얼굴 마주보고 복닥거리면서 정 쌓는 문화는 희미한 옛일이 되었다. 우리가 사는 세계는 신경망처럼 모두 얽혀 있지만 모두가 모두에게 얕게 연결되어 있을 뿐이다.

이런 사회 속 외로운 사람들에게는 여러 가지 이름표가 붙어 있다. 우울증이나 대인기피증, 왕따 등 예전부터 잘 알려진 증상과 현상뿐 아니라 '오타쿠'나 '은둔형 외톨이(히키꼬모리)' 등의 신조어들도 현대인의 절대 고독을 잘 드러내고 있다. 고독을 직면하는 게 두려운데도 사람들 사이에서 시달리며 느낄 고독이 더 두려운 사람들이 술, 마약, 도박, 게임 등 각종 중독에 빠져들기도 한다. 사람들과 부대끼면서 실망하는 데 지친 나머지 스스로를 소외시키면서 은둔하는 사람들도 점차 늘어간다. 컴퓨터와 인터넷은 그들에게 구원일까, 마약일까.

남몰래 외로운 사람들은 더 많다. 겉보기에 활기차 보이지만 실상은 고질화된 외로움에 시달리고 있는 사람들은 얼마나 많은가. 가면 우울증이 대표적인 예가 되겠다. 그들의 웃음 뒤에 고여 있는 슬픔은 관객들이 다 퇴장한 후 어질러진 무대 뒤편에 홀로 남겨진 배우의 쓸쓸함과 비슷하다. 하루 종일 숨 가쁜 페이스로 일하고 퇴근 후나 주말에 삼삼오오 모여 왁자지껄한 시간을 보내고 나면 집에 가는 발걸음이 쓸쓸하다. 아파트 문을 따고 들어서는 순간에는 괜히 울컥해진다. 알고 보면 그들은 당신 가까이에 늘 있다. 몸이 힘들어도 차라리 일할 때가 더 편하고 주말이나 휴가가 더 두려운 사람들이 당신 혼자뿐일까. 그런데 내 마음이 참 시리다 말 한마디 꺼내기가 두렵다면, 대체 그 마음은 얼마나 서글퍼 하고 있는 걸까. "왜 굳이 내 안의 슬픔을 남에게 보여줘요? 남들 마음까지 무겁게 만들어서 민폐 끼치고 내 자신만 더 나약해 보이고… 그래서 좋을 게 뭐가 있나요"라고 말하는 사람들이 적지 않다.

## 자신이 외롭다는 걸 모르는 사람들도 많다

아미 로카치Ami Rokach라는 심리학자는 외로움의 고질화 과정을 여섯 단계로 설명했다. 처음에는 자신의 외로움이 일상적인 범위를 좀 넘어선 게 아닌가 하며 (1) '문제점 인식 및 고통의 자각'을 한 후 의도적으로 또는 무의식적으로 문제점을 (2) '부인'하지만, 아무리 부정하려 해도 속은 평온치 않고 때때로 암초를 만나듯 외로움에 다시 직면하게 되니 (3) '현실 인식'을 하지 않을 수 없고, 결국 (4) '원인을 찾으면서 자기의심'을 하는 단계로 진행한다. 자신의 외로움이 고질적인 상태라는 것을 (5) '받아들이면' 나름대로의 방식으로 (6) '대처'를 시작하게 된다.

아직 외로움을 부인하는 단계에 있는 사람들도 자기만의 방식으로 대처를 한다. 어딘가 속이 허전하고 시린 사람들, 어딘가 도움이 필요해 보이는 이들에게 늘 눈길이 먼저 향하는 사람들을 예로 들어보겠다. 외로운 사람들에게 늘 먼저 다가가서 손을 내밀고 마음을 내어주고 지혜로운 조언을 아끼지 않는 분들이 만약 자신의 슬픔과 두려움은 여간해서 잘 드러내지 않으려 한다면 어떻겠는가.

"저는 남의 마음을 알아주는 게 즐거워요. 내 아픔이나 내 감정은 내 스스로 알아서 잘 해결해요. 원래 남에게 잘 기대지 않는 성격이에요. 오해는 하지 마세요. 남이 내게 기대는 건 충분히 이해하고 그런 의존을 받아주는 것도 전혀 싫지 않아요. 하하하…."

어딘가 슬프고 짠하다. 사람은 자신의 욕구와 감정을 솔직하게 말해주는 사람을 좋아한다. 천진하게 솔직함을 드러내면서 자신에게 살짝 의존해오는 사람을 싫어할 수가 없다. 정도가 너무 과해서 지치게 만들기 전까지는 말이다. 반대로 자신의 솔직한 감정과 욕구를 드러내지 않는 사람에게는 깊은 호감을 느끼기 어렵다. 타인의 마음 채워주기에 집중하면 일시적으로 외로움이 덜어지기도 하지만 시간이 오래 지날수록 점점 더 외로워져간다. 외로움이 사무치기 시작하면서 의아해하기 시작한다. 이렇게 사람을 자주 만나고 의미 있는 마음 채워주기를 밥 먹듯이 하는데 왜 외로움이 가시지 않을까? 이렇게 열심인데도 왜 나는 상대에게 의미 있는 존재가 되지 못할까? 이해할 수가 없다. 어디서부턴가 잘못되어 있음을 느끼기 시작하고 오랜 시간의 번뇌를 겪은 후에야 조금씩 자신의 외로움과 슬픔을 자각하기 시작한다. 자신의 외로움을 부인하면서, 혹은 더욱 부인하기 위해 무의식적으로 사용되는 대처법들은 오히려 외로움을 심화시키고 고질화시키는 역기능을 할 뿐이다. 타인의 마음 채워주기는 아름답기에 칭찬받아 마땅하지만, 우리의 본성에 내재된 기본욕구는 아니다.

### 낮은 자존감은 외로움을 심화시킨다

외로움을 겪을수록 단단해지기보다는 자존감이 더 낮아지

고 상처에 더 취약해지는 악순환이 생겨난다. 자존감이 낮다는 것은 자신이 자각했든 못했든, 무의식 안에 자기 자신에 대한 부정적인 이미지가 새겨져 있다는 뜻이다. 혹시나 외로워질까 자나 깨나 부단히 노력하고 있다면, 잠시 외로워질 때 왠지 모르게 안절부절못한다면, 외로움이 느껴질 때 '지금은 좀 외롭네' 정도로 받아들이는 것이 아니라 '정말 난 왜 이럴까' 등의 의문에 빠져들면서 스스로가 초라하게 느껴진다면 자존감이 낮은 것이다.

외로움과 공허함이 만성화된 경우에는 보통 무의식적인 대처방식으로써 이상을 더욱 높여 잡고 꿈을 꾸는 경우가 많다. 우월한 모습으로 진화하려는 노력, 누구나 부러워할 만한 성공에 대한 집착, 외로운 영혼들에게 따뜻함을 전파하려는 헌신적인 인간미, 상처받은 영혼에게 더욱 끌리면서 그들을 보살펴주려는 식의 연애 패턴, 잠시의 외로움도 견디지 못하는 여성 혹은 남성 편력 등은 모두 어딘가 위태로운 느낌을 지울 수 없다. 현실에서는 원래 기쁨보다 실망을 느낄 일이 더 많은 법이다. 그런데 실망할 때마다 자신에 대한 의구심에 빠져들면서 이상을 더 높여 잡고 자신의 무한 성장을 보채듯이 격려하는 게 습성이 되면 시간이 흐를수록 이상과 현실의 괴리는 점점 걷잡을 수 없이 커지게 된다. 시시때때로 찾아오는 실망이나 좌절 앞에서 의연하지 못하면, 자주 마주할 수밖에 없는 외로움 앞에서 괜찮아 하지 못하면, 조금 못나 보이는 현재의 자신을 좋아하는 법을 배우지 못하면, 악순환의 고리는 점점 더 커진다. 외로움은 두려움으로, 실망은 자학으로 변해간다.

세상에 대한 신뢰마저 잃으면 외로움은 벗을 수 없는 굴레처럼 느껴진다. 고질적인 외로움에 시달리다 보면 타인과 세상에 대한 이미지도 잿빛으로 물들어간다. 사람들의 호의나 친절에 대한 기대치가 낮아지게 되고, 누군가를 신뢰하는 것이 꺼림칙해지고, 귀감이 되어 본받을 만한 사람들을 찾기가 어렵다고 느끼게 되고, 사람들 사이의 정이라는 것이 참으로 얄팍하다는 생각이 들게 마련이다. 사람에게서 호감이나 반가움을 느끼지 못한다면 사람과 함께 있어도 울컥하게 외로워지고, 더욱 무거운 어둠이 가슴 안에 번진다. 외로움이란 게 자신들에게 운명 지어진 족쇄 같다고 느껴질 때가 있다. 얄팍한 관계, 말 많고 탈 많은 관계, 어딘가 모르게 허전한 관계만이 반복되면서 지칠 때가 있다.

## 홀로서기는 자존감이다

홀로서기와 자존감은 동의어나 다름없다. 자존감은 스스로를 흡족해하고 좋아하는 마음이다. 잘나서 흡족한 게 아니라 스스로가 이대로 괜찮은 것이다. 우월감과 열등감은 한가지이며, 둘 다 자존감이 낮은 모습이다. 그건 자신이 이대로 괜찮지 않다는 자백이다. 스스로가 괜찮은 사람은 지금 이대로도 소탈함과 넉넉한 마음이 있어 타인에게 폐가 되지 않고, 이대로도 가족들과 절친한 친구들이 좋아해주니 되었고, 이대로도 주위 사람들과 섞여서 화목하기에 큰 지장이 없으니 굳이 우월해지지 않아도 되는 것이다. 그들은 혼자라서 외로워도 꽤 심심해할 뿐 자학에 가까운 초라함을 느끼지는 않는다. 그런 사람은 어느 것에도 매이거나 의존하지 않아 독립된 마음, 즉 홀로서기가 가능하다.

## 홀로서기는 적절한 거리감이다

사람 사이에는 물리적 거리보다 심리적 거리가 더 중요하다. 서로 심리적 거리감이 일치하지 않을 때 갈등이 발생한다. 나는 가깝다고 여겨서 기꺼이 퍼주기를 일삼는데, 상대는 멀지도 가깝지도 않은 거리에 날 놓으면 배신감이 느껴진다. 항상 반 발짝 뒤로 물러나 있으면 상대가 좀 더 내게 가까이 오려 한다는 것이 느껴지면서 왠지 자신이 꽤 괜찮은 사람으로 느껴지게 마련이다. 소위 '밀당'의 원리가 그런 것 아닌가. 자존감이 낮은 사람들은 조금 더 거리를 좁히려고 '나도 모르게 무의식적으로' 계속 애쓰게 된다. 그러니 서운함은 늘 자기 몫이다. 상대는 괘씸하고 세상은 서늘하다.

## 홀로서기는 혼자되기가 아니다

홀로서기는 회피나 은둔이 아니다. 회피와 은둔은 다른 사람과 함께하기를 적극적으로 거부하는 '사연 많고 생각이 복잡해 보이는' 행동이다. 사람과 소통하고픈 본능의 욕구를 없는 척하거나 꾹 눌러가며 억압해야 한다면 그 자체로 감정 소모가 클 수밖에 없다. 혼자일 때 에너지가 고갈되는 것은 홀로서기가 아니다. 홀로서기는 혼자일 때와 함께일 때 모두 자연스럽게 받아들이는 여유로운 상태를 말한다. 누군가와 두려움 없이 애정을 나누되 집착하지 않는 것, 어떤 관계에 매몰되어 자아를 잃지 않는 것을 말한다. 혼자서도 괜찮은 사람이 함께일 때 무리한 행동을 하지 않게 된다. 혼자일 때 비로소 채울 수 있는 것들이 있다. 혼자일 때 자신을 충전할 줄 아는 사람이 함께일 때 긍정적인 에너지를 나누어줄 수 있다.

### 홀로서기는 본성에 자연스럽게 가까워지다

어른이 된 후에도 의존은 여전히 달콤하다. 하지만 개별화되고 독립된 개체로서 안정감을 느끼고, 타인에 의존하지 않아도 행복 추구가 가능해야만 비로소 자존감이 높아진다.

인간의 본성은 이기적인 데서 출발한다. 인간의 기본욕구는 모두 '타인을 통해서 자신을 채우기'다. 누군가가 받아주지 않으면, 사랑해주지 않으면, 알아주지 않으면 견딜 수 없는 것이 사람이다. 안정적이고 친밀한 애착 관계가 있다면 그런 목표를 이루기가 수월해진다. 아기들은 엄마에게 착 달라붙어서 떨어지지 않으려 한다. 엄마 냄새를 맡아야 안정감을 느끼고, 엄마에게 안겨 있어야 행복해하며, 다른 사람의 손에 넘겨지면 불안해서 울어댄다. 그것이 아기와 엄마 사이의 애착이다. 모든 욕구 충족은 엄마를 통해서 이루어진다. 절대적인 의존이다. 물론 아빠, 삼촌, 이모들의 따뜻한 손길과 눈빛으로도 아기의 욕구가 어느 정도 채워지기는 한다. 하지만 엄마가 곁을 떠나면, 또는 떠났다고 아기가 느끼면 다른 이들이 아무리 헌신적으로 따뜻하게 보살피려 해도 아기의 서러움과 공포를 쉽사리 달래주지 못한다. 엄마라는 '안전기지security base'가 사라진 상황에서 아빠, 삼촌, 이모들의 미소와 손길은 시장 통 길거리에서 이리저리 부딪히는 거친 팔뚝들과 별로 다를 게 없다.

아동기와 청소년기를 지나가면서 독립과 개별화 과정이 진행된다. 엄마에 대한 의존에서 점점 벗어나면서 홀로 서가는 과정이다. 이 과정에서 엄마에 대한 환상도 깨진다. 그저 평범한 한 개체로서의 엄마를, 이런저런 부족함이 있는 엄마를 여실히 깨닫고 받아들이고 서서히 괜찮아진다. 찬찬히 들여다보면 부족함이 많은 당신이기는 하지만 내게는 든든한 안전기지가 되어주었다. 당신 자신보다 나를 더 아껴주는 사람이라는 믿음은 변함이 없고, 그저 곁에 있어주는 것만으로도 여전히 편안함을 느낄 뿐더러, 이런저런 장난을 치거나 심지어 어떤 실수를 해도 해탈한 듯한 웃음으로 다 용서해주는 특별하고 만만한 사이인데 무엇을 더 바랄까. 게다가 가만히 보니까 자신의 자아가 엄마보다 좀 더 낫다고 생각되면 뿌듯함과 여유로움까지 느끼게 된다. 그리고 엄마에 대한 애정 어린 연민과 함께 '이젠 내가 당신을 보살펴드리겠다'는 애틋한 책임감도 자라난다. 이것이 본성의 순리를 따르는 흐름이며, 바람직한 성장이다. 그리고 이것이 홀로서기이다. 어릴 적에 그런 엄마를 가져본 사람은 어른이 된 후 타인들과의 관계 속에서 엄마를 찾지 않는다. 스스로도 이제는 괜찮기 때문이다.

반대로 엄마다운 엄마를 가져보지 못한 사람은 자기도 모르게 평생 그런 엄마 같은 존재를 갈구한다. 자신이 그러고 있음을 스스로 깨닫기까지 수많은 시행착오와 고뇌의 시간을 통과하면서. 엄마가 든든한 안전기지가 되어주지 못한다면, 아기는 늘 불안에 시달리게 된다. 따뜻함과 관심이 부족할 경우 아이들은 순리대로 욕구 표현을 마음껏 하지 못하게 된다. 그렇게 결핍이 가득한 성장 과정을 거치면 독립된 자아로서의 안정감이 잘 생기지 않는다. 이성적으로는 독립과 개별화가 진행되지만, 정서적으로는 안정감 있는 독립이 이루어지지 않게 된다.

## 홀로서기는 그 무엇에도 과도한 집착을 하지 않는 것이다

완전한 존재, 완전한 의미, 완전한 애착에 대한 그런 무의식의 갈망이 쉽게 내려놓지 못하는 집착들을 만들어낸다. 이상주의, 의존적 애착, 완벽주의, 능력 지상주의, 돈과 권력에 대한 집착, 미모에 대한 집착, 타인의 관심에 대한 집착, 타인의 인정에 대한 집착, 일중독, 사랑 중독 등등. 마음의 허전함을 메우려는 과도한 노력들이다. 이들의 공통점은 하나다. 그 수준에 다다르면 비로소 마음이 채워지리라는 믿음이 깔려 있다는 것. 빗나간 믿음이고 엉뚱한 과녁이다.

성취 지향적이고 능력도 출중하고 수완도 뛰어나서 대단한 업적을 쌓은 사람이 있다고 가정해보자. 그가 한 분야의 리더로서 인정받고 수많은 후배들의 롤모델로 존경받는 모습을 상상하는 건 어렵지 않다. 하지만 이것만으로 그가 가장 행복한 사람일 것이라고 판단할 수 있을까? 그가 가장 자존감이 충만한 사람일 것이라고 예상할 수 있을까? 또 다른 예를 보자. 소위 만년 대리라고 불리는 남자가 있다. 어느 것 하나 출중한 데가 없다. 그가 가진 것이라고는 사람 좋은 미소와 너털너털한 웃음과 상냥함 정도다. 그는 과연 자존감이 높을까, 낮을까. 만약 그가 이런 말을 한다면 어떤가.

"더 높이 올라가면 좋지요. 그래도 난 이대로 괜찮아요. 우리 부서 동료 선후배들은 내가 꼼꼼하고 성의 있게 일 잘한다면서 이 일에 내가 딱 맞는다며 인정해주고 있고, 내 덕에 자기들 일이 더 수월하다니까 나야 그저 흐뭇하고 감사하지요. 게다가 어차피 행복은 퇴근 후 가족과 함께할 때인데, 그런 행복을 유지할 정도의 돈은 직장에서 꼬박꼬박 나오고 있으니 내가 뭘 더 바랄게 있나요."

한편 많은 이들의 롤 모델로서 인정받고 부러움을 사는 리더가 이런 말을 한다면 어떤가.

"다들 내가 부럽다고들 말하지만 난 사실 좀 외로워요. 간혹 사람들에게서 시기와 질투가 느껴질 때면 더 외롭고 긴장되기도 해요. 내 경력을 이렇게 쌓아 올리기까지 얼마나 마음을 쓰고 노력했는데 왜 내게 좀 더 따뜻하게들 대해주지 않는지 모르겠어요. 자기들끼리 삼삼오오 모여서 부어라 마셔라 할 때는 왁자지껄 흥겨워 보이던데 내가 끼면 분위기가 그렇지는 않아요. 날 어려워하는 사람들도 많고요. 난 도움이 되라고 말해주는데 그런 내 마음을 몰라주는 경우도 많지요."

좀 측은하지 않은가. 훌륭한 노력이고 귀감이 되지만 어딘가 허전하지 않은가. 아무리 우월함을 인정받아도 마음속 깊이 외로움이 자리 잡고 있는데 자존감이 높을 수가 있을까. 반에서 중간만 하는 성적에 운동신경도 그저 그렇고 잘 다루는 악기 하나 없는 아들이지만 "의리가 좋고, 남의 말 귀 기울여 들을 줄 알고, 맡은 일에 소홀함이 없으니 더 바랄게 없이 흡족하고 자랑스럽구나, 내 아들" 하며 부모의 인정을 받는다면 그걸로 마음이 충분히 채워지지 않을는지. 그런 게 자존감 아닐까.

# 당신 앞에서만 보이는
# 내 자아의 민낯

끈끈한 유대감이 그 자체로 삶의 의미인 사람들이 적지 않다. 연봉이 좀 적어도, 업무 환경이 마음에 안 들어도, 직장이 멀어도, 함께 일하는 동료들과의 유대감이 깊으면 두 번 생각할 것도 없이 평생직장으로 삼겠다는 사람들도 많다. 백년해로하는 행운을 누리는 사람은 배우자를 세상 어느 것과도 맞바꾸지 않는다고 말한다. 맞바꿀 수 있는걸 굳이 하나 억지로 꼽으라 하면 자기 삶과 맞바꿀 수 있겠지만 그 사람 없는 삶은 의미 없다고 대답한다. 친구 없는 일생은 증인 없는 죽음과도 같다고들 한다. 진정한 친구 하나만 있어도 그 인생은 성공했다는 것이다.

## 친밀한 관계에서는
## 자아가 민낯을 드러낸다

가장 가까이에 있는, 가장 믿는 사람이 가장 큰 상처를 주는 법이다. 단짝, 연애, 결혼 등이 친밀한 관계에 포함되는데, 이런 관계 맺기를 두려워하며 머뭇거리는 사람들이 있다. 우리 사이 영원하기로 믿기 시작한 후 혹시나 그 사람의 마음이 변할까봐 초조해하는 사람들이 그렇다. 이런 분들이 우울의 늪에 종종 빠지는 것은 그리 이상한 일이 아니다. 자존감이 낮아서 우울감에 잘 젖어 드는 사람들이 가장 힘겨워하는 것이 바로 친밀함을 '균형 있게, 적절하게' 나누는 것이다. 갈망도 크고 두려움도 클 때는 어딘가 중간에서 의연하게 균형을 유지하기가 그리 쉽지 않은 법이다.

자신의 모든 자아를 총동원해서 전력으로 임하기 때문에 건강한 자아와 약한 자아가 무방비 상태로 속살까지 다 드러내는 곳이 바로 친밀한 관계다. 상대를 완전히 믿지 못해 망설이고 주저하는 이유, 또는 친밀함이 변질될까 긴장 속에서 집착하는 이유는, 상대를 믿지 못해서가 아니라 사실 자기 자신을 믿지 못하기 때문이다. 자신의 능력을 믿지 못하는 게 아니라, 홀로서기에 대해 마음 깊은 곳에서 은근히 두려워하기 때문이다. 아무리 잘났어도, 아무리 인기 있어도, 아무리 타의 모범이 되는 삶을 살고 있어도, 외로움에 취약해서 감정 하나를 이겨내지 못하면 자존감이 낮아지고 타인에게 의존할 수밖에 없다. 어딜 가나 의연하고 당당하고 자신감 넘치는 모습에 반해서 쫓아다녔는데, 막상 내 사람으로 만들어놓고 보니 자기에게 너무 의존하고 집착하더라는 볼멘소리 들어본 적 없는가. 어떤 면에서는 자신감이 넘치는 그 분들이 대체 무엇이 부족해서 그렇게도 외로움 앞에서 작아지는 걸까.

## 홀로서기에 취약하면
## 이상적인 자아에 매달린다

사람에게 외로움보다 무서운 게 없다. 능력이 출중해도 홀로서기에 취약하면 자존감이 떨어지고 자존심은 강해진다. 좀 더 우월감에 매달리거나, 좀 더 따뜻해지려 애쓰거나, 좀 더 빈틈없는 일 처리 능력을 뽐내려 하거나, 좀 더 유머러스해지려고 애쓰기도 한다. 사람들의 마음을 얻으려는 노력이다. 사람들의 따뜻한 시선이 자신에게 언제까지나 머물러주어야만 비로소 안정감을 느낀다면 홀로서기에 취약한 것이다. 이럴 때 무의식에서의 결론은 대체로 이렇다, '그 누구든 감히 거부할 수 없는 매력을 가져야만 해. 이만하면 괜찮은 정도로는 곤란해.' 완전하고 이상적인 자아를 성취해야만 한다는 중압감이 이렇게 자라난다.

만만하고 친밀하고 끈끈한 관계는 사실 그렇게 어려운 게 아니다. 서로 좋아하고 유쾌하게 놀고 편안하고 친근하면서 배신하지 않는다는 믿음 정도만 있으면 사실 더 바랄게 없지 않나. 그거 하는 데 대단한 능력이나 매력을 검증받아야 할 필요가 있는 건가. 모범적이고 훌륭한 사람들이 연애를 더 잘하는 것도, 능력이 우월한 사람들이 절친한 친구에게 더 의리 있는 것도 아니라는 사실을 모르

는 사람은 없다. 게다가 가깝고 소중한 사람들에 대한 뭉클한 애정
은 그 사람의 능력 때문도, 인품 때문도, 출중한 매력 때문도 아니
다. 아내의 잠든 모습을 물끄러미 바라볼 때 측은하고 울컥해지는
이유는 기꺼이 나를 따라 함께 고생하면서 밥 챙겨주고 건강 살펴
주는 의리 때문이다. 아내의 품위나 미모에 매료된 덕분에, 부모님
의 학식이나 사회경제적 지위를 마음에 품고 감사해하기 때문에,
내가 꼭 성공해서 당신 호강시켜드리리라 다짐하는 건 아니다.

　이렇게 단순한 걸 모르는 사람이 없는데 참 신기하게도 이렇
게 말하는 사람들이 많다. "잘 알지요. 그런데 내가 왜 불안해하는
지 나 스스로도 도통 모르겠어요. 내 매력이 떨어지면, 내 헌신적인
책임감을 조금이라도 줄이면, 내가 서운하거나 화나는 감정을 있는
그대로 표현하면 그 사람에게 내가 더 이상 쓸모없는 존재가 되어
버릴 것만 같은 이 불안이 대체 어디서 오는지 나도 알고 싶어요."
이 분들은 정작 가장 가까운 연인 또는 배우자에게는 이런 속내
를 잘 표현하지 않는다. 상대방을 잃을까봐 두려워하고 있는데 이
런 내밀한 약점을 쉽게 말할 배짱이 있겠는가. 그저 파트너의 마음
이 혹시나 식을까봐 좀 더 꾸미거나, 좀 더 센 척하거나, 좀 더 착하
게 헌신하고 있거나, 어쩌면 지혜로운 도움이 필요하지 않은지 노
상 살피고 있거나, 또는 고상한 품위를 잠시도 내려놓지 못하고 늘
긴장하고 있을 뿐이다. 좀 내려놓고 아이처럼 천진하게 친근함을
즐기면 되는데 그게 그렇게도 어렵다고들 한다. 오히려 자기 관리
와 자아 발전에 매진하는 게 더 쉽다고들 한다. 이들은 더 이상적인

자아와 더 이상적인 관계를 지향하는 자신의 모습에 자부심을 갖고 그런 모습에서 희망을 찾으려 한다. 문제는 그러면 그럴수록 꿈은 자꾸 멀어져 간다는 사실이다.

## 이상적인 기준이 친밀감을 해친다

기준이 높을수록 실망도 깊고 잦은 법. 이상적인 자아와 이상적인 관계에 매달릴수록 실망은 쌓여만 간다. 대체 어떤 사람이, 또 어떤 관계가 늘 완전하겠는가. 실수투성이라서 사람이고, 실망투성이인 게 관계 아닌가. 부족한 사람들끼리 서로 내려놓고 서로 받아주니까 친밀해지는 것이고 서로 귀한 존재가 되어주는 것 아닌가. 주위를 둘러보라, 품위와 격식을 더 많이 갖춘 사람들이라고 해서 더 다정하거나 더 신뢰가 깊은 것 같지는 않다. 작은 실망에 크게 흔들리다 보면 오래 지나지 않아 지치게 된다. 혹시 "이 사람도 결국 아니야"라는 말을 습관적으로 하고 있거나 또는 너무 자주 반복해왔다면 잠시 멈추고 자신을 돌아볼 필요가 있지 않을까. 소위 사람 보는 눈이 까다롭다는 사람들이 그렇다. 어찌 들으면 자부심을 갖고 하는 말인 듯도 하지만 내심 쓸쓸함이 서려 있는 말이기도 하다. 사람이 사람을 너무 가르고 고르고 경계하는 건 어떤 의미에서든 그리 유쾌한 일도, 자신에게 유리한 일도 아닌 것 같다.

소울메이트를 추구하는 것은 아름답지만 소울메이트가 아니면 무의미하다는 태도는 홀로서기에 대한 두려움이 극대화된 형태다. 가장 아름다운 것을 추구한다는 자기 신념이 사실은 자신의 두려움을 숨기는 방어기제로서의 역할을 하고 있을지도 모른다. 몸도, 마음도, 기호도, 가치관도, 심지어 깊은 곳 영혼까지 모두 혼연일체가 되는 파트너가 아니라면 아무런 의미가 없다고 말하는 그 속마음은 무얼까. 혹시 '대체 누가 날 한없이 좋아해주겠어, 이렇게 허점이 많은 나를⋯.' 또는 '깊이 정들고 이제 좀 의지할까 할 때, 갑자기 날 떠나버리지 않는다는 보장이 어디 있겠어. 거부할 수 없는 운명 같은 만남이 아닌 다음에야⋯.' 등의 두려움이 마음 깊은 곳에 숨겨져 있는 건 아닐까. 그렇게 두려움을 바탕에 깔고 있을 때는 자연히 비현실적인 기대가 많아지고, 그 때문에 혼자만의 오류에 빠지기도 쉽고, 결국 스스로 좌절감에 빠지기 십상이다.

## 소울메이트는 만나는 게 아니다
## 만드는 것이다

내 영혼의 반쪽은, 만나는 게 아니라 관계 안에서 함께 겪고 함께 성장하면서 만들어가는 것이다. 겪어온 위기들과 우여곡절들을 함께 기억하는 사람, 서로의 성장을 곁에서 지켜본 사이, 그래서 자신의 삶의 발자취를 추억하고 증언해줄 사람이기에, 지금도 여전히 삶이 고단할 때 손 지긋이 잡아줄 사람이기에, 영혼의 동반자가 되는 것 아닌가. 잘 만나서 되는 게 아니라, 만나서 잘해야 비로소 겨우 되어가는 것이다.

소울메이트는 자신을 가장 깊이 이해하고 존중하고 사랑해줄 사람이다. 자신의 존재 가치를 가장 고마워하는 사람이다. 성인

대 성인으로 만나서 서로에게 이런 존재가 되어준다는 것은 벅차도록 아름다운 일이다. 사실은 불가능해 보이기 때문에 더욱 아름답다. 우리들은 엄마에게 이런 존재들이었다. 눈부시게 소중한 존재라서 깊이 이해받고 존중받고 사랑받았다. 대부분은 그렇다는 말이다. '엄마다운 엄마'를 가져보지 못한 사람들이 의외로 많다. 성인이 된 후에라도, 저절로 주어지지 않았다면 스스로 만들어서라도, 이런 존재를 가져보고 싶은 것이다. 누군가에게 말도 안 되게 소중한 존재가 되어 무조건적인 수용과 사랑을 받아보고 싶은 거다. 누구에게나 어릴 적 딱 한 번 주어지는 그 기회가, 어른이 된 후에 다시 오지 않는다. 그렇지만 만들 수는 있다. 아주 근사한 인간 대 인간의 만남을 만들어낼 수는 있다. 나도 모르게 무의식중에 상대에게서 '엄마 같은 사람'을 찾고 있는 게 아니어야만 가능하다.

# 나도 모르는
# 내 상처는
# 어떻게 만들어졌을까

# 나만의 예민함이
# 만들어지기까지

"엄마가 저를 별로 안 좋아해요."

마틴이 무덤덤한 톤으로 말을 이었다.

"어려서부터 늘 그랬어요. 엄마는 제 모든 게 마음에 들지 않았나봐요. 이해가 안 되는 건 아니에요. 제가 예쁜 것도 아니고, 활달하지도 않았고, 성격이 좋은 것도 아니었고, 인기도 없었고, 좋은 옷 입혀봐야 예뻐 보이지도 않고…. 제가 머리는 괜찮아서 공부는 제법 했어요. 그런데 그게 엄마한테는 아무런 의미도 없나 봐요. 엄마는 내가 뭘 잘하는지도 몰랐고, 날 자랑스러워한 적은 당연히 없고요… 뭐가 문제인지는 사실 지금도 모르겠어요."

마틴은 남자 친구와는 별 문제가 없다. 그런데 동성의 친구들과 어울릴 때 긴장하는 습성은 서른이 넘은 지금도 여전하다. 그녀는 남자 친구의 친구들, 그리고 그들의 여자 친구들을 알게 되었고 자연스럽게 어울렸다. 마틴은 그녀들을 좋아한다. 그녀들도 마틴과 친해지고 싶어 한다. 그런데 마틴은 어딘가 모르게 불안하다. 불편할 이유가 전혀 없는데, 편해지려고 애써 봐도 이상하리만큼 과도한 긴장이 쉽사리 떨쳐지지 않는다.

'쟤들이 과연 날 좋아할까? 그래, 내 남자 친구 때문에라도 나한테 친절하게 굴기는 해야겠지. 그런데 특히나 로빈은 날 안 좋아하는 것 같아. 자기 결혼식에 신부 들러리 서달라는 부탁을 나한테만 안 하네. 그럴 줄 알았어. 역시 나는 어딜 가도 환영을 못 받는구나. 진짜 이런 내 자신이 싫다.'

마틴은 평소의 모습과는 사뭇 다른 모습으로 행동하고 있는 어색한 자신을 발견한다. 특히 로빈에게는 더욱 공손하고 친절하게 군다. 자신도 모르게 그런다. 뭐가 그리 미안한지 미안하다는 말을 습관적으로 자주 한다. 과도한 긴장 탓에 목도 타고 몸도 좀 피곤하지만 그래도 웃음을 잃지 않으려 애써본다. 얼굴에 생기가 없이 시들시들해지면 모든 노력이 물거품이 되고 말 거라 생각하면서. '그러면… 내가 자기들을 피곤하게 여긴다는 사인으로 받아들일게 뻔해. 그러면 어떻게 되돌릴 방법이 없겠지.'

집에 와서도 생각이 무성하다. 탐정처럼 모든 가능성을 열어놓고 단서를 짚어내려고 골똘히 생각에 잠긴다. 이 짓을 안 하고 싶지만 어차피 다른 일이 도저히 손에 잡히지 않으니 어쩔 수가 없다. 가설은 간단하다. '내가 좋은 사람이라는 걸 이젠 알았겠지? 그 정도까지 했으니 나에 대한 인식이 좀 바뀌었겠지?' 이 가설이 맞았다는 단서들을 찾아내려고 기억들을 이리 들추고 저리 돌려본다.

근거는 제법 탄탄하다. '충분히 공손했고, 자기들 의견에 반하지 않았던 건 기본이고, 적절한 리액션은 덤이었고, 해맑은 미소에다 사람 좋은 너털웃음까지 아낌없이 쏟아부었잖아.' 과거를 돌아보면 자신을 좋아해주는 사람들도 많았다. 예의 바르고 겸손하고 말수는 적은데다 경청하고 공감을 잘해주는데 누가 좋아하지 않겠나. 그런데도 아직 탐정 놀이를 끝내지 못한다. 무언가 놓치는 게 있는 것만 같아 못내 찜찜하기 때문이다.

'그런데 왜 내게는 신부 들러리 해달라는 말을 안 했지? 그래, 만난 지 얼마 안 됐으니 그럴 수 있다고 치자. 아니, 그럴 수밖에 없다고 보는 게 맞겠지. 아직 나한테 그런 부탁을 할 사이는 아니잖아. 로빈처럼 경우 바른 사람이 내게 그렇게 무례할 리가 없지. 그래 맞네. 참 나도 너무 한다. 이게 뭐라고 이 생각에서 계속 맴도는 거야. 그만하고 이제 책이나 좀 보자.'

그렇게 생각을 정리했다고 자신하는 순간이 온다. 그런데 책을 편 지 얼마 지나지 않아 같은 구절을 읽고 또 읽고 지나갔다가 다시 또 그 자리에 돌아와 맴도는 자신을 발견한다. 가설 검증이 아직 끝나지 않았나 보다.

흥미로운 건 마틴의 어린 시절이 딱 그랬다는 것이다. 아이답지 않게 성숙했고 늘 남을 배려했다. 하지만 아무리 노력해도 엄마가 좋아해주지 않았다. 마틴은 다른 쾌활하고 활달한 아이들처럼 혼자 알아서 잘 놀지 못했다. 소심하게 엄마 치맛자락만 졸졸 따라다니거나 구석에 멍하니 슬픈 표정으로 앉아 엄마 눈길만 기다렸고, 엄마는 그런 마틴에게 가시 돋친 핀잔을 주곤 했다. 그럴수록 마틴은 더더욱 서운함을 삼키고 자기 감정이 드러날까 표정 관리에 집중했다. 엄마의 말에 반대하지 않고 엄마의 행동, 표정, 단어 하나하나에 주목하면서 눈치를 살피곤 했다. 엄마를 흡족하게 할 기회를 잡으려고 엄마의 마음의 소리에 귀를 기울였다. 그런데 엄마는 늘 다른 곳을 보고 있었다. 우는 아이가 떡 하나 더 얻어먹는다는데, 마틴의 소리 없는 노력은 정말 소리가 나지 않았던 셈이다. 엄마는 원래 타인의 마음을 살피는 눈치가 부족하고 남 신경 쓰는 건 쓸데없는 짓이라 여겼지만, 한편으로는 어디서나 시원시원하고 적극적이고 쾌활하며 자신이 좋아하는 것에 흠뻑 빠져서 즐길 줄 아는 성격이었다. 딸의 감수성과 배려심을 알아봐줄 정도로 섬세한 감성의 소유자는 아니었던 것이다.

이런 환경에서 자란 마틴의 무의식 깊은 곳에서는 다음과 같은 목소리가 도사리고 있다. '나처럼 매력이라곤 한군데도 없고, 오로지 결함투성이인 애를 대체 누가 좋아하겠어.' 내면의 어린아이가 이렇게 울고 있다. 엄마에게서 전해진 다음과 같은 메시지가 마틴의 무의식 가장 깊은 곳에 새겨졌기 때문이다. '예쁘지도 않고, 성격이 밝지도 않고, 특별하게 잘하는 것도 없는데, 게다가 다른 사람에게 의존해서 바라는 것도 많고, 삐치면 오래가고, 쓸데없이 남 신경은 되게 많이 쓰는 아이.' 때로는 직설적인 말로, 때로는 무관심한 행동으로, 때로는 딸의 튀는 감수성에 대한 부정적인 반응을 통해 이런 메시지가 딸에게 전해졌다.

'그런 아이'가 할 수 있는 건 많지 않다. 하지만 '그런 아이'도 엄마의 다정한 눈길과 따뜻한 손길을 필요로 하기에 필사적으로 노력한다. 그 나이에 '아니면 말고' 식으로 엄마에 대해 쉽게 체념해 버리고 다른 선택을 할 수는 없으니까. 그렇게 간절해진 아이가 엄마 주위를 맴돌면서 뭐라도 해보려 애쓰고 있는데 엄마의 또 다른 메시지가 날아들어 꽂힌다. '적어도 귀찮게는 하지 말아야지, 안 그래?'

마틴은 어린 나이에도 여러 가지 중요한 법칙들을 발견하고 실행하면서 마음에 새겨 넣었다. 예를 들면 이런 것들이다.

'내 욕구, 의견, 기분 따위를 남에게 알아달라고 해서는 안 돼.'

'특히 어두운 기분이나 남에게 부정적인 태도는 절대 드러내면 안 돼.'

'나의 최선의 모습만을 보여줘야 해. 안 그러면 난 소외되고 말 거야.'

'내 자신을 함부로 열어서 보여주면 안 돼. 외모와 성격의 결함을 감추려면 늘 일정 거리를 유지해야 해.'

내면의 어린아이를 보호하려는 자아의 무의식적인 판단과 대처방식들이 이런 식으로 자라난다. 마틴의 무의식 안에 새겨진 이런 '자신만의 불문율', 즉 비합리적인 신념 체계를 헤아릴 수 있다면, 왜 마틴이 그런 상황에서 과도한 긴장에 시달리고 있는지, 왜 그렇게 불필요한 노력을 하고 있는지, 왜 돌아서서 털어버리지 못하

77

고 지독한 고민에 빠지는지 조금은 이해할 수 있게 된다. 문제는 마틴 스스로 이러한 자신의 무의식을 이해할 수 있는지에 있다. 알지 못하면 바뀌지 않는다.

사람은 누구나 무언가에는 예민하다. 모든 것에 예민한 사람도 없고, 어느 것에도 예민하지 않은 사람도 없다. 모든 이의 마음 안에는 자기만의 아킬레스건 같은 게 있다. 도덕적, 윤리적 기준에 예민한 사람이 돈과 권력에는 별 감흥이 없을 수도 있다. 돈과 유흥에 예민한 사람이 가족과의 정서적 소통에는 다소 무심할 수도 있다. 사람들의 잘난 체에는 가시 돋친 반응을 쏘아대는 사람이 절친한 친구의 애절한 연애담에는 별 감흥이 없을 수도 있다. 돈을 과시하는 사람은 싫지만 능력을 과시하는 사람들은 귀엽다고 여기는 이들도 있고, 그 반대도 물론 있다. 시련을 겪는 사람들을 보면 팔 걷어붙이고 나서서 도와줘야 직성이 풀리는 사람이 돈 벌고 돈 불리는 일에는 무심할 수도 있다. 남편이 직업적 실패와 좌절을 겪을 때는 한없이 너그러운 아내인데 친구 만나러 나간 남편이 전화를 받지 않으면 '대체 그런 무심한 행위를 일삼는 당신의 진정한 속마음이 무엇인지'를 캐내기 위해 밤새 추궁하기도 한다. 그걸 캐내지 못하면 잠 못 이루는 이 사람의 속마음은 대체 어떻게 설명할 수 있을까. 스스로도 그 이유를 알지 못하기 때문에 그러한 행동을 그만두지도 못한다.

누구나 자기가 무엇에 예민한지 대강은 알고 있다. 하지만 언제부터, 왜 그런 것들에 예민해졌는지 잘 헤아리고 있는 사람은 거의 없다. 그저 원래 늘 그랬다는 것만 알고 있을 뿐이다.

알면 달라질 수 있다. 다만 스스로 알아가고 실제로 달라져가는 과정이 그리 쉽지는 않다. 알고 싶지 않을 수도 있다. 자기 속마음의 민낯을 마주대하기가 거북하거나 서글프거나 두려울 수도 있다. 알고 나서도 막상 태도와 생각과 행동을 바꾸려면 기분이 썩 내키지 않을 것이다. 특히 조언이나 훈계를 통해 변화의 필요성을 깨달은 경우라면 더욱 변하기 싫어지는 법이다. 자기 스스로가 꼭 변해야겠다고 다짐하고 또 다짐해도 사실 결과는 크게 달라지지 않는다. 마틴 역시 '난 그냥 나야. 그러니까 이젠 정말 더 이상 남 신경 쓰지 말자.' 수십, 수백 번 다짐했지만 달라지지 않았다.

달라지려면 자신이 '매력 없고 쓸모없는 결함투성이'라는 무의식의 느낌부터 달라져야만 한다. 자신이 한없이 초라한 존재라고 판명되면 어쩌나 하는 불길함에 늘 젖어서 살고 있었음을 인지해야만 한다. 나아가서 그토록 잔인한 자기 비난이 얼마나 근거 없이 엉뚱한지를 깨달아야 한다. 동시에 그런 불행한 자화상이, 일생 동안 얼마나 많은 순간에 자신의 감정, 태도, 행동을 좌지우지 해왔는지를 낱낱이 파악해야 한다. 그러면 스르르 변화가 일어나게 되어 있다. 예를 들어 마틴의 경우라면 자신의 서글픈 기분을 표현하는 게 왜 친구에게 민폐가 된다고 믿었는지, 오히려 슬픔과 서운함을 표현해야만 비로소 친구와 더 막역하게 가까워질 수 있다는 것을 왜 모르고 살았는지, 늘 남의 기분에 맞춰만 주면서 예의 바른 행동만 하면 서먹서먹한 관계에서 벗어날 수 없다는 걸 왜 자기는 모르고 살아왔는지를 깨달아야 한다. 그 모든 노력들이 '매력 없고 쓸모 없는 결함투성이'라는 무의식의 자화상을 극복하기 위한 노력이었음을, 어차피 사실도 아닌 그 느낌을 극복하겠다고 자나 깨나 '자신만의 불문율'에 매달려서 노력했음을, 애초에 허상이라 노력한다고 극복되는 것도 아니었음을, 사실상 노력의 결과는 역설적으로 부정적인 자화상을 더욱 키우기만 했음을 깨닫고 허탈해져야 한다. 그러면 집착들이 흐물흐물해진다. 그제야 비로소 진짜 변화가 시작된다.

# 마음속 깊이 새겨진
# 나도 모르는 내 얼굴

마틴의 경우처럼 무의식에 깊이 새겨진 부정적인 자화상을 '심리도식'이라고 부른다. '무의식'이라는 말은 스스로가 그런 자화상을 갖고 있음을 깨닫기가 매우 어렵다는 걸 의미한다. '새겨졌다'는 말은 지우고 싶어도 여간해서는 잘 지워지지 않는다는 뜻이다. 다시 말하자면 아픈 가시가 깊이 박혀 있는데 잘 보이지도 않아서 있는 줄도 모른 채로 살고 있다는 말이다. 종종 이유 없이 마음이 철렁하거나 울컥해지는데 무의식에 새겨진 상처 때문이라는 걸 눈치채지 못하기에 계속 혼란스러워할 뿐이다. 보이지 않는 마음을 보지 못한 채 삶은 삐걱삐걱 굴러간다.

집에 돌아와 고뇌하는 마틴의 독백을 다시 들여다보자. 마틴은 그녀들이 분명 자신을 좋아할 만도 한데 대체 왜 안 좋아하는 것 같은 느낌이 자꾸 드는지, 스스로도 이해할 수 없는 불길한 느낌에 대해 합리적으로 판단해보려고 애쓰고 있다. 이런 마틴에게 혹시 무의식 깊이 자신을 매력 없고 쓸모없는 결함투성이라 여기는 것은 아닌지 물어보면 펄쩍 뛰면서 화를 낼지도 모른다. 심리도식이 무의식에 박혀서 작동하고 있는 것을 눈치채지 못하기 때문이다.

### 도식이란 세상을 보는 마음의 틀이다

개개인의 기질이 서로 다르고 삶의 경험들이 다양한 만큼 무의식에 각인된 아픈 가시들도 종류가 매우 많다. 그런 상처들을 표현하는 심리학 용어들 또한 여러 가지가 있다. 그 가운데 여기서는 심리도식을 소개하기로 한다.

도식이라는 용어는 여러 학문에서 고루 사용되는데, 세상을 보는 마음 안의 개념적 틀 또는 공식 같은 것을 말한다. 어린아이들이 '이렇게 생긴 것들이 강아지다'라고 배우는 것 또한 도식의 한 예다. 아이들은 대체로 강아지를 배운 후, 처음 본 강아지와는 색깔이나 크기, 성격이 판이하게 다른 강아지를 만나도 '얘도 강아지야, 얘도 내가 쓰다듬어주면 좋아할 거야'라며 금세 인지하고 친근하게 다가가려 한다. 물론 도식은 저마다 달라서 '얘도 강아지야, 얘가 날 핥거나 깨물지도 몰라'라고 생각하며 엄마 뒤로 숨는 아이들도 있다. 이처럼 아이들 머릿속에서 짧은 순간에 형성된 '강아지'라는 도식에는 우리가 상상하는 것 이상의 아주 복잡한 특징들이 순식간에 녹아들어간다. '네 발로 돌아다니고, 어떤 소리를 내면서 짖고, 꼬리가 있다' 정도의 특징들보다 훨씬 더 복잡한 정보들이 개념화되면서 저장이 된다. 우리가 일일이 말로 다 설명하지 않아도 도식이라는 인간 본연의 선천적인 기능 덕분에 아이들은 강아지를 배운 후에 고양이, 말, 소를 보면 강아지가 아니라는 것을 쉽게 인지하게 된다.

도식이라는 정신적 표상 덕분에, 차후에 현실에서 마주치는 복잡하고 새로운 경험들을 자신의 방식대로 인지하고, 해석하고, 이해하는 작업이 보다 신속하고 편리하게 이루어진다. 편견과 고정관념도 일종의 도식이다. 이렇게 생기고 이런 표정을 짓고 이런 식의 태도를 취하는 사람은 안전하다거나, 마음이 여리고 따뜻하다거나, 동정심이 여간해서 없다거나, 또는 내게 무언가를 원하는 꿍꿍이가 있을지 모르니 되도록 경계할 필요가 있다는 식의 느낌도 도식이라는 형태로 우리의 머릿속에 저장되어 있다. 도식들 덕분에 우리는 전에 겪어보지 못한 상황을 만나도 순식간에 무의식적으로 정보를 처리하고, 상황을 판단하고, 알 만큼 안다는 듯이 여유롭게 대처하는 게 가능해진다. 인간의 본성에는 이런 무의식적인 정보 처리 기능이 내재되어 있고, 모든 사람들이 수많은 종류의 도식을 갖고 살고 있다. 다만 그 도식들의 존재를 잘 모를 뿐이다.

### 심리상담은 심리도식을 치유하는 작업이다

도식은 인지심리학을 비롯한 여러 분야에서 아주 비중 있게 다루어져왔다. 심리치료에서도 예외가 아니다. 전통적으로 개인의 무의식에 장착된 도식들을 찾아내 이해하고, 필요하다면 수정하는 것이 심리상담에서 가장 핵심적인 작업이다. 그런 방식의 심리상담

마음속 깊이 새겨진
나도 모르는 내 얼굴

기법들에서 한층 더 깊이를 더하면서 발전한 것이 미국의 제프리 E. 영Jeffrey E. Young 박사가 개발한 심리도식치료이며, 이 기법은 뛰어난 치료 효과가 입증되면서 현재에도 널리 사용되고 있다. 심리도식치료는 다소 복잡한 심리적인 문제들에 대해서 제법 깊게 접근해 들어가면서도 비교적 단기간에 치유를 도울 수 있는 심리상담 기법이다. 영 박사의 연구팀은 수많은 사례들을 분석한 끝에 많은 사람들에게서 흔히 발견되는 심리도식들을 열여덟 가지로 정리했다. 마음속에 어떤 도식이 있는지 찾아내고, 어떤 도식이 어떤 방식으로 삶에 부정적인 영향을 미치고 있는지 알아낸 다음, 그런 잘못된 방식들을 수정함으로써 심리도식의 영향력에서 서서히 벗어나도록 돕는 작업이 심리상담 혹은 심리치료다.

## 심리도식은 사실이 아닌데 사실처럼 느껴지는 불길한 느낌이다

불운이 겹치다 보니 어릴 시절 내내 남의 집에서 천덕꾸러기 취급을 받으며 자란 사람이 있다고 가정해보자. 성인이 되어 그를 만났을 때, 왜 우리가 그를 이유 없이 낮춰보고 쉽게 대하겠는가. 그런데 왠지 그는 은근히 남들 눈치를 살피면서 스스로를 낮추는 태도를 취하고 있을지도 모른다. 자기도 모르게 습관적으로 말이다. 반면 온갖 복을 다 갖고 태어나서 황태자처럼 대접받으며 성장한 사람이 있다고 치자. 우리가 왜 그 사람을 이유 없이 귀하게 여기면서 어렵게 대하겠는가. 그런데 어쩌면 그는 당연하다는 듯이 우리에게 많은 걸 기대하고 있을지도 모른다. 우리는 그저 상대의 행동이 고우면 좋아하고 미우면 싫어할 뿐이다.

이처럼 심리도식은 사실이 아닌데도 어린 시절부터 꾸준히 사실로 여겨졌기에 성인이 된 후에도 여전히 사실처럼 다가오는, 좀처럼 떨쳐지지 않는 불길한 느낌이다. 마틴은 '매력 없고 쓸모없는 결함투성이'가 아닌데도 스스로를 그런 존재로 확신하고 있는 것처럼 느끼고 생각하고 행동하고 있다. 한 개인의 습관적인 감정, 생각, 행동의 패턴을 면밀히 관찰해보면 어떤 심리도식이 바탕에 깔려 있을지 짐작이 가능하다.

## 심리도식의 근원은
## 어린 시절의 불운한 경험들이다

마틴의 어린 시절이 딱 그랬던 것이다. 안타깝게도 엄마가 마틴에게 충분한 관심과 애정, 보살핌을 주지는 못했다. 엄마에게서 전해져온 불편한 느낌들이 각인되고 굳어져서 성인이 된 후에도 타인의 눈치를 살피는 습성을 갖게 된 것이다.

버림받거나, 학대를 당하거나, 무관심에 방치되거나, 자주 거부당하는 등의 경험과 함께 성장하면 부정적인 자화상이 새겨지지 않을 수 없다. 어린아이는 연약하다. 철저히 의존해야 하고, 완전하게 보호받아야 하며, 관심과 보살핌이 끊이지 않아야 한다. 조금만 비틀려도, 산타가 존재하지 않는다는 진실을 알기만 해도 깊이 상처받는 게 어린아이들이다. 어린 시절의 크고 작은 불운한 경험들로 인해 심리도식이 만들어지고 차곡차곡 다져진다.

어쩌다 보니 열 살도 안 된 어린아이가 아파트에 홀로 남겨졌다고 가정해보자. 그것도 매일 두세 시간씩 말이다. 순하고 차분해서 사고 안 치는 아이니까 믿을 만했고, 그 덕에 부모는 맞벌이에 전념할 수 있었거나 또는 자기만의 시간을 누릴 수 있었을 것이다. 괜찮아 보였던 그 아이는 정말 아무렇지 않았을까. 열다섯 살 정도라면 외롭고 무료하고 짜증이 나는 정도겠지만, 일곱 살 어린 아이라면 틀림없이 서럽고 무서웠을 것이다. 혼자라도 늘 괜찮아하던 그 아이가 성인이 된 후, 주말에 홀로 아파트에서 한가한 시간을 보낼 때 문득 '홀로인 듯한 기분을 스스로 달랠 길 없어' 여기저기 전화를 돌리고 마침 시간이 되는 아무나 만나러 먼 길 마다 않고 발길 재촉하면서 그제야 비로소 안심이 되는, 지독한 예민함을 보인다면 우연일까.

그런데 그 아이는 분명 괜찮지 않을 텐데 왜 괜찮아 했을까. 한 가지 예를 들어보자. 만약 한두 살 아기 때부터 울어도 울어도 보살핌의 손길이 오지 않았다면, 그런 일이 자주 있었다면 아기는 체념하고 괜찮아 하는 법을 체득하고 감정을 억제하는 습성을 무의식에 새겨 넣었을 것이다. 한두 살 아기들에게도 감정이 있고 그 느낌들은 어른들의 상상을 초월할 정도로 강렬하다. 더욱 중요한 것은 아기들에게도 무의식중에 일어나는 심리의 흐름이란 게 있다는 사실이다. '제발 와주세요, 되도록 빨리요.' 소망을 가질 때마다 극심한 좌절과 공포를 또 맞아야 하기에 차라리 소망하지 않는 게 낫다는 걸 터득하는 것이다. 그럴 경우에는 한껏 칭얼거릴 수 있는 나이가 되어서도 그런 행동을 좀처럼 하지 않게 되고, 왜 그런 행동을 해야 하는지조차 잘 이해하지 못하는 순한 아이가 된다. 그뿐 아니라 먹을 것, 놀 거리에 대한 기호도 그리 뚜렷하지 않은, 조금은 무덤덤하고 소극적인 아이가 될 가능성도 높아진다. 슬픈 일이다. 이럴 경우, 자신에 대한 느낌은 어김없이 '나는 소중하지 않은 존재' 또는 '귀찮은 존재'일 것이다. 엎친 데 덮친 격으로 이런 아이들은 적절한 타이밍을 잘 잡지 못하는 어눌함을 보이곤 한다. 예를 들어 어쩌다 한번 용기를 내서 바쁘게 일하는 엄마더러 놀아달라고 칭얼거렸다가 아주 혼쭐난 적이 있을지도 모른다. '나는 이기적이고 나쁜 아이'라는 자화상이 무의식에 추가로 새겨지는 순간이다.

학대, 방임 또는 버려짐 등의 심각한 트라우마를 겪을 때도 심리도식이 생기지만, 이처럼 잔잔한 무관심도 가랑비에 옷 젖듯이 스며들어 아이의 무의식에 심리도식을 새겨 넣는다. 강렬한 트라우마 없이 생겨나는 심리도식은 성장기에는 물론, 어른이 된 후에도, 심지어 지적 수준이 상당한 경지에 오른 후에도 스스로가 인지하고 받아들이기까지 시간이 오래 걸리게 마련이다.

## 심리도식이 없는 사람은 거의 없다

심리도식은 특별한 사람들의 특이한 이야기가 아니다. 대부분의 사람들은 열여덟 가지 도식들 가운데 최소한 한두 가지의 도식을 갖게 된다. 주변에서 완전무결한 인성을 가진 사람을 찾아보

마음속 깊이 새겨진
나도 모르는 내 얼굴

기 힘든 것과 같은 이치이다. 지혜롭고 자애롭고 감수성도 섬세한 데다 삶의 여유까지 두루 갖춘 부모를 만나기는 하늘의 별 따기보다 어렵다. 불완전한 성인들이 불안정한 시기에 부모가 되어 온 마음을 다해 어렵사리 아이들을 키우겠지만, 아이들은 저마다의 결핍을 겪으면서 성장할 수밖에 없다. 그건 어쩔 수 없는 인간의 숙명이다. 학대나 방임을 하지 않는다 해서 아이들에게 결핍이 없다고 자신할 수는 없는 것이다.

본성에 갖고 태어난 기본적인 욕구들이 좌절되면 어김없이 심리도식이 생겨난다. 안전함을 느낄 수 없어서 불안에 시달리면 '세상은 거칠고 위험한 곳이다'라는 도식이 새겨진다. 어릴 적 부모에게서 버림을 받거나 방임된 경우 '나는 결국 혼자다'라는 도식이 자리를 잡을 것이다. 무얼 하든 칭찬이나 격려 대신 타박과 꾸지람을 들으면 '난 무능한 결함투성이'라는 자화상이 가시처럼 박힐 것이다. 아이다운 욕구를 표현할 때마다 부모가 화를 내거나 버거워 하면 '난 이기적이고 못된 아이'라는 오명을 스스로에게 씌울 것이다.

# 가장 대표적인
# 네 가지 부정적 자화상

　　여기에서는 열여덟 가지 심리도식들 중에 딱 네 가지만 대표로 소개한다. 이들 네 가지는 가장 어린 나이에 발달하고, 가장 강한 영향력을 행사하며, 많은 사람들에게서 가장 흔히 발견되는 것들이다. 이들 네 가지 초기 부적응 심리도식Early Maladaptive Schema들을 차례대로 소개하겠다.

### 정서적 결핍 도식:
### 내가 소중하다는 걸 끊임없이 확인받고 싶은 마음

　　정서적 결핍 도식Schema of Emotional Deprivation이란 부모, 연인, 절친한 친구, 멘토 등 자신과 아주 긴밀한 관계에 있는 사람이 자신을 끔찍이 아끼고 좋아할 것이라는 믿음이 흔들려서 심히 초조한 마음 상태를 말한다. 이 도식이 마음속에 자리 잡은 사람은 상대가 자신에게 한결 같은 애정, 진심 어린 보살핌을 줄 리가 없다는 불길한 예감에 늘 젖어서 산다. 늘 그래서 자신이 그런 상태라는 걸 인지하지 못할 정도다. 상대가 자신의 마음을 잘 헤아려주지 못한다고 느끼는 경우 지독한 서운함이 치밀어 오를 수 있으며, 자신이 특별히 소중하다는 것을 시시때때로 확인해야만 비로소 마음이 놓이곤 한다. 흔히 말하는 '애정 결핍'과 같은 개념이다.

정서적인 욕구는, 다시 말해 아이들이 부모에게 원하거나 또는 성인들이 연인이나 배우자에게 기대하는 바는 크게 세 가지다. 하나는 관심 어린 애정과 보살핌에 대한 기대, 둘째는 경청하고 이해하며 공감해줄 것에 대한 기대, 셋째는 어찌할 줄 몰라 할 때마다 보호해주고 도와주면서 나아갈 방향을 지혜롭게 알려주리라는 기대다. 어느 아이가 이런 욕구가 없겠는가. 이런 욕구들이 외면당하면 어린아이들은 자신의 존재 자체가 소중하지 않다는 불길함을 느끼게 된다. 게다가 평생 이처럼 싸늘하고 서러운 기운에 젖어서 살면 어쩌나 하는 불길한 예감이 마음에 번지게 된다. 애정과 보살핌을 실제로 얼마나 받고 있는지는 중요하지 않다. 받고 있어도 허전해서 서러우면 도식이 존재하는 것이고, 받고 있지 않아도 그러려니 할 줄 안다면 도식이 없는 것이다. 문학적인 표현을 과학적인 표현으로 바꾸자니 좀 미안하지만 '사람이 곁에 있어도 사람이 그립다'는 표현은 '왜 정서적 결핍 도식이 내 안에서 자꾸 꿈틀대는 걸까'라는 의미다.

정서적 결핍 도식을 가진 사람들이 흔히 젖어 드는 불길한 예감은 다음과 같다.

- 나는 무엇이든 다 함께 하고 싶고 그에 대한 모든 걸 알고 싶은데, 왜 그는 나의 모든 것을 다 알려고 하지 않는 걸까. 내가 그만한 매력이 없어서 그러는 거라면 어쩌지.
- 진심 어린 조언과 길잡이가 필요할 때 아무도 곁에 없으면 그 초조함을 나는 또 어떻게 감당할까. 그렇다고 아무에게나 기대면 내가 너무 초라해 보일 텐데 어쩌지.
- 지금은 이런 따뜻하고 애정 어린 눈길이 참 좋은데, 난 점점 더 빠져들 것 같은데, 저 사람은 반대로 서서히 무뎌지거나 식어버리면 그 허전함을 어찌 감당할까.
- 내가 그리도 유별난 건가. 왜 난 아무에게도 이해받지 못하는 걸까.
- 이 사람은 너무 바빠, 너무. 주말에 혼자 시간을 보내야 할 일이 많을 것 같아. 내게 관심을 보이는 몇 사람 정도는 늘 가까이 둬야 할 것 같아.

## 유기/불안정 도식:
### 아주 가까운 사람들이 떠날 거라는 불길한 예감

'유기'라는 말은 버려짐을 뜻한다. 유기/불안정 도식Schema of Abandonment/Instability은 부모, 연인, 절친한 친구, 멘토 등 자신과 아주 긴밀한 관계에 있는 사람이 결국에는 자신을 버리고 떠나버릴 것이라는 불길한 예감에 자주 휘말리는 마음 상태를 말한다. 내게는 둘도 없이 중요해진 이 사람이 다른 누군가를 더 좋아하게 될까봐 전전긍긍하고, 어느 누구와도 가까워지지 못하도록 시시각각 견제한다. 아주 가까워지면 때로는 무심하거나 퉁명스러울 수도 있는 건데, 이런 작은 변화에도 마음이 철렁하거나 부글부글한다. 그러면서 상대가 정서적으로 불안정하기 때문에 자신에게 한결같은 태도를 보이지 못하고 변덕스럽게 군다고 비난하기도 한다.

부모에게서 버려진 적이 있었다면 두말할 것도 없고, 부모를 죽음으로 잃은 경우에도 유기/불안정 도식이 자라난다. 심지어 동생만 끔찍이 아끼는 부모를 바라보며 깊이 상처를 받을 때도 '나 같은 건 버려질 수도 있겠다'는 원초적인 공포가 무의식을 지배할 수 있다. 만약 부모가 주로 침대에 누워 투병 생활을 한다면, 부모를 잃을지도 모른다는 극심한 두려움에 자주 젖어 있을 수밖에 없다. 생애 초기에 주 양육자가 우울증을 앓는다면, 그래서 시도 때도 없이 누워서 보내거나 늘 어두운 표정이라면, 그러다가 아이가 칭얼거리면 벌컥 짜증내거나 깊고 무거운 한숨을 토한다면, 아이들은 필시 '내가 귀찮게 하니까 화가 나서 날 떠날지도 모른다'는 두려움에 휘말리게 된다.

표정 없는 엄마의 얼굴을 마주보고 있는 아기는 이미 버려지는 공포를 체험하고 있는 셈이다. 실제 심리학 실험에서 방긋 웃는 아기를 품에 안은 엄마가 자기 얼굴에서 표정을 지워버리고 약간 노려보는 듯한 눈으로 아기를 바라보도록 했다. 고작 오 분도 안 되는 짧은 시간이지만 엄마가 차갑고 딱딱한 표정으로 일관했더니 아기는 와락 울음을 터뜨리고 엄마를 향해 팔을 뻗고 몸부림치며 애원하기 시작했다. '나한테 왜 이러냐, 나 무서워 죽는다.' 그런 몸짓이다. 이 아기는 방금 심각한 의심을 한 것이다. 이걸 매일 여러 차례 반복하면 아기의 무의식에 유기/불안정 도식이 자리를 잡을 것이다. 물론 이 정도의 의심 한 번으로는 도식이 완성되지 않는다. 이런 느낌이 일상적으로 반복되면 가랑비에 옷 젖듯 무의식에 도식이 서서히 새겨지게 된다.

유기/불안정 도식을 가진 사람들이 젖어들기 쉬운 불길한 예감은 다음과 같다.

- 나는 왜 자꾸 죽음을 떠올릴까? 이 사람은 이렇게 건강한데 나는 왜 자꾸 이런 쓸데없는 상상을 하는 거지?
- 내가 너무 매달린다고 그가 나를 질려 하면 어쩌지? 그런데 꽉 잡은 손에 힘이 조금만 풀려도 손가락 사이로 빠져나가버릴 것 같아 무서운데 어쩌지?
- 가까워지는 게 더 겁이 나. 덜 가까우면 갑자기 떠나버려도 그럭저럭 견딜 만할 텐데.
- 너무 잘난 사람보다는 내게 의존할 수밖에 없는 사람이 낫지. 내가 떠나지 않으면 그가 날 떠날 리 없을 테니까.
- 나 이외의 누군가를 좋아하지 말란 법이 없을 텐데. 그렇게 떠나가는 마음을 붙잡을 길은 없는 건데. 이 사람의 인

가장 대표적인
네 가지 부정적 자화상

격은 본능적인 충동을 이겨낼 수 있을까? 이 사람의 인성을 철저하게 검토하고 검증할 필요가 있어.

불신/학대 도식:
사람들의 선함을 간절히 믿고 싶지만 불가능한 마음

'사람들의 숨은 의도는 사악하다'는 믿음만으로는 도식이라 할 수 없다. 그러한 믿음은 어쩌면 진실을 직면하고 있는 것인지도 모른다. 성악설을 주장한다고 해서 불신 도식을 갖고 있다고 말해야 할까, 아니면 인간의 본성을 꿰뚫었음을 인정해야 할까. 불신/학대 도식Schema of Mistrust/Abuse이란 사람들의 속마음이 순백의 선함이기를 간절히 소망하지만, 분명 이기심이나 사악함을 품고 있을 것만 같아서 도무지 마음을 놓을 수 없는 마음 상태를 말한다. 즉 타인의 속마음에 도사리고 있는 악함이 어떤 형태로든 드러날 것이고, 그렇게 드러나는 신호를 감지하지 못하면 위험하다는 생각에 언제나 촉수를 곤두세우고 있는 상태다.

앞서 이런 가정을 했다. 만약 독심술이 실제로 있다면 어떨지. 진짜 속마음이 매 순간 낱낱이 다 보이면 어떤 인간관계도 원만하게 유지될 수 없을 것이다. 애써 잘 감추고 굳이 보려고 하지 않으니까 의리도, 신뢰도, 선의도 가능한 것 아닌가. 우리 인간이 태초에 그렇게 불완전한 존재이지만, 또한 그 불완전함을 안고서도 이처럼 질서를 유지하면서 살고 있다는 점에 주목하자. 선함을 추구하고 실행하고 있는 사람들이 이렇게나 많다. 그러면 우리 인류는 스스로에 대해 좀 자부심을 가져도 되지 않을까.

군이 몰라도 되는 상대의 마음속 의도를 기어이 알고야 말겠다는 의지를 갖고 집중하면 어느 정도는 짐작하고 눈치챌 수 있다. 인간이라면 누구나 속마음에 좀 구리거나 이기적인 면이 있는 법이다. 내 속마음이 그러하듯 상대의 속마음도 어쩔 수 없이 그러하리라 짐작하면 대체로 틀림이 없다. 그러나 실상 맞든 틀리든 그건 중요하지 않다. 불신 도식을 가진 사람들은 다른 사람이 자신을 해치거나, 모욕하거나, 속이거나, 이용할 것이라는 불길한 예감에 자주 휩싸인다. 그 자체가 불행이다.

어릴 적 학대 경험이 있을 경우, 또는 부모가 너무 이기적일 경우 불신/학대 도식이 생길 가능성이 매우 높다. 부모가 배우자나 자녀들의 안위에 별 관심이 없고 자신의 이득을 위해 그들을 이용하거나 함부로 대하기까지 한다면 어떻겠는가. 부모를 통해 인간을 배우고 가정을 통해 세상을 배우는 어린아이들의 마음에는 '인간이란 참으로 이기적이고 위험하다'는 인식이 새겨질 수밖에 없다. 타인의 기쁨에 내 일처럼 함께 기뻐하고 슬픔에는 내 일처럼 아파하고, 자신이 아끼는 이를 지키기 위해 자신을 당연히 희생하고, 이득보다는 정과 의리를 더 중시하는 체험을 어린 시절에 가족 안에서 반드시 해야 한다. 그때 못하면 언제 어디서 그런 체험을 하겠는가. 가족처럼 모든 걸 함께 겪고 나누는 운명 공동체는 없으니까. 친구들끼리 아무리 계산 없이 우정이 깊다 해도 가족에 비할까. 가족 안에서 배우지 못하면 그런 걸 배울 기회는 거의 없다. 그래서 가족 안에서 자라난 불신 도식이 가족 밖에서의 경험으로 자연 치유되는 사례는 찾아보기 힘들다.

불신/학대 도식을 가진 사람들이 젖어들기 쉬운 불길한 예감은 다음과 같다.

- 사람들은 어떻게든 남을 이용하려고만 해. 안 그러는 사람은 나 하나뿐인가. 언제 이런 외로움에서 해방될까.
- 경계의 끈을 늦추면 나도 모르는 사이에 손해를 보고 피해를 입겠지. 그걸 깨달을 때는 이미 늦은 거야.
- 너무 친절하거나 좋을 때는 무언가 꿍꿍이가 있는 거야. 저 사람이 왜 이유 없이 내게 잘해주겠어. 불길한 예감은 틀리는 법이 없어.
- 사람을 믿는 것이 가장 아름다운 일이야. 동시에 가장 위험한 일이고. 인생의 근원적인 고통은 거기서부터 비롯되는 거야.
- 결국 타이밍 싸움이야. 멍하니 앉아서 피해를 당하지 않으려면 내가 먼저 선수를 치는 수밖에 없지.
- 좀 치사하긴 하지만 그를 좀 시험해보는 게 좋겠어. 그래서 믿을 수 있게 된다면 결국은 그게 서로에게 더 이로운 거야.
- 돌아보면 가까워진 사람들 치고 날 이용하지 않은 사람들이 없었어. 모두 멀리하고 사는 수밖에 없는 걸까. 그건 너무 삭막한데 어쩔 도리가 없네.

## 결함/수치감 도식:
### 자신의 존재가 초라하다는 무의식 깊은 곳의 느낌

결함/수치감 도식Schema of Defectiveness/Shame은 열등감과 유사한 개념이다. 자신이 심각한 결함을 갖고 있거나, 열등하거나, 또는 남들이 좋아할 만한 구석이 없다는 느낌이다. 무의식 깊은 곳에서 자신의 존재 자체를 초라하게 여기는 것이다. 자신의 진짜 모습을 다른 사람들이 들여다보게 되면 자신을 절대 좋아할 리가 없다고 믿는다. 작은 지적, 비판, 거절 등에 과민하게 반응하고, 그럴 때마다 수치감, 분노, 긴장감 등에 휘말리곤 한다. 언제나 습관적으로 타인과 자신을 비교하며, 남들이 자신을 어떻게 볼까 늘 신경이 곤두서 있다.

결함/수치감 도식을 가진 사람들이 나르시시즘 또는 우월감에 도취되는 경우가 흔하다. 자신이 초라하다는 느낌에서 가장 멀리 달아나 다시는 초라함을 느낄 여지를 만들지 않겠다는 결연한 의지다. 적극적인 우월감을 추구하는 대신, 흠 잡히지 않을 완전무결한 매너, 실수를 허용하지 않는 완벽한 꼼꼼함 등을 추구하는 쪽으로 발전하기도 한다. 납작 엎드려서 최대한 조심하는 게 도식을 건드리지 않는 가장 안전한 방법이라고 생각하기 때문이다. 이런 생각 또한 무의식이다.

우월하거나 우아하지 않아도 아이들은 관심과 칭찬을 받을 권리가 있다. 간혹 필요에 따라 훈육을 받기도 하겠지만, 모자란 짓을 좀 해도 미소나 함박웃음으로 화답해주어야 한다. 잘난 짓을 해야만 예쁜 게 아니라 그냥 존재 자체가 보석이어야 한다. 흠이 없는 사람이 없고, 살면서 종종 수치감을 겪지 않을 사람이 없다. 결함이 있어야 사람이고 수치감을 알기에 예의, 겸손, 관용 등을 갖추게 되는 것 아닌가. 수치감이나 초라함을 모르는 사람과는 공감과 소통을 할 수 없다. 우리는 서로 괜찮아 해주고 보듬어주고 격려해주기에 서로에게 의미 있는 존재가 되어간다. 그것이 관계의 맛이고 법칙이다. 서로 결함을 드러내서는 안 되는 것이 관계 맺기의 기본 법칙이라면, 세상의 모든 관계에는 긴장감이 팽배할 것이다.

어린 시절에 가족이 화목하면 서로에게 흉허물들이 있음을 너무 잘 알지만 그런 흠이 결코 관계를 해치는 이유가 될 수 없다는 것을 배우게 된다. 반대로 부모에게서 비난, 거부, 무시를 자주 당하면 아이는 스스로에 대한 수치감에 젖어들게 된다. 가족들 간에 서로 비난하고 무시하면 개개인의 단점들이 관계를 망치는 치명적인 요소가 된다고 믿게 된다. 흠이 있는 개인들끼리는 돈독한 관계를 가질 수 없다는 믿음이 무의식에 자리를 잡으면 인생 내내 긴장이 가득할 수밖에 없다.

결함/수치감 도식을 가진 사람들이 빠지기 쉬운 불길한 예감은 다음과 같다.

- 나의 진짜 모습을 잘 감춰야만 해. 이걸 남들이 알게 되면 날 좋아할 리가 없어.
- 왜 사람들은 남에 대해 이리도 알고 싶은 게 많지? 남에 대

한 지나친 관심이 얼마나 무례하고 천박한지 왜 모를까.

- 날 왜 좋아하지? 이럴 때면 마치 날 놀리는 것만 같은 찝찝한 기분이 들어. 게다가 내가 괜히 미안해지기도 하잖아. 그렇다고 해서 날 더 솔직하게 열어서 보여주고 싶지는 않은 데 말이야. 날 싫어하는 건 더 싫으니까.
- 서로 놀려먹는 농담을 하면서 친해지기를 기대하는 사람들이 가장 무식하고 못나 보여.

강한 부정은 강한 긍정일 때가 많다. 특히 결함/수치감 도식이 그렇다. 열등한 느낌을 전혀 안 느끼려고 애쓰는 사람들은 정반대의 모습, 우월한 모습만을 추구하며 살게 된다. 노력한 대로 잘 풀렸다면, 자신이 초라하거나 열등하다는 느낌 자체가 아주 생소할 것이다. 그런 경우 초라함을 느낀 기억, 또는 초라함을 들킬까봐 불안해 한 기억이 별로 없을 것이다. 사실은 그게 신기한 현상이다. 사람이 살면서 어떻게 초라함이나 수치감, 열등감을 안 느끼고 살 수 있을까. 이런 경우는 자신 안에 숨겨진 도식의 존재를 전혀 인지하지 못하고 있는 상태다. 이런 상태에서는 도식의 존재를 가볍게 부정하게 된다.

자신에게 결함/수치감 도식이 있음을 정확히 인지하는 경우에도 결함/수치감 도식의 존재를 강하게 부정하기도 한다. 의식적으로 그런 도식의 존재 자체가 자신에게는 결함이라 여겨지면서 수치감을 불러일으키기 때문이다.

인간은 시기, 질투, 열등감, 초라함 등을 자주 느낄 수밖에 없도록 프로그램되어 있다. 다만 그런 걸 느껴도 쉽게 받아들이고 금세 괜찮아지는 습관이 몸에 배어 있기에 별 탈 없이 자연스럽게 지나가는 것이다. 처음 만난 자리에서 잘해보려고 농담 하나 던졌는데 아차 싶은 경우가 있다. 누구에게나 그 정도 경험은 있을 것이다. 그 순간 상대 표정도 순간 멈칫 할 것이다. 한 무리의 사람들이 동시에 움찔하고 표정이 굳으면서 순간 썰렁한 정적이 흐를 수도 있다. 그럴 때 얼굴 벌게져서 식은땀 흘리거나 화제를 돌리며 아닌 척하면 불편함이 길어지거나 긴장감이 더 커질 수도 있다. 차라리 좀 너스레를 떨면서 "좀 썰렁했지? 그렇다고 이렇게들 안 웃어주면 내가 뭐가 되나. 너무들 하네. 돌아서서 잘 생각해보면 나중에 웃길 수도 있어"라고 말할 수도 있다. 그러면 사람들도 웃음으로 화답하면서 "그러게 그런 거 하지 말랬지. 한번만 더 그러면 가만 안 둔다." 하고 받아치면서 유쾌해질 수 있다. 약간의 수치감은 빨리 인정하면 금세 편안해지면서 더 정겨운 분위기로 넘어갈 수 있다. 이런 식의 소통은 유쾌하고, 이런 식의 관계에는 생기가 돈다. 반면 우아한 매너와 발전 지향적인 관계에는 피로감이 배어들기도 한다. 성인들도 아이처럼 천진할 때가 더 사랑스럽고 아이처럼 엉성할 때가 더 유쾌하다.

"강한 부정이 강한 긍정"이라는 말은 정서적 결핍 도식에도 적용된다. 자신이 애정 결핍일 수도 있다는 건 상상조차 해본 적 없다는 사람들이 정말 많다. 자신에게 정서적 결핍 도식이 있음을 이미 인지하고 있는 사람들조차 그걸 인지하기까지 오랜 세월이 필요했다고 시인하곤 한다. 도식이란 게 원래 그렇다. 정서적 결핍의 그 느낌을, 그 누구보다 못 견뎌 하기에 무의식 가장 깊은 곳에 묻어놓고 다시는 느끼지 않으려고 시시각각 백방으로 애쓰고 살아오지 않았겠나. 그렇기에 애정 어린 교감과 소통을 누구보다 많이 하면서 살아온 기억 때문에 자신은 애정 결핍일 리가 없다고 믿게 된다. 알코올에 취해 있는 모습을 가지고 알코올의존증을 판정할 수는 없다. 알코올이 몸에 들어오지 않은 상태에서 못 견뎌 하는 모습을 보여야 알코올의존증인 것이다. 애정에 늘 취해 있어서 애정 결핍이 없다는 사람들은 애정 어린 소통이 없을 때 어떤 마음 상태에 빠지는지를 주목해야 한다.

# 심리도식은
# 어떻게 삶을 지배하는가

     자아는 무의식 안에 숨어 웅크리고 있는 도식이 혹시나 깨어날까 조심 또 조심이다. 자아는 내면의 어린아이가 어릴 적에 무방비 상태에서 받았던 충격을 또 다시 받지는 않을까 늘 노심초사다. 그때 그랬던 것처럼 어린아이가 다시 절망에 빠지거나, 두려움에 떨거나, 수치감에 휘말리는 걸 차마 다시 볼 배짱이 없다. 자아는 내면의 어린아이가 한 번만 더 그런 식의 상처에 몸을 떨면 어떻게 진정시켜줄 수 있을지 자신이 없다. 한번 트라우마는 영원한 트라우마인 셈이다.

     도식이란 그런 것이다. 어린아이들은 그 나이에 겪지 않아야 할 아픔을 겪으면 '도저히 감당할 수 없는 치명적인 감정'에 휘말리게 되고 어쩔 줄 몰라 멍해진다. 이런 상태, 즉 의식이 정지된 채 무의식이 작동하는 상태에서 '이런 감정을 한 번만 더 느끼면 그땐

내 자아가 녹아 없어질 것 같다'는 극단적인 인식이 뇌리에 박힌다. 그래서 성인이 된 후에도 '그런 상황, 그런 식의 감정만큼은 무슨 수를 써서라도 피하거나 막아야 한다'는 일념으로 살아가게 된다. 그런 일념에서 비롯된 무의식적인 행동들을 도식대처방식Schema Coping Strategy이라고 부른다.

　　자라 보고 놀랐던 가슴은 솥뚜껑 보고도 놀라는 법이다. 남들에게는 중립적인 상황, 즉 '솥뚜껑'이 내게는 도식을 흔들어 깨우는 독한 자극이 될 수 있다. 남들은 아무렇지도 않아 하는데 나만 너무 과민하게 반응하게 되는 '내게는 너무 자극적인 상황들'을 도식촉발자극Schema Trigger이라고 한다. 이런 상황을 만나면 감정의 쓰나미가 몰려온다. 잠자던 도식을 흔들어 깨우는 순간이다. 치솟는 불길을 빨리 진화하지 않으면 큰일이다. 자아가 붕괴할 것만 같은, 세상이 나를 집어삼킬 것만 같은 급박한 위기 상황이라고 느낀다. 이 정도 위기 상황에서는 당연히 도식대처방식을 재빨리 꺼내 들어야 한다. 도식을 잠재우는 데는 이만한 게 없다고 평생 믿고 살아온, 자신의 무의식 안에 습관처럼 자동화되어 있는 방어기제를 서둘러 사용해야 한다. 그런데 이런 대처방식들은 일시적으로는 마음을 진정시키는 효과가 있을지 모르겠지만 장기적으로는 더 좋지 않은 결과를 낳게 된다. 여기서 주목할 점은 도식을 제압하거나 지워서 없애려고 대처방식을 사용하는데, 시간이 갈수록 도식이 점점 더 강해지기만 한다는 사실이다. 결국 악순환이 된다는 말이다.

　　유기/불안정 도식을 가진 사람은 첫사랑이 무심코 내던지는

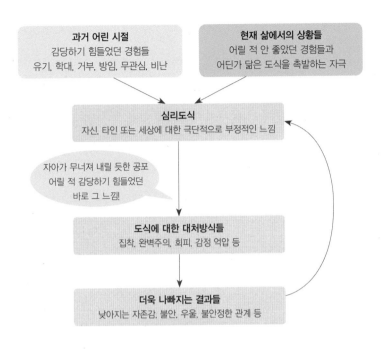

심리도식으로 인한 악순환의 과정

"이럴 거면 그냥 헤어지자"는 한마디에 와르르 무너져 내릴 수도 있
다. 도식촉발자극을 만난 것이다. "그러시던지" 하고 뒤돌아 나와서
반나절 정도만 잠수를 타주면 상대가 슬그머니 화해의 제스처를 취
할 수도 있는 것 아닌가. 기다려도 전화 한 통 없다면 까짓것 먼저
꼬리를 내려줘도 그만이다. 어차피 기분 풀리고 나면 서로 마주보
고 피식 웃게 되는 건 매한가지다. 그렇게 할 용기가 없다면 그만두
자는 말 한마디에 무너져 내릴 거라면, 평소에 얼마나 할 말 못 하
고(대처방식) 비위 맞춰주기만(대처방식) 해야 하는 걸까.

또 다른 예를 들자면 자신의 절친한 친구 케이가 다른 친구 제이와 친하게 노는 모습을 보는 것만으로도 유기/불안정 도식이 타오를 수 있다. 자신은 절친한 친구 케이를 독점해야(대처방식) 하는데 케이가 제이와 친하게 놀다가(촉발자극) 둘이 절친한 사이가 되어버릴 수도 있기에, 결국 케이가 자신에게서 멀어질 수도 있다는 초조함에 어찌할 바를 모르는 현상, 이것이 전형적인 유기/불안정 도식의 예다. 제이가 눈에 띄게 멋진 아이라면(촉발자극) 그 초조함은 극으로 치달을 것이다. 매달리고 집착하고 감시하고 그러면서 극진히 잘해주는 패턴(대처방식)은 관계를 점점 위태롭게 한다.

가장 나쁜 결과는 버려짐을 재촉하는 것이다. 상대가 점점 지쳐가면서 무심해지거나 짜증을 내기 시작하면(촉발자극), 언젠가 분명히 버려질 거라는 예감이 밀려든다. 유기/불안정 도식이 오히려 더 강해진다. 악순환이다. 유기/불안정 도식에서 비롯된 대처방식이 유기불안을 더 키우고 있다. 그러면 자존감이 떨어지고, 관계가 불안정해지며, 점차 불안과 우울에 빠져든다.

결함/수치감 도식이 어떻게 작동하는지 간단한 예를 통해 살펴보자. 이 도식을 가진 사람들은 첫사랑이 웃고 놀자고 놀려먹을 때(촉발자극) 쉽게 불쾌해질 수도 있다. 가까운 사이일수록 매너를 더 잘 지켜야 한다고 믿는(대처방식) 편이어서, '가정교육을 어떻게 받았길래 무례한 농담이나 하면서 좋아할까'라고 생각할 수도 있다. 장난스러운 농담에 예의와 매너라는 엄격한 기준을 갖다 대면 논리적으로 반박하기 어렵다. 미안해서 어쩔 줄 몰라 하거나 그저 황당해하는 수밖에 없다. 그런데 이런 식의 일들이 반복되고 둘 사이에 점차 조심성과 예의가 늘어나면 시간이 지날수록 관계 안에 피로감이 쌓이게 된다.

또 하나 예를 들자면, 결함/수치감 도식을 가진 이들은 흔히 발전을 위한 노력을 게을리하는 것 자체를 심각한 결함으로 여기는 (대처방식) 경우가 많다. 특히 인성의 발전을 무엇보다 중시할(대처방식) 가능성이 많다. 그럴 경우 자신을 채찍질하고 연인에게도 조언과 지적을 아끼지 않게(대처방식) 된다. 그러다 보면 관계 안에 피로감이 쌓일 수 있다. 충심 어린 조언과 지적에 지쳐가는 상대를 보는 것도, 결함/수치감 도식을 가진 이에게는 도식촉발자극이다. 즉 상대에게 큰 실망을 하게 되고 더 나아가 그런 상대를 골라 이렇게 시간 낭비하는 자신이 초라해 보여서 아파하게 된다. 설상가상으로 상대 역시 참다 못해 "그러는 너는 대체 뭐가 잘나서"라고 한마디 던지면 무너진다. 아킬레스건을 푹 찔러오는데 어떻게 아무렇지 않게 넘어갈까. 이에는 이, 눈에는 눈이라 했던가. 그런 일이 벌어진 셈이다. 수치감을 피하려고 우아함을 추구하다가 결국 수치감의 나락으로 떨어지는 악순환이다.

정서적 결핍 도식이 있는 이들의 대표적인 특징 가운데 하나가 애정 결핍이 아닌 척(대처방식)을 잘한다는 것이다. 이들은 누구보다 상대의 애정 욕구에 많은 관심 갖고, 잘 이해하고, 잘 보살펴주는(대처방식) 편이다. 강아지를 키워도 온갖 애정 공세를(대처방식) 다 퍼붓는다. 연인에게도 엄마처럼 따뜻하게 잘 보살핀다(대처방식).

그런데 정작 자신은 무엇을 원하는지 표현을 잘 안 하는(대처방식) 경우가 많다. 그러다 상대가 자기 마음을 몰라주는 듯하면(촉발자극) 서운함이 턱 밑까지 치밀어 오르기도 한다.

'난 말하지 않아도 다 헤아려서 퍼주고 채워주는데, 넌 어떻게 내 마음을 알려고 애쓰지 않는 거지? 너에게 난 그 정도밖에 안 되는 존재인 거야?' 알아서 알아줘야지 그걸 말로 군이 해야 알아주면 그걸 애정이라고 할 수 없다는 믿음이다. 좀 미안하지만 이건 빗나간 믿음이다. 정서적 결핍 도식이 있든 없든 모든 이들에게 애정 어린 관심과 소통은 무엇보다 중요하다. 절친한 친구나 연인 정도의 관계가 되면 애정, 관심, 보살핌에 대한 욕구와 기대를 숨김없이 드러내는 게 정상이고 예의다. "이렇게 해줘, 저걸 원해, 안 해주면 토라질 거야, 정말 제대로 토라져버릴 거야, 두고 봐." 등의 표현이 낯간지럽기는 하지만 그런 거 안 할 거면 연애를 왜 하는가. 애정 표현을 요구하는 건 그 자체로 기본적인 애정 표현이다. 그걸 드러내지 않으면(대처방식) 상대는 아마도 '이 사람은 진정 날 좋아해서 사귀는 걸까?'라는 의구심이 쌓여갈 수도 있다. 이건 연인에 대한 예의가 아니다.

반대로 정서적 결핍 도식이 있는 분들이 애정 욕구를 너무 과하게 표현하기도(대처방식) 한다. 그러다 토라질 때는 무섭도록 분노가 치밀어서 관계를 내동댕이칠 기세로까지 나아가기도 한다. 물론 이것도 예의가 아니다. 적당한 선에서 즐기지 못하는 것, 그것이 정서적 결핍 도식의 가장 큰 문제점이다. 한 가지 눈여겨볼 대목은,

**심리도식은
어떻게 삶을 지배하는가**

너무 표현을 삼가는(대처방식) 이들이나, 너무 과하게 표현하고 요구하는(대처방식) 이들이나 무심한 듯한 태도에 도식이 촉발되고 과민하게 반응한다는 사실이다. 즉 정서적 결핍이라는 같은 뿌리에서 나오는 서로 상반된 방향의 대처방법인 것이다. 두 가지 방식 모두 결과는 비슷하다. 자신이 상대에게 소중할 것이라는 자신감은 점점 떨어지고, 자존감도 더 낮아지고, 관계는 자꾸 불안정해지며, 결국 더 자주 불안하고 우울해지게 된다.

불신/학대 도식을 가진 이들 중에 누군가와 쉽게 친해지기가 매우 어려운 사람들이 있다. 마음속 깊은 생각과 감정을 타인과 잘 나누려 하지 않는 편인데, 이는 상대의 진심을 잘 믿지 못하기 때문이다. 이들은 누군가가 자신에게 이유 없이 친근하게 다가올 때는(촉발자극) 다 이유가 있는 거라 여기고 경계심을 쉽게 풀지 않는(대처방식) 유형이다. 사람을 만나는 목적은 타인에게서 이득을 취하려 하기 때문이라는 기본 가정이 짙게 깔려 있는 것이다.

반면 계산 없이 인정과 의리를 베풀고 아낌없이 퍼주는(대처방식) 사람들도 있다. 쩨쩨하게 굴지 않고 시원하게 밥값 내고 기꺼이 손해를 감수하면서 언제나 의리를 중시하는 사람들이다. 이처럼 희생적으로 퍼주는 게 익숙한 사람들은 상대가 자신에게 너무 잘해주려 하면(촉발자극) 오히려 불편하게 느끼기도 한다. 나는 밥을 잘 사면서 남이 사주려 하면 극구 손사래를 치는 것이다. 마치 이기심 가득한 사람들만 사는 세상이 아니라는 것을, 즉 아무 계산 없이 순수한 애정만으로도 인간관계를 맺을 수 있다는 것을 증명해 보이려는 듯한 태도다. 이는 무의식 깊이 박혀 있는 불신/학대 도식을 전면 부정하려는 도식대처방식이다.

　너무 희생과 헌신에만 익숙하면 결과적으로 사람들에게 더 많이 이용당하고 의리 없이 배신하는 사람들을 더 자주 겪게 되지 않을까. 세상이 정이나 의리보다는 너무 계산적으로 돌아간다는 걸 다른 누구보다 더 많이 체험하고 살게 되는 건 아닐까. 반대로 너무 경계만 하는 사람들의 경우에도 정이나 의리를 체험하기가 매우 어려울 터이다. 정반대 두 가지 대처방식의 결과는 똑같다. 불신이 더욱 깊어진다는 것이다. 어김없이 또 악순환이다. 이런 식의 경험이 쌓이면 인간들에게 환멸을 느끼고, 세상이 을씨년스럽게 느껴지고, 삶이 허망하지 않을까. 어떻게 우울해지지 않을 수 있을까.

# 심리장애를 바라보는 엇갈리는 시선들

# 내 속마음, 남들의 시선,
# 내 무의식의 엇갈림

심리장애와 심리상담에 대한 관심이 뜨거워졌다. 그에 비해 심리장애에 대한 올바른 지식이 널리 퍼져 있지는 않다. 그래서 심리장애에 대한 편견도 여전하다. 잘못 이해하고 있으니까, 힘겨운 터널을 지나갈 때 올바른 해법을 찾지 못하고 제자리만 맴돌고 있는 사람들이 많다. 제대로 알면 편견 대신 연민과 공감이 늘어날 터이다. 정확히 이해하면 더디나마 조금씩 매듭을 풀어갈 수 있을 것이다.

여기서는 심리장애들 가운데 덜 심각하고, 어찌 보면 평범하다고 말할 수 있을 정도로 많은 사람들이 흔히 겪는 문제들에 대해 깊이 다루려 한다. 정신분열증을 비롯한 정신 영역의 장애들, 반항성 장애나 품행 장애를 비롯한 행동 영역의 장애들, 또는 반사회성, 나르시시즘, 편집증, 히스테리 등의 성격 영역의 장애는 다루지 않는다. 여기서 다루려는 우울증, 일반화된 불안장애, 사회불안장애, 강박장애 등 정서 영역의 문제들은 심리상담에서 가장 흔히 접하는 문제들이며, 심리상담으로 큰 효과를 볼 수 있다. 책 한 권을 정독하는 걸로도 어느 정도의 효과를 기대할 수 있다는 뜻이다.

여기서는 정서장애의 내밀한 속을 깊이 들여다보는 시도를 한다. 그 안에 어떤 패턴 같은 것들이 있음을 보여주려 한다. 의식의 이면에 존재하는 무의식의 세계, 그 안에 새겨져 있는 어린 시절의 상흔들과 족적들, 거기서부터 파생되어 발달한 여러 가치관들과 성격 특징들 등이 현실에 부딪힐 때 어떤 식으로 불협화음을 낼 수 있는지를 살펴보려 한다. 자신의 내밀한 속을 스스로 들여다보는 건 상당한 용기와 냉정한 통찰을 필요로 하며, 홀로서기를 통한 자아의 치유와 성장의 길로 들어서기 위한 힘찬 시작이 될 것이다.

각각의 장애 또는 성격 유형들을 소개할 때 하나의 사례를 깊이 분석해서 풀어가는 형식을 취할 것이다. 그런 목적에서 하나의 그림을 보여주려 했는데, 이 장애를 가진 사람들은 모두 이렇다는 식으로 이해하지는 말아야 한다. 똑같은 장애를 가진 사람들이라 할지라도 각각의 마음은 저마다 다른, 고유한 그림을 가지고 있다. 여기에서 제시하는 건 참고할 수 있는 하나의 예일 뿐이다. 대신하나의 그림을 세세하게 그려볼 것이다. 첫 번째로 정서장애가 남들에게는 어떻게 보이는지, 그 다음으로 정서장애를 가진 사람 자신의 속마음은 어떠한지, 마지막으로 자신도 모르는 무의식 안의 풍경은 어떤지 상세히 살펴봄으로써 그것들이 서로 어떻게 엇갈리는지를 보여주려 한다. 엇갈림을 인지한다는 건 자신에 대해, 더 나아가 타인을 연민하고 수용할 수 있는 바탕이 된다. 어떻게 하면 자신의 내면이 균형을 찾고, 나아가서 관계들이 조화로울 수 있는지를 함께 고민하려는 게 목적이다.

대화를 위주로 하는 심리치료를 통해 치유와 성장을 이루려면 자신의 마음을 들여다보고 통찰하면서 변화를 만들어가는 개인의 능력과 태도가 중요하다. 우울증이나 불안장애 등의 문제를 가진 사람들은 거의 대부분 감수성이 높고 자신의 마음에 대한 관심과 이해력도 좋다. 다만 자기 내면의 민낯을 직면하고 받아들일 마음의 준비가 되어 있는지가 관건이다. 이들이 아파하는 심리적이고 정서적인 문제들은 우리에게 아주 생소한 것들이 아니다. 읽어 내려가다 보면 자신의 이야기이거나, 가족의 이야기이거나, 절친한 친구 또는 연인의 이야기라는 것을 알게 될 것이다. 이 글을 통해 자기 자신과 주변의 소중한 사람들에 대한 연민이 깊어지기를 기원한다. 더불어 나아질 수 있는 길을 발견하고 희망을 갖는 사람들이 늘어난다면 더 바랄 게 없겠다.

# 우울증:
# 자기 비하와 외로움의 늪

## 우울장애Depressive Disorders란 무엇인가

좌절, 실망, 낙담, 우울감에 빠져 힘겨워하는 사람들이 많다. 살다 보면 누구나 한번쯤은 겪을 법한 일이다. 흔히 우울증을 "마음의 감기"라고 표현하는데, 그래도 우울증이 감기처럼 흔하지는 않다. 우울한 상황을 겪고 있는 것과 우울증을 앓는 것은 전혀 다르다. 어느 쪽이 더 힘든지 따져보려는 건 아니다. 다만 우울증에 대한 올바른 지식을 전달할 필요가 있다고 느낀다.

누구나 우울해질 때가 있다. 중요한 시험에서 실패할 때, 소중한 사람을 사고로 잃었을 때, 정든 사람들의 곁을 떠나갈 때, 연인에게서 버려졌을 때, 건강이나 재산을 잃었을 때, 믿었던 친구가 실망시킬 때, 사람들과 잘 어울리지 못할 때, 여가를 즐길 여유도 없이 온갖 책임을 다하느라 삶이 버겁다고 느낄 때 등등. 일일이 다 열거할 수 없이 많은 암초들이 삶의 여정 곳곳에 도사리고 있다. 이런 장애물에 걸려 잠시 넘어져 있을 때는 괜찮을 리가 없다. 의연한 척하고 울음을 삼키기보다는 누군가 붙잡고 시원하게 울어버리는 게 낫다. 그래야 회복이 더 빠르고 깨끗하다. 그럴 때 곁을 지키며 위로해주는 사람도 한결 편안함을 느낀다. 시간이 약이라는 말이 딱 맞다. 낙담할 만한 상황에서 낙담하는 경우에는 '우울증'이라는 심리 장애에 빠졌다는 표현을 쓰지 않는다.

　실패나 상실 앞에서 이상하리만치 크게 무너지는 사람들도 있다. 낙담한 후 다시 회복되기까지의 과정에도 보편적인 순리라는 게 있다. 건강한 마음의 소유자라면 예기치 못한 불행을 맞아 넘어졌어도 때가 되면 일어나고, 중요한 일상은 힘겹게나마 꼬박꼬박 챙기며, 시간이 더 지나면 기분도 회복된다. 보편적인 정도를 훨씬 넘어서는 고통을 겪으면서, 사회성도 현저히 떨어지고, 잘하던 일도 제대로 못 해내고, 일상생활조차도 힘겨워진다면 '적응장애 Adjustment Disorder'로 진단을 하게 된다. 이 경우에도 우울증이라고 진단하지는 않는다.

　우울증은 좀 다르다. 우울할 만한 이유가 없는데 슬픔과 무기력에서 헤어 나오지 못하는 것이 우울증이다.

## 남성들과 아이들은
## 분노로 우울감을 드러내기도 한다

우울감이 짜증과 분노로 표출되기도 한다. 별일 아닌데도 지나치게 짜증이나 화를 내는 사람들이 있다. 반항성장애, 품행장애, 분노조절장애 등도 지나친 분노 표현이 특징이지만, 이들의 경우는 자기중심적이고 충동적이어서 자신의 뜻대로 되지 않을 때 화를 내는 것이다. 이런 문제들의 원인은 내면의 우울감이 아니라, 충동 조절 문제가 핵심이다. 이들은 자존감이 낮아서 사람들 눈치를 보는 것도 아니고, 누군가에게 의미 있는 존재가 되려고 마음을 졸이지도 않는다.

반면 우울증을 분노로 표출하는 사람들은 자신이 우울하다는 것을 스스로 인지하지 못하고 있는 경우다. 그들은 사랑과 애정에 대한 욕구가 좌절되고 있는데도 자신이 그런 욕구가 절실하다는 걸 알아채지 못한다. 달리 표현할 길 없이 눌려 있던 내면의 갈등은 짜증과 분노로 새어 나온다. 주로 어린아이들과 남성들의 우울증이 이런 식이다. 어린아이들은 욕구 좌절을 스스로 인지하고 표현할 능력이 부족하고, 남성들은 '남자는 울지 않는다'는 문화적 통념에 짓눌려 있다. 분노로 표출되는 우울증의 공식 진단명은 '파괴적 기분조절곤란장애Disruptive Mood Dysregulation Disorder'라고 한다.

## 자신이 조울증이라고 생각하는 사람들은
## 대부분 조울증이 아니다

가장 흔한 형태의 우울증은 공식 진단명이 '주요우울장애 Major Depressive Disorder'다. 강한 우울감에 젖어 지내는 '우울한 시기'와 밝고 좋은 기분을 유지하는 '우울하지 않은 시기'가 번갈아 나타나는 경우다. 그런데 이런 패턴을 겪는 사람들 가운데 '업된 시기'와 '다운된 시기'가 번갈아 나타난다고 느끼면서 자신이 조울증인 것 같다고 말하는 사람들이 꽤 있다. 하지만 조울증의 조증Mania 상태, 즉 '업된 시기'는 누가 봐도 너무 기이하게 들떠 있고 비상식적으로 자신감에 넘쳐서 이러다가 무언가 큰일을 저지를 것 같은 위험한 상태를 말한다. 실제로 충동적으로 일을 저질러버리기도 한다. 주요우울장애를 앓는 사람들이 '우울하지 않은 시기'에 겪는 기분 상태는 적당히 좋은 기분이지 조증이 아니다. 정말 조증이면 주변에서 무언가 크게 잘못되었음을 느끼기 때문에 그냥 두고만 볼 리가 없다. 주요우울장애의 '우울하지 않은 시기'라면 주위에서 더도 말고 오늘만 같으면 좋겠다고 반길 것이다.

## 좋은 기분이 어떤 것인지조차
## 잊고 사는 사람들

업된 기간이 좀처럼 찾아오지 않으면서, 강렬하지는 않지만 제법 힘겹고 잔잔한 우울감이 적어도 2년 이상 지속되는 경우가 있다. 우울감이 만성화된 상태다. 공식 진단명은 '지속성우울장애

Persistent Depressive Disorder'다. 증상은 주요우울장애와 비슷하고 겉보기에 심각성은 덜해 보인다. 하지만 '우울한 기간'의 지속 기간이 길고, 밝고 활기찬 '우울하지 않은 기간'이 없기 때문에 직업, 재정, 운동 능력, 사회성, 일상생활 등에서 더 심각한 부적응을 보일 수가 있다. 치료 기간도 보통 더 길게 예상하는 편이다.

## 누구보다 밝은 친구가
## 우울증일 수 있다

소위 가면 우울증이란 말이 딱 맞는 사람들이 있다. 그들은 밝은 얼굴, 시종일관한 웃음, 명랑한 태도, 거리낌 없는 몸짓 등으로 자신을 포장한다. 우울감을 숨기기 위해 그러는 건데, 자신도 자신의 가면을 인지하지 못하는 경우가 많다. 가령 당연하다는 듯 늘 나타나서 어김없이 좌중을 압도하던 친구가 때때로 이유 없이 잠수를 타기도 한다. 어느 날은 지칠 때도, 우울할 때도 있는 법인데 그는 어둡거나 무거운 분위기를 연출하는 것은 민폐라고 생각하는 듯하다. 이상한 것은, 남이 그럴 때는 자신의 일처럼 보듬어주는데 막상 자신이 힘들 때는 깊은 속내를 드러내기보다는 웃어넘기거나 잠수를 탄다는 것이다. 절친한 친구로서는 그런 모습에 서운함을 느낄 만하다. 왜 자기 힘든 속내를 내게 전혀 드러내지 않는 걸까. 왜 내게는 기대려 하지 않는 걸까. 그러면서 왜 늘 나는 자기에게 기대도 된다는 걸까. 나를 믿지 못하는 걸까. 그런 생각이 들 수 있다.

## 타인의 눈에 비친 우울증

### 우울할 만한 이유가 없어 보인다

이제부터 다른 사람들의 눈에 이들이 어떻게 보이는지 살펴보자. 우선 이들은 우울할 만한 이유가 딱히 없어 보이는데다 자신도 왜 우울한지 정확한 이유를 모르겠다고 한다. 그런데 증상은 누가 봐도 우울증이 맞다. 우선 표정이 어둡고 생기가 없다. 몸이 축 처진 듯 힘이 없어 보인다. 귀찮다거나 싫다는 표현이 많다. 평소에 좋아하던 것들에도 관심과 흥미를 보이지 않는다. 말수가 적어진다. 매사에 심드렁하고 의욕이 없다. 판단력이 무디고 우유부단하다. 잠을 너무 많이 자거나 잠을 잘 못 잔다. 너무 많이 먹거나 너무 안 먹는다. 짜증을 많이 내기도 한다. 습관적으로 자책을 한다.

### 밝은 기운을 주려다가
### 나까지 어두워진다

사람들 기분을 참 잘 맞춰주는 친구다. 늘 주의 깊게 살피고, 조용히 파악하고, 지긋이 행동하는 편이다. 예민한 감수성에다가 공감과 이해력이 좋아서 친구들 이야기를 아주 잘 들어준다. 특히 힘든 이야기를 자기 이야기인 것처럼 들어준다. 게다가 겸손하다. 말을 직설적으로 하는 법이 없고 주제넘은 말도 잘 하지 않는다. 누구에게나 친절하고 배려와 양보가 많다. 너무 손해만 보고 사는 게 아닌가 싶을 때도 있다. 그런데 어두워 보인다. 난 이 친구가 곁에 있어 즐거운 데 이 친구는 그리 즐거워 보이지 않는다.

간혹 너무 슬프고 무거워 보인다. 곁에서 지켜보다가 이유라도 알면 덜 답답하겠다 싶어서 대체 왜 그러는지 묻지만 돌아오는 대답은 "그걸 알면 내가 이러겠냐. 삶이 무의미하고 공허해서 그래." 이런 식이다. 삶이 힘든 것은 누구나 마찬가지고 너는 그나마 상대적으로 좀 낫지 않느냐고 되물으면 이런 답이 돌아온다. "무슨 말인지 나도 알아. 알면서도 이러는 내가 한심해 보여. 게다가 내가 누군가에게 특별한 의미인 것도 아니고, 내 삶이 의미 있게 느껴질 만한 일을 하고 있는 것도 아니잖아." 이쯤 되면 더 묻기도 두렵다. 듣다 보면 아주 틀린 말은 아니니까. 따지고 보면 나도 별반 다를 게 없다고 느껴지니까. 이 친구의 논리에 따르다 보면 나도 우울해지고 내 삶도 의미 없게 느껴질 것 같다.

### 편하지만 어렵고,
### 친근하지만 만만하지는 않은 친구

이 친구 앞에서는 나도 신중해지고 겸손해지는 걸 느낀다. 가만히 보면 말을 직설적으로 하거나 행동이 즉흥적인 사람들을 그리 좋아하지 않는 것 같다. 덩달아 나도 조심성이 커진다. 내가 요구하는 건 거의 다 들어주는 친구니까 잘 안 가리고 요구를 하게 된다. 그런데 이 친구는 내게 별다른 요구를 하지 않으니까 괜히 좀 민망해질 때가 있다. 참 편하고 좋은데 또 한편 좀 어렵기도 하다. 놀려 먹고, 짓궂게 굴고, 우스꽝스러운 짓을 해주면 좋아하지만, 자기는 절대 그러는 법이 없다. 언젠가는 농담으로 한 소리에 친구가 좀 마음이 상한 듯 보였다. 웃어 넘겨주었지만 분명 개운치는 않았다. 친구는 내게 그런 농담을 절대 하지 않는 걸 보면, 나도 이 친구에게는 그런 농담을 하지 말아야 할 것 같다. 보면 볼수록 이 친구는 상대에게 조금이라도 상처가 될 말은 하지 않는다. 내가 어설픈 자랑을 늘어놓으면 유쾌하게 웃어준다. 그런데 또 자기는 그런 말을 하지 않는다. 내가 하는 건 괜찮고 자기가 하는 건 안 괜찮다고 한다. 자랑도 안 하고 남의 흉도 잘 안 보고, 그럼 무슨 재미로 사는 거지? 훌륭하지만 솔직히 부럽지는 않다. 나만 속물인가? 딱히 그렇진 않은 것 같은데 이 친구는 워낙 진중하고 겸손해서 나와는 비교가 안 된다. 처음에는 그래서 정말 좋았는데 가면 갈수록 솔직히 좀 어렵다고 느껴지기도 한다.

## 소울메이트 하나를 위해 사는 사람 같다

그가 오랫동안 찾고 있던 인생 친구는 내가 아닌 모양이다. 내가 이 친구에게 그런 소울메이트가 되어주지 못하는 것 같아서 마음이 무거워진다. 그는 한 번뿐인 인생에서 누군가와 의미 있는 관계를 맺고 이를 평생 가꾸어가면서 자신이 누군가에게 특별한 의미가 되는 것을 목표로 여기는 듯하다. 관계 맺기만큼은 신중함이 남다르기에 사람을 쉽게 가까이하지 않는다. 그런 그가 나를 가까이했고 우리는 오랫동안 관계가 익어왔다. 마음을 쉽게 열지 않던 그였지만 막상 가까워진 후로는 누구보다 더 많이 소통하고 더 깊

우울증:
자기 비하와 외로움의 늪

은 교감을 나누려 했다. 때로는 내가 그에게 절대적인 의미인 것 같아서 솔직히 버거울 때도 있었다. 나에게 집중하는 것이 좋았지만 서서히 그게 가장 힘든 일이 되어갔다.

그렇게 진중하고 자존심 강한 사람인데 쉽게 짜증을 내기도 한다. 내게만 그런다는 게 심각한 문제다. 내게서 관심, 공감, 배려를 받지 못한다고 느낄 때는 배신감까지 느끼고 나를 아주 차갑게 대하기도 한다. 내가 받은 상처를 말하고 나면 난 또 어김없이 후회가 밀려든다. 결과적으로 그에게 박힌 상처가 더 크고 깊다는 걸 확인할 뿐이다. 이렇게까지 깊은 상처를 주었다는 게 믿기지 않는다. 한 사람에게 너무 무겁게 의존하는 게 아닌가 싶다. 나는 실망을 많이 주는 사람인데 나에게 의존한다는 게 어찌 보면 의아하다. 내가 가벼운 태도로 사는 게 좋다더니 이젠 나의 가벼운 태도가 문제라는 말을 하고 있다.


## 남들은 모르는, 자신만이 아는 자기 마음

꽃으로도 때리지 말라
작은 상처에도 무너질 수 있다

이제 우울증을 겪고 있는 사람의 속마음은 어떨지 본인의 입장에서 살펴보자.

자존감이라는 단어를 볼 때마다 마음이 시려온다. 좀 못나도 잘 사는 데 지장 없다는 여유로움이 어디서들 나오는지, 그런 사람들을 보면 신기할 뿐이다. 진정 부럽다. 그런 게 자존감인가 싶다. 나도 그렇게 당당하고 싶지만 사소한 지적에도 마음이 흔들리는 나를 어쩔 수가 없다. 무례한 상대의 언행에 나는 무례함으로 맞받아치지 않는다. 같은 사람이 될 수는 없다. 나만 속으로 깊이 상처를 받지만 그래도 어쩔 수 없다. 나마저 같은 상처를 준다면 돌아서서 나는 더욱 못 견뎌 할 게 틀림없다. 악의 없는 농담이라도 함부로 말했다가 상처를 줄 수도 있기 때문이다. 게다가 한번 상처를 주면 다시 관계를 회복하기는 어려울 것이다. 할 말을 제대로 하는 건 그 관계를 끝내겠다는 결론이 선 후에나 가능하다.

## 자기 비하와 자책은 선택이 아니다
## 습관이다

상대가 무례해서 내가 상처를 받았지만 그래도 내 자신을 먼저 탓하게 된다. 이건 선택이 아니라 당연한 것이다. 잘 생각해보라. 내가 존중받을 만한 사람이면 애초에 그런 일이 없었을 것 아닌가. 무례하게 대해도 될 만한 모습을 보였기에 벌어진 일이다. 남을 탓하기에 앞서 내 자신을 돌아보아야 한다. 그렇지 않으면 발전도 없다. 생존마저 위태롭게 느껴진다. 성장이 없으면 이런 일은 더 자주 반복될 것이다. 원망과 분노는 그래서 좋지 않다. 그건 남의 탓에 젖어 있도록 만들어서 결국 내 성장을 가로막는 유해한 감정이다. 하지만 그럴수록 미래가 암울하다. 이상하다. 왠지 내가 이미 그 길에 들어서 있는 느낌이다. 가만 있자. 나는 짜증, 서운함, 원망, 분노를 자주 느끼지 않던가? 물론 내가 서운하다고 해서 그 감정을 자주 표현하지는 않는다. 매너와 겸손이 중요하고 나는 그걸 잘 지키니까. 게다가 내가 나쁜 사람이라는 걸 드러내고 싶지 않으니까. 그럼 내가 겉 다르고 속 다른 거잖아. 이중적인 모습이잖아. 아, 우울하다.

## 누구에게도 특별한 존재가 아니다
## 빈껍데기 삶이다

내가 그의 이름을 불러준 것처럼 / 나의 이 빛깔과 향기에 알맞은 / 누가 나의 이름을 불러다오. / 그에게로 가서 나도 그의 꽃이 되고 싶다. // 우리들은 모두 / 무엇이 되고 싶다. / 나는 너에게 너는 나에게 / 잊혀지지 않는 하나의 눈짓이 되고 싶다. (김춘수,「꽃」중에서).

완전하지 못한 내가 원숙한 관계를 원하는 게 어불성설이다. 잘 알지만 나는 자꾸만 소망한다. 이러는 나 자신을 어쩌지 못하겠다. 나도 누군가에게 특별한 존재로 거듭나고 싶다. 그 하나가 끝내 없는 삶은 공허하고 서글프다. 내가 그에게 잊히지 않는 하나의 눈짓이 될 수 있다면 내가 살아가는 이유가 될 수 있을 것 같다. 사람들은 날 좋아하지만, 날 원하지는 않는다. 사람들이 주위에 가까이 있지만, 누구도 나를 불러주지는 않는다. 누가 나를 불러주어도 나는 아직 확신하지 못한다. 나를 부른 건지, 그냥 불러본 건지 알 수 없다. 그걸 알지 못하면 낭패를 볼 수 있다. 나를 불렀다 해도 과연 내가 그에게 무언가 될 수 있는 빛깔과 향기를 가지고 있는지, 그게 문제다. 그가 나를 불러주기를 바라는지, 그저 그 정도 거리에만 머물러주기를 바라는지 그걸 알 수 없어 혼란스러울 때가 있다. 사람을 욕심껏 가까이하다 보면 실수가 많아져 허점을 들키게 되고 결국 관계가 어그러질까봐 두렵다. 내가 그의 허점을 보는 것도 두렵다. 한껏 품었던 희망이 차갑게 식어버리는 절망을 감당할 준비가 되어 있지 않다. 실망이나 좌절이라는 말을 쉽게 하는 사람들은 진정 실망과 좌절을 모르는 사람들이다. 살면서 반복해야 할 것은 신중함이지 실망이 아니다. 보다 완전한 개체로 진화한 사람들끼리 좀 더 원숙한 관계를 맺는 법이다.

누군가에게 잊히지 않는 무엇이 되는 것에 삶의 의미가 있다. 간혹 이상적인 사람을 만나면 한껏 꿈에 부풀어 오른다. 이상형과 가까워지면서 내가 그인 듯 그가 나인 듯 서서히 닮아간다는 사실이 삶에 활력을 불어넣는다. 그러나 가까워질수록 허점은 드러나게 마련이다. 너무 높이 이상화했던 만큼 인간적인 허점 하나에도 바람 빠진 풍선처럼 급격히 오그라들어버린다. 완전한 인격체도 원숙한 관계도 결국 일장춘몽에 지나지 않았다. 삶이 덧없어서 눈물이 난다.

### 다 잊고, 오르고 또 오르면
### 행복해질 줄 알았다

일에 대한 열정으로 공허함을 메우려 했다. 안 되는 줄 알면서 바라고 또 좌절하느니 관계는 잊고 일에 온 마음과 에너지를 투

우울증:
자기 비하와 외로움의 늪

자하는 게 백번 옳다고 믿었다. 더 높이 오르고 좀 더 이루면 남다른 기개를 가질 수 있으리라 생각했다. 그가 나의 이름을 불러주기 전에 내가 알맞은 빛깔과 향기를 가지고 있어야 하는 거라고도 생각했다. 조금씩 오르는 과정에서의 몰입은 즐거웠다. 그 자체로 더 바랄 게 없는 뿌듯함이 느껴졌고 때로는 이런 게 삶이구나 싶었다. 올바른 방향으로 나아간다는 흡족함이 있었다. 매일 나아지고 있었고, 그러면서 삶에 활기가 돌았고, 이처럼 오르고 이루는 동안 내가 나로써 만족하는 것도 행복이라고 믿기 시작했다. 언젠가 좀 더 완전해져서 특별한 사람으로 거듭나면 더 이상 외로움은 없을 것 같았다.

성공의 정점을 지나자마자 이렇게 독한 허탈함이 있을 줄은 몰랐다. 다 가진 것 같을 때 가장 쓸쓸할 줄 몰랐다. 무엇을 위해 여기까지 달려왔던 걸까. 그간 걸어온 고된 여정을 혼자 돌아보며 흐뭇해하는 이 시간이 이렇게도 허무할 줄 몰랐다. 겉은 화려한데 속은 절망이다. 호탕하게 웃으려 하지만 지금 웃어도 웃는 게 아니다. 겉모습이 화려해진 내게는 시샘과 부러움의 눈길만 날아와 꽂힌다. 이제는 더더욱 누구에게도 속을 드러내지 못한다. 동고동락하며 함께 걸어온 동반자가 있어야 했다. 내가 힘들어할 때마다 손을 잡아주고 등을 받쳐주는 누군가가 있었으면 좋았을 것이다. 내가 주저앉고 싶어질 때마다 나는 더욱 숨어들었다. 그런 약한 모습을 보이면 안 되는 줄 알았다. 혼자 일어나지 못하면 누구에게도 무엇이 될 수 없을 것 같았다. 관계를 배우지 못했는데, 내 분신과도 같던 일도 이제는 덧없다. 삶이 덧없어서 눈물이 난다.

돌아보면 낙담뿐이었고
앞을 내다보면 비관뿐이다

돌아보면 열정과 노력이 매번 좌절과 실망으로 돌아올 뿐이었다. 그렇지 않다고 실컷 부정해본 후에, 이제 그만 일어나려 하면 또 '사실 그렇긴 해'라는 독백이 나를 주저앉힌다. 좀 더 객관적이고 긍정적으로 생각해보려 해도 마음대로 되지 않는다. 세상에서 가장 말을 듣지 않는 게 사람 마음인가 보다. 눈앞의 할 일에 집중하고 싶지만 자꾸만 생각이 다른 데로 흘러가서 헤맨다. 잡념이 끊이질 않고 공허함과 슬픔이 이어진다. 한가로이 여유 부릴 시간이면 어김없이 잡념이 더 드세다. 그래서 휴식보다는 일하는 시간이 더 편하다. 일에 지치면 곯아떨어지니까 그것도 괜찮다. 한가한 시간에는 되도록 멍해져 있을수록 더 좋다. 잡념에 시달리느니 게임, 드라마, 인터넷 등에 빠져서 정신을 마비시키는 편이 한결 수월하다.


## 자신도 모르는 자기의 무의식 세계

어린아이에게 의구심은 곧 확신이다

본인조차도 모르는 무의식의 풍경들은 어떨까. 이제부터는 우울증을 앓는 사람의 무의식을 들여다보도록 하겠다.

나 자신이 가치 없고 못되고 못난 아이라는 의구심이 생기는 순간, 그건 이미 확신이었다. 바보라서가 아니라 너무 어렸기 때문이다. 어린아이는 있다 또는 없다, 악하다 또는 선하다 정도의 구분만 할 수 있을 뿐, 있을 수도 있다거나 없을지도 모른다거나 없다가도 있을 수 있다는 식의 난해한 구분법에 익숙하지 않다. 어른들의 흑백논리는 미성숙함이지만 어린아이들의 흑백논리는 정직함이다.

　어릴 적에 엄마는 엄마다운 모습으로 내 곁을 지켜주지 않았다. 너무 어린 나이에 애착에 대한 불신을 경험했고 남몰래 아팠다. 혼자라는 건 그 자체로 공포였다. 간혹 곁으로 다가가려 하면 엄마에게서 비난이 날아들어 꽂혔고, 나는 움찔하고 얼어붙어 쭈뼛쭈뼛 뒤로 물러날 수밖에 없었다. 내가 나쁜 아이이기 때문에 나를 곁에 두지 않는 거라 믿게 되었다. 응당 받아야 할 관심과 보살핌을 받지 못했지만 화를 낼 수는 없는 노릇이었다. 별 가치도 없는 못난 아이가 성질도 못되어서 화까지 낸다면 버려지는 것은 시간문제일 터다. 그건 기본적인 생존마저도 박탈당하고 험하기 그지없는 세상으로 내던져진다는 뜻이다. 그보다 더한 공포는 없다. 그러니 절대로 화를 내는 일은 없어야 한다. 차라리 자신이 가치 없고 못되고 못난 아이라고 생각하면 도리어 엄마에게 미안해진다. 그러면 화를 낼 일도 두려움에 떨 일도 없다. 숨소리까지 잔잔하게 고르고 차분한 표정을 유지해야 한다. 눈에 거슬리는 표정과 언행은 금물이다.

## 나의 욕구가 모든 문제의 시작이다

　내면의 어린아이가 울고 있다. 그게 모든 문제의 원인이다. 바라지 말아야 할 사람이 바라지 말아야 할 걸 바라는 잘못 때문에 모든 일이 꼬이는 거다. 그렇게 어린아이가 본성에서 비롯되는 기본욕구들을 부정하고 억제하고 외면하기 시작했다. 어린아이는 자신이 그렇게도 가치가 없는 존재인가 하는 의구심을 가질 일이 없었어야 했다. 어린 나이에 그처럼 공포스러운 의구심을 가졌으니 무의식이 얼어붙을 수밖에 없다. 게다가 본성의 욕구에 따라 행동할 때마다 사악한 이기심이라는 진단과 함께 처벌이 뒤따랐다. 엄마 눈치를 살피면서 슬그머니 곁에 붙어도 보고, 찡얼거릴 듯한 표정도 지어 보였지만, 그때마다 된서리만 날아들었다. 그건 의지의 선택이 아니라 그저 나도 모르는 반사적인 행동이었는데 나는 그게 나의 사악한 이기심에서 비롯된 선택이라고 배웠다. 또는 의지가 박약해서 벌어진 나쁜 행동이라고도 배웠다. 나는 외로움, 서러움, 두려움, 짜증을 느끼고 드러낼 때마다 처벌을 받았고 위기감은 더욱 고조되었다. 나의 영혼이 악의 근원이라고 느꼈다. 삶에서 이 느낌이 다시 올라와서 나의 내면을 휘젓고 할퀴는 일이 다시는 일어나지 않도록 철저하게 나를 훈련시켜야만 했다.

강한 부정은 결국 강한 긍정일 뿐이다
나 자신을 속이려 해도 결국 제자리다

내가 절대로 가치 없고 못되고 못난 존재일 리가 없다는 것을 스스로 증명해내겠다는 일념으로 평생을 살아왔다. 그런데 아직도 벗어나지 못했다.

나는 그저 보다 나은 삶을, 보다 나은 인격을, 보다 나은 관계를 지향하는 바람직한 태도를 갖고 있을 뿐이라고 믿는다. 사실 누구보다 더 진중하게 많은 노력을 하면서 살아가고 있다고 자신한다. 그 덕에 나 스스로에게 자부심을 갖는다. 물론 그 노력들이 다소 과하게 필사적이라는 것도 알고 있다. 노력의 결실이 조금만 실망스러워도, 노력의 과정에 조금만 균열이 일어나도 자존감이 일거에 와르르 무너지는 고통에 빠진다. 너무 높고 이상적인 기준을 세워 놓고 그에 미치지 못하면 마음이 철렁한다. 스스로의 존재 가치를 스스로가 부정하고 있는 셈이다. 그 정도의 노력과 이상 실현이 없다면 무가치한 존재라고 자책한다. 그러다 보면 이상과 현실의 차이가 점점 커진다. 때가 되면 우울해지지 않을 재간이 없다. 삶이 나의 노력을 배신한다. 태어나서부터 이제껏 그렇지 않은 현실을 만나보지 못했다. 굴레는 영원하다는 느낌이다.

열정적으로 이상을 추구할 때는 '우울하지 않은 시기', 지쳐서 쉴 때는 '우울한 시기'이다

나 자신의 가치를 증명하는 것은 의식에서나 무의식에서나 한시도 잊은 적 없는 절실한 꿈이다. 그에 따라 스스로 보다 완전해짐으로써 이상을 실현하는 것이 당연한 목표가 되었다. 더욱 완성된 인격체, 더욱 원숙한 관계 등의 이상 추구에 열정적으로 몰두하고 있을 때는 기분이 들뜨고 희망이 넘친다. 이럴 때는 '우울하지 않은 시기'다. 그런데 이상과 현실의 차이가 커지면서 점점 지쳐가는 것은 불 보듯 뻔한 일이다. 그래서 때가 되면 지치고 낙담한다.

이때부터가 '우울한 시기'의 시작이다. 우울한 시기에는 낙담과 비관이 지배적이다. 그래서 고통스럽다. 그런데 주목할 것은, 우울한 시기인 만큼 이상 실현을 추구하던 간절한 노력들이, 즉 도식의 대처방식들이 모두 중단된 상태라는 점이다. 희망이 꺾였기 때문에 중단했겠지만, 어쨌든 대처방식들이 휴식에 들어갔고, 그 덕에 몸과 마음의 에너지가 재충전이 된다는 사실이다. 그렇게 몇 주 또는 몇 달이 지나고 나면, '다시 힘내서 도전해볼까' 하는 의지가 살아난다. 당연한 일이다. 충전이 되었으니까 몸이 근질거릴 것이고 몸에 밴 습관대로 다시 익숙한 것들에 열정을 쏟는다. 이때부터 다시 '우울하지 않은 시기'가 시작된다. 이렇게 돌고 도는 순환고리를 어디서부터 어떻게 끊어야 하는지는 배우지 못했다.

### 행복에 대한 열정을 잊는 것도 한 방법이다
### 바라면 아프기만 하니까

행복을 상상하는 것조차 무의미하다고 여기는 사람들이 있다. 이상 실현의 노력은 헛되고 말 거니까 결국 지독한 아픔만 자기 몫이라는 예감이다. 간절히 소망하지 말아야 큰 상처를 피할 수 있다는 일종의 방어기제이기도 하다. 행복을 상상해보라고 하면, 해보려 해도 잘 되지 않는데, 그렇다고 그걸 슬퍼하지도 않는다. 그렇게 행복에 대한 열정이 식어 있는 만큼 격한 우울감도 없다. 그저 늘 잔잔하게 공허하다. 내면의 어린아이의 욕구가 좌절되었을 때 강한 희망으로 좌절감을 이겨내려 하기보다는 욕구를 부인함으로써 갈등을 최소화하는 게 습관이 되었다. 어린 시절부터 발달한 습관이라, 그 외의 다른 대처법은 사실 해보지 않아서 잘 모른다. 자신이 무가치하다는 감정을 덤덤히 받아들임으로써 갈등을 잊는 데 익숙해진 것이다.

늘 우울하기는 하지만 격하지 않고 그저 잔잔한 정도의 우울이니까 그럭저럭 괜찮다고 느낀다. 익숙해져서 더 괜찮기도 하다. 너무 익숙해져서 우울한 줄도 모르고 살아갈 때도 있다. 그런데 즐거움이 없어서, 어느 날 문득 울컥하며 서글픔이 번지기도 한다. 즐거움을 찾는 법을 너무 오랫동안 잊고 있어서, 어디서부터 어떻게 다시 시작해야 할지 알지 못한다. 살다 보면 좋은 날도 있다. 그런 어느 날 행복하다고 느끼면 이내 불안해진다. 이래도 되나 싶으면서 괜한 죄책감이 올라온다. 이해할 수 없는 감정이다. 왜 이러나 싶어서 또 슬퍼진다.

# 일반화된 불안장애:
# 빠져나오기 힘든 걱정의 늪

## 일반화된 불안장애Generalized Anxiety Disorder란 무엇인가

일어나지 않은 일에 대해 온갖 시나리오를 다 쓰면서 걱정하는 사람들이 있다. 혹시 이러면 어쩌나 하는 불길한 예감이 끝없이 이어지는 마음의 습관이다. 그들은 '까짓것 무슨 일이든 생기면 그때 가서 생각하지 뭐' 하는 느긋함을 원하지만 마음대로 되지 않아 고통받는다.

걱정이 많은 것을 심리적인 장애로 분류할 때는 그만한 이유가 있다. 첫째, 너무 지나치다는 것이다. 별일이 아닌데도 습관적으로 걱정을 하고, 심각할 게 없는데도 초조해하며, 만성이 된 걱정 때문에 짜증이 잘 나거나 쉽사리 시무룩해진다면 지나치다고 할 만하다. 둘째, 불안이 만성화된 탓에 몸이 여기저기 아프기까지 한다면 걱정이 과한 수준을 넘어서 염려스러운 수준에까지 다다른 것이다. 셋째, 습관적인 불안과 걱정 때문에 집중력이 저하되고, 여가를 즐기지 못하고, 대인 관계의 문제로까지 번진다면 불안장애로 진단해야 한다. 즉, 왜 이러는지 스스로 이해되지 않고 어떻게 해야 걱정의 늪에서 벗어날 수 있을지 길이 보이지 않는다면 전문적인 도움이 필요하다.

## 불안장애는 일시적인 고뇌가 아니다 고질화된 습관이다

고생하고 있는 사람과 불안장애를 가진 사람은 다르다. 불안장애는 일시적인 현상이 아니다. 어려서부터 성장기를 거치는 동안 걱정하는 습성이 만성화되었고, 그것이 점차 한 사람의 성격에서 큰 부분을 차지하게 되었으며, 인생 내내 일상의 모든 영역에서 지속적으로 영향을 미치고 있다는 뜻이다. 한마디로 매사에 어느 것 하나라도 똑바로 안 될까봐 늘 걱정하는 성격이다. 걱정할 만한 일이 없어도 걱정을 하는 것이 습관이다. 직장에서 맡은 바 책임을 완수하기, 학업에서 기대치에 부응하기, 대인 관계에서 절대로 남을 실망시키지 않기, 건강이 나빠지지 않도록 철저하게 관리하기, 경제적인 안정감이 한시도 흔들리지 않도록 꼼꼼히 관리하기, 가족의 안전에 위협이 될 만한 모든 요인들을 시시각각으로 점검하기 등의 문제에 대해 절대 게으름을 피우는 일이 없다. 이 모든 문제들을 한시도 방심하지 않고 실수 없이 관리하려면 틀림없이 하루 스물네 시간으로도 모자랄 것이다. 이 정도면 굳어진 성격이다.


## 타인의 눈에 비친 일반화된 불안장애

### 둘째라면 서러울 책임감으로
### 일을 맡기면 주인처럼 일한다

완벽주의적인 꼼꼼함이 가장 먼저 눈에 띈다. 책임감이 지나칠 정도로 강하다. 이런 직원을 두고 있다면 안심하고 일을 맡겨도 좋다. 일의 속도나 완성도에 대해 독촉을 할 필요가 없다. 조금이라도 실수가 있거나 일의 진행이 흐트러지면 자기 스스로 스트레스를 받는다. 자기가 주인이 아닌데도 그러하니 신기할 따름이다. 맡겨놓고 보다가 간간히 격려와 지지만 좀 해주면 모든 게 순조롭다. 그 이상 다른 보상을 바라지도 않는다. 모든 게 순조롭게 똑바로 되어간다는 자체가 가장 큰 보상이다. 심지어 자기들이 주인인 듯한 태도로 일을 하는 것 같다. 인정받고 싶어서 그러겠지, 생각했지만 그 이상이다. 보일 때만 그러는 게 아니라 안 보일 때도 분명 똑같을 것이다.

장점을 뒤집어 보면 거기에 단점이 있다. 워낙 책임감이 강한 만큼 최선을 다하지 않고 요령을 피우면서 스스로 만족하는 사람들에게 별로 너그럽지 않을 수도 있다. 대체로 남의 일에 참견을 하지 않는 사람들인데, 가까운 사람들에게는 지적과 참견이 많다.

함께 일하는 동료나 부하 직원 또는 가족이 무책임하거나 건성으로 일에 임하면 짜증을 부릴 수도 있다. 부하 직원의 입장에서는 예리한 매의 눈이 자신의 뒤통수를 졸졸 따라다니는 셈이기 때문에 한시도 한눈을 팔기가 어렵다. 즉, 이들은 자기에 대해서나 타인에 대해서나 기대치가 높고 엄격한 사람으로 비쳐진다.

### 뜨겁게 너그럽거나 아주 차갑게 냉정하다

동정과 온정이 많다. 지적할 대로 지적해놓고서 자기가 오히려 더 미안해하고, 어떻게든 마음을 풀어주려고 따뜻하게 약을 발라준다. 물론 지적받은 상대가 진심으로 받아들이고 노력하는 모습을 보일 때 한해서 그렇다. 실수를 만회하려는 노력을 했을 때, 심지어 관심 어린 지적과 조언에 대해 진심 어린 감사함을 보이는 상대에게는 세상 둘도 없는 인간미를 선사한다. 반대로 진심 어린 노력을 하지 않고 여전히 부주의해서 같은 지적이 반복되면, 어느 날 갑자기 관계를 끝내버리기도 한다. 그럴 때는 칼바람이 분다. 돌아선 다음 후회 따위는 없어 보인다.

### 자신에게 너그럽지 못한 모범생들이다

학생이라면 공부나 숙제를 규칙적으로 하고, 시키지 않아도 자발적으로 해야 한다. 그런데 이들은 너무하다 싶을 정도로 매달리는 느낌이다. 숙제 하나를 해도 가볍게 시작해서 간단하게 마무리하고 돌아서서 잊는 게 아니다. 일찍 시작하고 오래 끌면서 진을 빼고, 마무리를 한 후에도 또 열어보고 다시 검토하기를 반복한다. 결과가 실망스러울 때는 신랄한 자책과 함께 깊은 슬픔에 빠지는 경향이 있다.

　고민을 들어보면 공부뿐 아니라 대인 관계에도 신경을 많이 쓰는 것 같다. 주로 다른 사람들이 자기 때문에 혹시나 실망하거나 속상하지는 않았을지 염려한다. 들어보면 별일 아니어서 괜찮다고 안심시켜주면 표정이 밝아지고 예의 바르게 감사함을 표한다. 그런데 하루 지나서 또 묻는다. 정말 괜찮을지 아직도 염려된다면서, 괜찮지 않을 또 다른 가능성이 떠올랐으니 이것도 마저 점검해야겠다고 한다. 진정 초조해 보인다. 혹시나 남이 속상했을까봐 염려해주는 게 고맙기는 하지만, 이 친구에게 부주의하게 말을 해서 상처라도 주면 큰일이겠다는 생각이 앞선다. 그런데 남이 자신에게 실수한 건 친구들끼리 늘 그럴 수 있고 별일 아니라고 가볍게 받아넘기는 걸 보면 신기하다. 그럴 때는 아주 상식적인 선에서 의연하게 생각을 정리한다. 왜 자신에게는 똑같은 논리를 적용하지 못하는지 알다가도 모르겠다.

### 가깝고 소중한 사람에게 전념한다

　관계 중심적인 사람들이다. 죽이 잘 맞는 사람과 가까이 지내면서 익숙해지는 걸 좋아한다. 타인의 감정과 입장을 잘 살피고 적절히 맞춰주는 편이다. 혹시나 남에게 실수라도 해서 상대가 실망할까봐 조심스럽게 행동하는 편이다. 매너 있게 행동하고 경우

바르게 처신한다. 리드하기보다는 수동적으로 맞춰주는 것에 익숙하다. 절친한 친구나 연인처럼 가까운 관계에 전념하는 스타일이다.

그런 만큼, 가까운 이의 무심함에 상처를 잘 받고 사소한 부주의에 실망을 잘 하는 편이다. 그런 무심함이나 부주의를 자신에 대한 관심과 애정이 부족한 증거로 받아들이기 때문이다. 서운해도 속으로 삭히는 경우가 많은데, 그럴수록 상처가 누적되다 보면 나중에 분노가 폭발하기도 한다. 상대방 입장에서는 마른하늘에 날벼락을 맞는 느낌이 들기도 한다. 이러나저러나 상관 안하고 늘 잘해주던 사람이 갑자기 화를 내며 나를 비난하면 당황스러울 수밖에 없다. 정작 이유를 들어보면 그리 큰 일이 아니어서 또 한 번 당황하게 된다.

### 자신 없는 모습은
### 가까이 의지하는 사람에게만 보여준다, 반복적으로

절친한 친구나 연인에게 의존하는 성향을 보이기도 한다. 어떤 일이든 잘 계획하고 빈틈없이 척척 해내는 사람들인데도 이상하리만치 자신감이 부족하고 늘 초조해한다. 이렇게 자신 없어 하는 걸 남들이 알까 싶다. 이리 꼬이고 저리 틀어져서 잘못되면 어쩌나 하는 근심을 자주 표현한다. 그럴 때마다 괜찮겠지? 묻고 조금 있다가 또 묻는다. "괜찮아. 별일 없을 거야. 틀림없어"라고 자꾸 말해줘도 그때뿐이고 곧 다시 불안해한다. 안심시키고 재확인시켜주기를 여러 번 반복하다가 별일도 아니니까 그만 좀 걱정하라는 말 한마디 하면 깊이 상처를 받는다. 심지어 어떻게 걱정을 안 하느냐, 어떻게 그렇게 무책임할 수 있느냐는 핀잔으로 반격하면 딱히 할 말이 없다.

### 자신 없다면서도 조언을 따르지는 않는다
### 익숙하지 않은 건 싫으니까

의존적인가 하면 또 고집이 강하기도 하다. 이들이 조언을 구할 때는 진심으로 새로운 방법을 찾고 있는 것 같지가 않다. 자기들만의 익숙한 방법에서 벗어나는 새로운 방식을 별로 선호하지 않는 사람들이니까. 막상 조언을 구할 때는 자기들에게 익숙한 방식이 옳다는 것, 그 방식이 문제가 되지 않을 것이라는 믿음에 대해 좀 더 확신을 달라는 뜻인 것 같다. 좀 다른 방식으로 문제에 대처해보라 권하면 못마땅해하거나 불편해한다. 어찌 이리도 자기를 모르냐면서 서운해하기도 한다. 결국 자기들의 방식을 고수하는 편이다. 변화를 싫어하는 건 변함없다.

### 지루하게 사는 게 낙인 사람들 같다

조심성이 지나치고 익숙한 것을 너무 좋아하기 때문에 정해진 틀대로 반복하면서 살아가는 일상을 잘 견딘다. 심지어 반복적인 일상을 사랑한다고 말하는 게 더 적절해 보인다. 계획한 대로 움직이는 걸 좋아하기 때문에 돌발 변수를 아주 싫어한다. 그래서 즉

흥적으로 일의 순서나 방식을 뒤집는 걸 싫어한다. 특히 새로운 방식을 도입하려 하면 강한 거부 반응을 보인다. 규칙을 엄수하려는 사람들이라 지나치게 융통성을 발휘하는 사람들을 불편해하기도 한다. 이들은 예측 가능하고 익숙한 것들만 좋아하기에 변화나 모험 또는 새로운 것들을 여간해서 좋아하지 않는다. 즉 이들은 회피적인 성향을 갖고 있는 것으로 보인다. 늘어져 뒹굴면서 아무것도 안 하기가 취미일 정도로 활동이 단조로운 편이다. 무슨 재미로 사는지 잘 이해되지 않을 때가 있다.

## 남들은 모르는, 자신만이 아는 자기 마음

자나 깨나 불안,
걱정할 이유를 모른 채 또 불안하다

기질적으로 불안하다. 돌아보면 어릴 적부터 늘 불안했다. 간혹 '지금은 내가 무엇을 불안해하고 있는 거지?'라고 자문할 때도 있다. 불안한데 불안해하는 이유를 모를 때 더욱 불안하다. 이런 내 마음을 그 사람이 알아주면 좀 낫겠는데, 이걸 어떻게 이해시킬 수 있을까? 하다 하다 이젠 별소리 다 한다고 화내지 않을까 두렵다. 나는 칭얼거리려고 불안해하는 게 아닌데 오해를 살까봐 무섭다. 아, 이제는 그 사람이 나를 오해하고 밀어내는 상상까지 겹쳐지고 있다. 나쁜 일은 늘 겹쳐서 온다던데, 자꾸 엎친 데 덮치고 있다.

꾹 참으려니 이해받지 못하는 서러움에 또 울컥해진다. 오늘도 어제와 다르지 않다. 늘 이렇게 불안이 마음 안에 둥둥 떠다닌다. 가끔 가라앉을 때도 있는데, 그게 최고의 행복이다. 걱정할 일 없이, 아무런 탈도 나지 않고, 잔잔하게 이어지는 일상 속의 편안함이 인생 최고의 꿈이다.

### 모든 일에는 최악이라는 게 있다
### 불길한 예감은 늘 옳다

삶의 만족도를 논하려면 빼놓을 수 없는 중요한 항목들이 있다. 질병, 사건/사고, 경제적 어려움, 학업, 진로, 대인 관계, 가족 내 불화 등이 그것이다. 무엇 하나 마음을 턱 놓을 수 없는 것들이다. 세상에 완벽한 안전이란 없다. 조금의 균열이 생기면 눈덩이처럼 불어나서 험한 결과로 치달을 가능성은 늘 존재한다. 자나 깨나 조심, 또 조심만이 진리다. 부주의한 사람들이 세상에서 가장 한심해 보인다. 그보다 무책임한 사람들이 또 없다. 무언가 잘못되면 혼자 고생하는 게 아니지 않나. 자기 몸 하나 돌보지 않아서 건강을 잃으면 나머지 가족들의 불행은 어쩌라는 말인가. 회사에서 게으름 좀 피우려다가 불성실하다고 낙인 찍혀서 해고라도 당하면 가족들은 어떻게 할 건가. 가족의 안위라는 게 잠시 게으르고 싶은 충동과 맞바꿔도 괜찮을 만큼 가벼운가? 책임감은 선택이 아니라 필수다. 따라서 주의 깊게 조심하고 최선의 노력을 다하는 것도 필수다. 자나 깨나 살피는 게 책임이지, 드문드문 살피는 걸 책임이라 할 수 있는

가. 너무 비양심적이지 않은가.

뭐든지 언제든지 확실해야 한다
예측 불가능은 불길함 그 자체이다

돌다리도 두드려보고 건넌다는 말은 대체 누가 지은 걸까. 안 그러는 사람이 있다는 말인가? 그래, 세상에는 우매하고 무책임한 사람들이 많으니까 이런 말을 귀에 딱지가 앉도록 들려주는 것도 필요하겠다. 들려준다고 다 듣는 건 아니겠지만. 듣는다고 다 이해하는 것도 아니지만. 이해했어도 실행하는 건 또 다른 차원의 문제겠지만. 그래도 반복에 또 반복, 조심에 또 조심은 언제나 옳다.

몸 여기저기서 자각 증세가 나타나고 있다. 인터넷부터 찾아본다. 대강의 지식을 두루 섭렵한다. 그중에 눈길을 끄는 정보들은 깊게 파고든다. 내 몸에서 무슨 일이 일어나고 있는지 아는 건 중요하다. 서둘러 병원에 가는 건 기본이다. 의사가 내리는 진단이 정확하지 않을 수도 있다. 그래도 너그럽게 이해는 할 것이다. 하지만 사람들의 실수란 용서하라고 있는 게 아니라 조심하라고 있는 거다. 물론 다른 병원에도 한 번 더 가볼 것이다. 그건 권장할 만한 조심성이고 주의 깊은 선택이다. 여러 명의 의사에게서 소견을 모으면 대다수의 일치된 의견을 얻을 수 있을 테니 나쁠 게 없다.

정반대의 선택을 하는 사람들도 있다. 몸 여기저기서 자각 증세가 나타나고 있다. 인터넷을 군이 찾아볼 필요가 있을까. 대부분 신뢰할 수 없는 불량 정보들일 텐데. 괜히 들여다보면 불길한 예감에만 휩싸일 것이다. 의사를 만나는 건 아직이다. 호들갑 떨지 말고 좀 더 지켜보자. 과거의 경험으로 미루어볼 때 별일 아닌 경우가 훨씬 많았다. 자꾸 병원부터 가보라고 재촉하는 사람에게 짜증을 부린다. 사실 그렇다. 진단명이 나올까봐 두려운 거다. 뭐든지 확실히 하는 습성이 있는 내가 이 문제에서만큼은 지나치게 대범하다는 것을 인정한다. 적어도 행동은 대범하다. 이제 와서 보니 하루 종일 신경이 곤두서 있었던 이유가 이것 때문이 아니었나 싶다. 병원에 가기는 해야 하는데, 그래도 며칠 더 있어 보고 별 이상이 없다는 느낌이 들면 좀 더 자신감이 생길 테니, 그때 가서 진찰을 받아봐야 겠다.

## 오늘 하루도 무사히, 아무런 돌발 변수도 없이

하루에도 여러 번 수시로 이런 기도를 한다. 사실 특별한 일은 없다. 주부라면 아침마다 아이들 등교와 남편의 출근 준비로 분주할 것이다. 우선 시간이 늘어지면 큰일이다. 지각이라도 하는 일이 생기면 부주의와 불성실이라는 낙인이 찍힐 테니까 절대 안 된다. 일 하나가 늦어지면 그 뒤의 일정이 다 밀리게 될 테고, 그럼 하루가 꼬인다. 그러다가 중요한 일이라도 하나 놓치면 어쩌겠나. 예정된 중요한 일? 현재로서는 없다. 그래도 사람 일은 모른다. 중요한 일이 있었다면 아침부터 일이 꼬이고 밀리다가 큰 실수를 할 수도 있었겠지. 물론 스케줄을 꼼꼼히 챙기면서 하나씩 해결해나가는 스타일인지라 중요한 걸 잊어버릴 가능성은 별로 없다. 그런데 사람 일은 또 모르지 않나. 나도 언젠가 그런 실수를 했던 기억이 있다. 그 누가 확신할 수 있나. 돌발 변수에 대해서도 대비를 해야 한다. 갑자기 긴급한 일이 발생해서 신속히 대처해야 하는 상황이 생길 수도 있다. 그런데 하루 종일 허둥대다가 시간적, 정신적인 여유가 없으면 제대로 대처할 수가 없지 않겠나. 그뿐 아니다. 아이들 소풍날이면 점심 도시락을 펼쳤을 때 주변 아이들이 부러워할 정도까지는 아니어도 엄마가 별 신경 안 썼다는 느낌을 주면 절대 안 된다. 아이들이 학교에서 적응을 잘 못하는 사태로 번지는 빌미가 될 것이다. 남편의 넥타이 고르는 것도 매번 신경이 곤두선다. 이미지라는 게 한번 어긋나면 도미노처럼 와르르 무너지는 건 시간문제일 테니.

## 헌신적으로 보살펴준다는데 왜 불평들인가, 적반하장도 유분수지

그러다 문득 내가 왜 이럴까 의문이 든다. 사소한 일에 지나치게 염려하고 있다는 걸 안다. 그러지 말아야겠다는 생각도 자주 했다. 그런데 자기 마음이 자기 마음대로 되나. 이러다가 나만 성격 나쁘다는 핀잔을 듣겠다는 생각도 불현듯 올라온다. 가만 있자, 그보다 억울한 일은 또 없을 것 같다. 누구를 위해서 내가 이런 노력을 하고 있는데. 남들에게 우습게 보이지 말라고, 남들에게 피해를 줘서 욕먹지 말라고 이렇게 꼼꼼히 챙겨주고 분주히 서둘러주는데,

이런 내 마음 몰라주고 늑장을 부리다니? 게다가 괜찮으니까 대강 하라고? 어떻게 저런 말이 쉽게 나오는 거지? 대체 누가 내 마음 알아줄까. 잔소리가 심하다는 핀잔이야말로 적반하장이다.

### 확인 또 확인, 돌아서서 재확인

나는 자명종이 필요 없는 사람이다. 6시가 되면 저절로 눈이 떠진다. 사실 5시 40분 즈음에는 의식이 반쯤 돌아온 채로 누워서 자명종이 울리기를 기다리고 있다. 울리기 전에 일어나 자명종을 끄고 슬슬 하루를 시작하는 편이다. 자명종은 언제나 6시 정각에 한 번, 그리고 6시 10분에 한 번 더 울리도록 설정한다. 혹시나 피곤해서 자명종 소리를 못 듣고 자버릴 수도 있으니까. 5시 50분에 일어나면 마음이 좀 더 여유롭다. 왠지 슬슬 해도 잘 될 것 같은 기분이다. 아이 깨우고 바삐 서두른다. 전날 밤 아이가 가방을 챙기는 걸 확인했다. 아침에 아이에게 가방 속을 열어보고 있어야 할 게 다 있는지 확인하도록 한다. 확인하는지 안 하는지 내 눈으로 확인한다. 최소한 십 분 일찍 나서는 건 기본이다. 사실 짬이 나면 숙제를 한 번 더 검토하고 싶다. 오타라도 있을지, 내용이 부실한 건 아닌지 한 번 더 점검하면 참 좋겠다. 만족스러운 점수가 나오기 전까지는 끝나도 끝난 게 아닌데 끝났다고 잊고 있는 아이를 보면 참 신기하다. 한편으로 부럽기도 하지만 솔직히 이래도 되나 싶다. 숙제는 그냥 숙제일 뿐일 수도 있지만 습관과 연결되는 문제 아닌가. 그 습관이 나중에 큰일을 할 때도 여전하면 그건 좀 큰 문제 아닌가.

　중요한 결정을 해야 한다면 더욱 확인에 재확인이 필요하다. 내 자신의 판단을 온전하게 믿지 못하겠다. 친구가 날 서운하게 했지만 그렇다고 굳이 말로 표현을 해야 할까? 안 하자니 내 속이 답답하고 친구에 대한 감정이 풀리지 않는 건 맞다. 그렇다고 해도 괜히 말했다가 사이가 나빠지면 그 후회는 어떻게 감당하려나. 누군가 더 나은 지혜와 경험을 가진 사람이 확실한 답을 해주어야 안심이 될 것 같다. 말해도 괜찮다고? 그래 봐야 잠시 언짢을 수는 있지만 돌아서면 금세 잊을 거라고? 이런 무책임한 말이나 들으려고 내가 조언을 구한 건가. 어떻게 사람이 돌아서서 금방 잊을 수 있을까. 나는 집에 와서 이틀 내내 그 생각이 머리에서 떠나질 않는데. 상처받는 게 별 일 아니라는 말을 어쩌면 그렇게 쉽게 하지? 자기 일 아니라고 그러는 거잖아. 하긴 사람이란 다 그렇지. 남들이 어떻게 내 일을 자기 일처럼 고민하겠어. 그걸 바라는 게 어린 거지. 내가 철이 덜 들었네.

## 자신도 모르는 자기의 무의식 세계

### 예민한 감수성은 타고난다

　마음의 시야가 너무 넓어서 보이는 건 다 보고, 안 보이는 것도 내다보는 능력을 갖고 태어나는 아이들이 있다. 사실 꽤 많다. 이 아이들은 당연히 겁이 많다. 저기 장난감이 눈에 들어와도 손을 뻗지 못하고 주저한다. 그 순간 주위의 여러 사람들이 자동적으로 시야에 포착되기 때문이다. 사실 장난감이 눈에 들어오기 전부터 주변 상황은 이미 레이더에 잡혀 있었다. 사람들의 표정들과 시선들이 더 크게 확대되면서 나의 시야를 메운다. 장난감을 집어 들면 왠지 곤란할 것 같은 느낌이다. 정확한 이유는 모르겠다. 잘 모를 땐 소리 내지 말고 기다리면서 눈치를 살피는 게 낫다. 안전이 확인된 후에 움직여도 늦지 않다. 슬쩍 엄마를 쳐다본다. 엄마가 방긋 웃어주고 고개를 끄덕여주면, 마음 턱 놓고 장난감을 손에 넣을 수 있다. 하지만 엄마가 다른 데 보고 있으면 나를 봐줄 때까지 일단 기다린다. 급한 마음에 말을 걸어보고 싶지만 엄마가 사뭇 진지해 보여서 차마 말을 못 걸고 그냥 기다린다.

매사에 이런 식이면 생각이 많고 행동이 느릴 수밖에 없다. 장난감이 눈에 들어오는 순간, 주위 사람들이나 상황이 시야에 잡히지 않고 오직 장난감만 클로즈업 된다면 생각할 틈도 없이 장난감으로 돌진할 것이다. 시야에 잡히는 게 많아서, 느끼는 것도 많고, 생각도 무성해지면 행동은 당연히 느려진다. 감수성이 높은 아이들은 매사에 주저주저하고 겁이 많다. 대신 상황을 읽고 사람들의 기대에 부응하는 눈치가 발달한다. 그래서 철이 빨리 들고 속이 깊다.

모든 어린아이들은 엄마가 곁을 지켜주지 않을 때 불안을 느낀다. 감수성이 높아서 눈치를 많이 보는 아이들일수록 감당하기 어려운 공포를 느낀다. 낯선 상황, 낯선 사람들, 낯선 물건에 호기심을 갖고 손부터 내미는 아이들은 겁이 적다. 그런 아이들은 엄마가

일반화된 불안장애:
빠져나오기 힘든 걱정의 늪

곁에 없어도 재미있는 것만 있으면 거기 빠져들어 엄마를 잊는다. 반면 감수성이 높은 아이들은 엄마가 사라지면 말 그대로 아무것도 못한다. 유치원에 처음 등교한 날, 엄마가 아이를 놓고 가려고 하면 사력을 다해 울고불고 매달린다. 엄마에게서 분리되는 순간, 주위 세상이 모두 무서운 괴물로 변하는 공포 체험이다. 이런 증상을 분리불안이라 한다. 이런 아이들은 엄마에게서 잠시도 떨어지지 않으려는 경향이 강하다. 버려지지 않아도 버려지는 듯한 착각에 쉽게 빠진다.

## 세상은 위험으로 가득 찬 곳이다

나이가 어릴수록 엄마의 부재로 인한 상처와 영향이 크다. 다섯 살도 채 되지 않은 아이가 엄마와 떨어져서 성장해야 한다면 그 자체로 아이의 마음에 공포가 깃든다. 엄마가 많이 아파서 떨어져 지내야 할 수도 있다. 집안 사정 때문에 할머니 댁에 맡겨질 수도 있다. 동생이 너무 아파서 엄마가 동생에게 전념해야 할 수도 있다. 엄마가 일 하느라 너무 바빠서 엄마 대신 다른 어른과 낮 시간을 보내야 할 수도 있다. 엄마가 곁을 지켜주는 아이들은 세상이 위험한 곳이라는 느낌을 전혀 느끼지 않은 채 성장한다. 당연히 그랬어야 했다. 그런데 겪지 말아야 할 위기를 겪었다. 어린아이는 믿음이 깨지면서 심각한 의구심이 생겼다. 무의식 깊은 곳, 하얀 도화지 같은 마음에 불길함이 새겨지기 시작한다. 엄마가 날 버릴 수도 있겠구나. 이제껏 몰랐었는데 사실 세상은 위험으로 가득한 곳이었구

나. 날 도와줄 사람이 아무도 없는 것 같아. 사건, 사고가 언제 일어나도 이상하지 않을 것 같은 기분이 든다.

## 타인은 위협을 가하는 사람 아니면 보호자, 둘 중 하나다

불안에 휩싸인 아이의 눈에 사람들이 보인다. 아이의 무의식에 경계심이 가득하다. 사람들이 날 싫어하면 큰일이다. 한없이 나약한 나는 사람들의 공격을 이겨낼 재간이 없다. 나를 지켜줄 사람이 필요해. 잘 살펴보고, 믿을 만한 사람이면 어떻게든 잘 보여서 가까이에 두어야만 해. 어떻게 해야 나를 좋아하게 만들 수 있을까. 못나 보이는 것도 큰일이구나. 이기적으로 굴면 심각한 위기에 빠지겠구나. 왜 배가 살살 아파오지? 왜 심장이 두근거리지? 이런 낯선 느낌이 무섭다. 누구에게 물어봐야 하나. 이 아줌마가 귀찮다고 싫어하지 않을까. 이 어른이 귀찮거나 짜증 섞인 표정을 자주 지었던 기억이 난다. 내가 곤란에 처했다는 걸 들켜도 아무 탈이 없을까. 아무 일 없는 척하면서 조금 더 있어보자. 이런 불길한 느낌이 없는 평온한 시간은 언제 오려나.

그저 놀이와 재롱에 정신을 팔고 있어야 할 어린아이가 생각이라는 게 무언지도 모를 나이에 생각을 시작했고, 인간에 대한 지식이 하나도 없는 나이에 분주하게 인간을 관찰하고 걱정하고 판단하고 대처하기 시작했다. 성장기를 거치는 동안 이 아이의 마음에 무엇이 채워질까.

## 인생 목표:
## 불안이라는 감정을 필사적으로 차단하라

안전이 위협받고 있다는 불길한 느낌은 너무 끔찍하고 공포스럽다. 내가 감당할 수 있는 게 아니다. 불안을 호소하면 누군가가 다독여주면서 진정시켜줄 것이라는 믿음 따위는 가져본 적이 없다. 불안이라는 감정이 때로는 너무나 정상적인 것이고, 그래서 가만히 받아들여주면 곧 진정되는 것임을 배우지 못했다. 그저 세상이 위험하다고 느꼈고, 그 느낌은 쉽게 없어지지 않은 채 나를 지배하고 있으며, 나쁜 일이 곧 생길 것이라는 예감만 늘 팽배하다. 나쁜 일이 몰려오고 있다는 신호는 불안으로 시작한다는 것만 배웠다. 이런 느낌을 다시는 느끼지 않아야 겨우 숨을 쉴 것만 같다. 불안이라는 감정은 일촉즉발의 위기 상황이라는 신호다. 이제 살 길은 불안이 오지 못하게 막는 것뿐이다. 이것이 한 개인의 인생 전반에 걸쳐서 자나 깨나 무의식중에 작동하는 절대적인 소망이 되었다. 이제 불안을 원천 봉쇄하기 위한 대처방식들이 발달하고 분화한다.

### 불확실한 모든 것은 위협이다

불확실한 상황은 불안을 유발하는 일차적인 요인이다. 어떻게 전개될지 알 수 없다는 말이니까. 불확실함은 그 자체로 불길함이고 위협이다. 어떤 일이 어떤 방향으로 흘러갈지, 결과적으로 어떤 일이 벌어질지, 항상 예측이 가능해야 한다. 주의력과 판단력이 발달해야 한다. 경계심이 연중무휴 가동되어야 한다.

### 책임감, 이타적인 헌신:
### 보호자를 실망시키지 말라

보호자가 되어줄 만한 소중한 사람에게 실망을 안기거나 피해를 주면 안 된다. 어떻게든 내가 쓸모 있고 도움되는 존재로 인식이 되어야 한다. 그들이 내게 갖고 있는, 혹은 갖고 있을 것으로 추측되는 기대치를 정확히 파악하는 것은 필수다. 기대에 부응하지 못하면 나의 가치 없음이 수면 위로 부각될 것이다. 그러다가 내 곁을 지켜주지 않으면 나는 다시 안전을 장담할 수 없는 무방비 상태에 홀로 남겨지게 된다.

### 실수 없는 완벽함, 높은 도덕적 기준:
### 잠재적인 위협들을 자극하지 말라

잠재적인 위협이 되는 모든 타인들을 경계해야 한다. 그들을 화나게 하면 안 된다. 그들이 내게 실망하거나 짜증을 내면 곱지 않은 수많은 시선들이 내게 날아와 꽂힐 것이다. 어릴 적에 감당할 수 없었던, 다시 떠올리고 싶지 않은 그때의 공포가 재생되는 느낌이다. 그건 주위에 흉측한 괴물들이 나를 에워싸고 있는 느낌, 곧 나쁜 일이 벌어질 것 같은 느낌이다. 예의범절과 매너에도 각별한 주의를 기울여야 한다. 누가 어디서 어떻게 화를 낼지 알 수가 없다. 무엇이든지 확실해야 한다. 잠자는 사자의 코털을 왜 건드리나.

## 걱정은 도움이 된다:
## 불운은 부주의하고 나태한 자를 겨누고 있다

사건, 사고, 질병, 거절, 무시, 소외, 수치감, 죄책감 등을 완벽하게 예방해야 하니, 걱정은 도움이 된다. 달리 방법이 없다. 자나 깨나 조심, 또 조심뿐이다. 다른 효율적인 방법을 찾은 사람을 한 번도 본 적이 없다. 괜찮다고 말하는 사람들은 모두 게으르고 나태할 뿐이다. 물론 신기하기는 하다. 불운 앞에서 반성이나 후회는 고사하고 가볍게 웃어넘기는 넉살 좋은 사람들이 조금은 부러울 때도 있다. 고백하자면 나는 왜 늘 걱정만 하고 사는지 스스로에게 핀잔을 줄 때도 있다. 하지만 이렇게 늘 걱정하고 사니까 내가 더 많은 걸 성취하는 거다. 내가 만들어온 장점들이 저절로 운이 좋아 생긴 게 아니다. 피곤할 정도로 주의하고 경계하고 걱정해서 쌓아올린 내 자부심이다. 걱정하지 않는 내 모습은 상상할 수 없다. 그건 내 정체성과는 거리가 멀다. 걱정을 내려놓고 한가하게 그럴 테면 그러라지 뭐, 하는 태도를 취하면 내 자아는 무너지고 내 삶도 변질될 것이다. 초조해하고 긴장하는 게 힘들기는 하지만 더 나은 삶을 위해서라면 어쩔 수 없지. 불안이 장애라고? 아니다. 내가 가끔 불안이 힘겹다고 하소연하기는 하지만, 사람이 지칠 때도 있는 거니까 그럴 뿐이다. 불안은 삶에 대한 겸허하고 진지한 태도라고 나는 믿는다.

# 사회불안장애:
# 남 앞에 설 때의 긴장

## 사회불안장애Social Anxiety Disorder란 무엇인가

사회공포증Social Phobia이라고 불리기도 하는 이 장애는 특정한 사회적 상황에서의 과도한 긴장으로 인한 고통을 가리킨다. 청중들 앞에서 발표하기, 사람들 앞에서 악기 연주 또는 노래 하기, 그룹 회의에 참여하기, 낯선 사람과의 첫 만남, 익숙하지 않은 사람들과 어울리기, 수업 시작 후 강의실에 앞문 열고 들어가기, 부탁 거절하기, 남에게 부탁하기, 첫 데이트 등이 유독 심한 긴장을 유발하는 대표적인 상황들이다.

유독 심한 긴장을 일으키는 특정 상황들을 어떻게든 회피하려는 노력은 당연하다. 긴장되지 않는 상황들에서는 매우 활발하고 적극적으로 행동할 수 있다. 예를 들어 친한 친구들과 어울릴 때는

155

유쾌한 수다쟁이가 되기도 한다. 열 명이 넘는 그룹에서는 말을 아끼는 친구가, 서너 명이 모인 자리에서는 매우 적극적으로 의견을 내면서 리드하기도 한다. 그래서 이들이 사회불안 때문에 얼마나 고생하고 있는지 남들은 잘 모르는 경우가 대부분이다. 심지어 절친한 친구나 연인조차 모르는 경우도 많다.

공포증이 너무 심하면 직업 활동에까지 막대한 지장이 생기기도 한다. 발표 불안이 있는 학생이라면 발표가 필수인 과목을 어떻게든 피해가려 한다. 피하지 못한다면, 자신이 발표해야 하는 날 발표가 두려워서 결석을 해버리고 점수를 포기해버리기도 한다. 회사에 취직하려는데 미팅이나 프레젠테이션이 필수라는 생각이 들면 그곳에는 지원서를 아예 내지 않을 수도 있다. 어떤 이는 면접이 두려워서 지원서를 들고만 있다가 내려놓기도 한다. 고객들을 상대하는 일이 어려운 사람은 어떻게든 개인 사무실에서 컴퓨터 앞에만 앉아 홀로 조용히 할 수 있는 일을 찾아보기도 한다.

그 정도로 심각하지 않더라도 사회불안장애가 있다면 어느 정도는 마음의 고통을 안고 살아야 하기 때문에 삶의 만족도와 자존감이 현저히 떨어진다. 남들은 느긋하게 웃고 활발하게 소통하며 여유를 만끽하는 시간에 혼자만 남모를 긴장감과 싸우면서 속으로 한숨을 쉰다면 삶이 점점 어두워질 수밖에 없다. 만성적인 불안 증세로 고생하다 우울증으로까지 발전하는 사례도 빈번하다.

## 타인의 눈에 비친 사회불안장애

### 겉도는데 눈에 띄는 친구다

말수가 적고 남들에게 먼저 다가가지 않는 편이다. 어떤 일에도 먼저 나서는 일이 없다. 다른 아이들에게 관심이 많은 듯하면서 없는 듯도 하다. 어딘가 모르게 겉도는 느낌인데 막상 말을 걸어보면 따뜻한 눈빛과 복잡한 표정으로 친근하게 응답한다. 내게 호감을 보이는 듯하지만 그렇다고 내게 성큼 다가오지는 않는다. 내가 손을 내밀면 잡을 듯한 표정인데, 귀찮아할 것 같기도 하다. 알수 없는 이상한 매력이 있다. 맹한 눈빛이 아니라 무언가 알고 있는 듯한 깊은 눈빛이다. 몇 안 되는 친구들과 늘 붙어서 지내는데 사이가 돈독해 보인다.

### 따뜻하고 은근한 장맛 같은 친구다

말이 적고 먼저 잘 다가와주지 않아서 처음에는 차가워 보였는데 가까워질수록 따뜻하다. 사람들에게 별 관심이 없는 줄만 알았는데 착각이었다. 말없이 사람들을 두루 살피고 있었다. 누군가에게 도움이 필요하면 가장 먼저 알아차리는 친구다. 가만히 보면 늘 배려를 하고 있다. 궂은일을 말없이 나서서 조용히 해치우는 경우도 많다. 말수가 적지만 일단 말을 시작하면 논리적이다. 은근한 웃음과 따뜻한 공감이 가장 큰 매력이다. 알면 알수록 누구나 친해지고 싶어 하는 친구임에 틀림없다. 이 친구에게 호감을 느끼는 사람들이 은근히 많다. 그런데 이 친구는 그걸 잘 모르는 것 같다.

## 이렇게 수다스러울 줄 몰랐다

들어주기만 잘하는 줄 알았는데 친해지고 보니 말이 참 많다. 시키지 않아도 자발적으로 화제를 꺼내고 이어간다. 심지어 말이 길고 간혹 한 말을 또 하는 습성도 있다. 유머와 위트가 넘치는 말도 곧잘 한다. 모인 사람들의 숫자가 늘어나면 또 조용해진다. 그러다가 둘이나 셋이 남으면 또 물 만난 고기처럼 유쾌하고 수다스러워진다. 참 신기하다. 저 정도 유머 감각이면 사람들 많을 때 휘저으면서 좌중을 들었다 놓았다 할 수 있을 텐데, 왜 그렇게 겸손을 떠는지 모르겠다.

## 집착하지 않으면서도
## 절친한 친구 한 명에게 몰두할 줄 아는 사람

이 친구는 나의 소중함을 가장 잘 알아주고 늘 표현해준다. 의존적이지는 않지만 끈끈함을 아주 좋아한다. 거의 모든 것을 나와 함께 하려고 하는 편이다. 그걸 의리이자 애정이라고 생각하는 것 같다. 그는 나에 대한 거의 모든 것을 알고 싶어 한다. 나에게 자신의 거의 모든 것을 보여주고 나누려 한다. 솔직하고 섬세하고 진지해서 거의 모든 걸 소통하고 교감할 수 있다. 그렇다고 내게 집착하지는 않는다. 내게 나만의 공간이 어느 정도 필요하다는 걸 아주 잘 알고 배려해준다는 느낌이다. 그 역시 어느 정도는 자기만의 시간을 필요로 하는 것 같다. 내가 그에게 소중하고 특별한 존재라는 느낌을 받는다.

## 너무 순해서 답답할 때가 있다

사람들의 부탁을 잘 거절하지 못한다. 답답하게 보일 때가 있다. 자기가 괜찮다니까 할 말은 없다. 그런데 아주 괜찮기만 한 건 아닌 것 같다. 너무 집요한 부탁이나 너무 뻔뻔한 요구도 거절을 못 하는데 대체로 돌아서서 좀 씩씩거리는 편이다. 때로는 참다 못 해 내게 하소연할 때도 있다. 제발 단칼에 자르라고 단단히 주의를 주면 알았다고 말은 하는데 난처한 표정이다. 남에게 부탁도 잘 하지 않는 편이다. 상대방이 거절 못하고 곤란해할까봐 염려하는 것 같다. 이렇게 순해서 험한 세상 어떻게 살지 걱정이다.

## 의외다. 이렇게까지 긴장할 줄은 몰랐다

평소에 자신감 있고 똑똑한 데 오늘은 왠지 좀 다른 사람 같다. 준비도 많이 했고 발표 내용도 분명히 알차다. 그런데 왜 긴장을 할까. 자신감이 없을 친구가 아닌데. 천천히 하면 분명히 잘할 텐데 뭔가 서두르는 모습이다. 무언가 할 말이 더 많을 듯한데 일찌감치 끝을 맺는 느낌이다. 우리들끼리 소그룹으로 토론할 때는 날카롭고, 논리 정연하고, 풍부한 지식으로 리드하는 친구다. 오늘 컨디션이 무척 안 좋은 하루였나보다.

## 우유부단한데 고집이 강하다

모험보다는 안전을 추구하는 성향으로 보인다. 좀 지나치게 까다로울 정도로 재고 또 재는 신중함이 있다. 특히 사람에 대해서 그렇다. 예를 들어 이성 친구를 사귀기 전까지 뭐가 그렇게 확인할 게 많은지 모르겠다. 분명히 여러 방면으로 검토하고 집중해서 고민하고, 심지어 이런저런 테스트도 하는 모양이던데, 아직 결정을 못했단다. 이제 슬슬 들어가는가 싶더니 어느새 끝이 나 있다. 시작도 안 했는데 끝났다고 한다. 가만히 보면 먼저 다가가는 걸 꺼리는 듯하다.

오랫동안 관심을 갖고 지켜보다가 상대가 적극적으로 호감을 보이면 조심스럽게 반응을 하는 스타일 같다. 그런데 어느 날 갑자기 누굴 사귄다고 선언한다. 그 사람? 만난 지 일주일도 안 된 친구잖아. 그렇게 즉흥적으로 결정할거면서 그동안 왜 그렇게 고민하고 망설이다가 그만둔 걸까. 게다가 그 사람은 아무리 봐도 자기 이상형이 아닌 것 같은데. 이런 확신이 어디서 갑자기 튀어나온 걸까. 지금 보면 이 친구 은근히 자기 확신이 강하다. 그러고 보면 무엇이든 한번 결정한 것은 주위에서 아니라고 만류를 해도 쉽게 고집을 꺾는 법이 없다.

# 남들은 모르는, 자신만이 아는 자기 마음

한껏 으쓱하다가 한없이 움츠러들다가:
자존감의 수수께끼

자기도취와 자기비하 사이를 왔다 갔다 한다. 나도 나를 모르겠다. 어느 누구도 이런 내 마음을 짐작조차 못할 것이다. 솔직히 내가 봐도 이 정도면 내가 아주 매력이 없지는 않다. 나 스스로 나서지는 않지만 그래도 알아봐주는 사람들이 더러 있어서 감사하다. 막상 만나보고 나면 많은 사람들이 내게 호감을 보인다. 그런데 이상하게 움츠러드는 나 자신을 나도 때로는 이해할 수가 없다. 좀 더 쉽게 다가가고 유쾌하게 소통하고 자연스럽게 친해질 수 있으면 좋겠다. 늘 기다리기만 하는 내가 한심하게 느껴질 때가 있다. 어색함 없이 자연스럽게 구는 친구들을 보면 대단해 보인다.

관계의 시작은 매혹이다: 이상 추구

솔직히 먼저 다가가면 지는 듯한 느낌도 없지는 않다. 누가 먼저 다가와주면 좀 더 확실히 인정을 받은 듯해서 뿌듯함이 느껴진다. 그 맛에 중독된 걸까. 누군가가 나의 이름을 불러주면, 나는 그에게로 다가가 꽃이 될 것 같은, 말 없는 소망. 조용히 기다리는 설렘이 좋다. 누군가가 어디선가 날 눈여겨봐주고 있을지도 모른다는 느낌이 나쁘지 않다. 문제는 내가 그 정도의 매력을 갖추고 있어야 한다는 것이다.

눈에 띄는 화려함이 필요한 건 아니다. 은근한 매력이 더 풍부한 매력이다. 빈껍데기처럼 요란할 일은 아니다. 외모에 기품이 어려 있어야 한다. 탄탄한 능력이 가장 중요하겠다. 사람에게 감동을 주는 것은 뛰어난 능력이다. 가수들을 울리는 가수, 개그맨들을 웃기는 개그맨, 작가들을 몰입시키는 작가, 선수들의 열정을 자극하는 선수들을 보라. 어느 분야에서든 경지에 도달하는 인간이 아름답다. 아름다운 인간은 외로울 일이 없다. 나는 그렇게 믿는다. 아름다운 인간이 아름다운 삶을 일군다고 믿는다.

## 이상과 현실 사이의 간극에
## 지독한 외로움이 있다

자주 외롭다. 가끔은 아주 독하게 외롭다. 너무 외로울 때는 초조해서 어찌할 바를 모르겠다. 그럴 때면 나를 독려하고 재촉하려 한다. 절절 끓는 열정이 필요하다. 무언가에 흠뻑 몰입해서 갈고 닦으면서 성장하고 있어야 할 시간이다. 이렇게 외로워하고 있을 시간이 아니다. 이상과 현실의 간극을 메우고 있어야 할 시간이다. 나태한 자가 외롭다. 당연한 벌이다. 문제는 내가 무엇에 열정이 있는지 잘 모르겠다는 것이다. 제법 꿈도 야망도 크다고 자부했다. 그런데 어느 것 하나 꾸준히 매진해서 경지에 오른 게 없다. 왜 이렇게 의지가 약한지 모르겠다. 중간에 단념하거나 끝도 없이 미룬다. 점점 자신감을 잃어 간다. 그럴 때면 외로움이 유난히 사무친다.

## 그날의 트라우마를 잊을 수가 없다

평소에 말을 그렇게 잘하던 내가 그날은 왜 그랬을까. 왜 그렇게 심장이 벌렁거리고 볼살에 경련이 일고 목소리까지 갈라지며 식은땀이 흘렀을까. 못하는 노래를 하라고 억지로 끌려 나간 친구들도 넉살 좋게들 불러대던데. 저렇게 음정, 박자 못 맞춰서 어떡하느냐며 내가 괜히 혼자 민망했던 기억이 난다. 노래 못하는 건 그들인데 왜 부끄러움은 나의 몫이었을까. 그러고 보면 다들 유쾌해하면서 그 친구 놀려먹느라 정신들 팔고 있을 때, 나는 혼자서 무슨 다큐멘터리 감독처럼 지금 대체 무슨 일이 벌어지고 있나 헤아리고 있었구나. 그나저나 친구들 앞에서 이게 무슨 망신일까. 이미지가 아주 극적으로 구겨져버렸다. 내 이미지는 어떡해야 회복할 수 있을까.

## 트라우마를 몸이 기억한다

그 일이 있은 후로는 비슷한 상황을 상상만 해도 그때의 증상이 올라온다. 심지어 영화나 드라마에서 누군가가 청중들을 상대로 발표하는 모습을 보는 것만으로도 긴장이 올라온다. 내가 살면서 언젠가는 또 부딪혀야 하는 상황이라는 생각을 안 할 수가 없기 때문이다. 학교를 졸업하기 전까지는 과목마다 발표가 있는데 이를 어째야 할까.

부적절하다는 말. 그래, 세상에 저런 단어가 있었지. 왠지 나를 묘사하는 적절한 표현인 것 같아 또 몸이 후끈 달아오른다. 얼마나 바보 같아 보였을까. 그렇게까지 엉망으로 발표를 망치는 사람이 나 말고 또 있을까. 나도 이해하지 못할 그 일을 다른 사람들은 대체 어떻게 이해하고 있을까. 민망해서 물어볼 수도 없다. 매너 있게 괜찮았다고들 하겠지. 그리고 돌아서서는 무슨 생각들을 할까. 다시 기회가 오면 만회하면 그만이다. 그런데 그게 세상에서 가장 어려운 일이 되어버렸다. 상상만으로도 몸이 떨려오는데 실전에서는 오죽할까.

## 중간만 가면 소원이 없겠다

매력과 매혹이라는 단어가 세상에서 가장 아픈 말 같다. 평범한 삶이 진리이자 목표다. 드넓은 객석을 가득 메운 청중들 가운데 묻혀 있는 한 사람으로서 나는 만족한다. 이상적인 자아를 완성하고 그런 나를 무대에 올리는 것은 사치일 뿐이다. 행복을 위해 내 삶이 그렇게 화려할 필요가 없다. 무대 위의 화려한 스타는 막이 내린 후의 쓸쓸함을 감당해야 한다. 나는 객석이 좋다. 무대가 끝난 후 감동으로 적셔진 마음을 오랫동안 음미하는 게 더 좋다. 그저 사람들 앞에 나서서 극도로 긴장해야 하는 그런 일만 다시 없으면 더 이상 바랄 게 없겠다. 묻혀서 사는 게 좋다. 나약한 건 괜찮다. 하지만 나약한 걸 들키는 건 하나도 괜찮지 않다. 꿈에서도 괜찮지 않다.

## 딱 나 같은 사람을 만나고 싶다
## 그런데 내 마음 같은 사람이 없다

내가 찾는 절친한 친구 또는 애인은 솔직히 나와 비슷한 스타일의 사람이다. 출중한 매력을 갖춰야 좋은 파트너가 되는 게 아니다. 서로에게 온전히 집중하는 그런 사람이면 더 바랄 게 없겠다. 내게는 굳이 말하지 않아도 된다. 어차피 내가 알아서 늘 살펴보고 헤아리고 배려해줄 테니까. 말하지 않아도 서로 알아봐주고 보살펴주는 사람을 만나고 싶다. 말을 굳이 해야 봐주고 알아주고 들어주는 건 너무 허전하지 않나. 그래서야 서로에게 절대적인 의미가 있다고 말할 수 있을까.

어느 누구를 만나보아도 내 마음 알아주는 사람이 없는 것 같다. 다들 자기가 우선이다. 나처럼 한결같지가 않다. 어쩔 수 없는 일이다. 내가 매력이 부족해서 그런 것 같기도 하다. 노력이 부족해서 그런가 싶기도 하다. 한 사람에게 집중하는 건 역시 어리석은 일인지도 모르겠다.

사실 고백하자면 나도 한 사람에게 완전히 집중하지는 못했다. 실망하고 서운했던 적이 많았고, 그럴 때마다 너그러움을 잃었다. 실제로 마음의 거리가 종종 멀어지기도 했다. 따지고 보면 내가 마음을 주었다가 빼앗기를 반복했던 것 같다. 변덕스러운 내 자신이 그리 좋지는 않다. 이런 불안정한 마음 역시 또 하나의 미성숙함이다.

# 자신도 모르는 자기의 무의식 세계

## 예민한 감수성을 타고 났다

일반화된 불안장애 편에서 소개한 감수성이 높은 아이들과 같은 기질을 타고 났다. 겁이 많고 주위를 너무 살피는 성격이라 매사에 머뭇거리고 망설인다. 주위를 한번 둘러볼 때마다 누구보다 많은 정보가 입수되고 처리된다. 그중에서도 사람들의 표정과 시선에 담긴 의미가 가장 중요한 정보다. 주위를 둘러보지 않을 때조차 정보가 흘러들어온다. 뒤통수에도 촉수가 있고 손발의 느낌으로도 분위기를 감지한다. 내 손발이 차가워지고 축축해지는 건 아까부터 신경 쓰이던 저기 저 사람이 나의 존재를 반기지 않는다는 증거일지도 모른다. 이렇게 발달한 오감으로부터 정보가 쉴 새 없이 들어오기에 내 몸의 생리적 각성은 여간해서 가라앉지 않는다. 돌멩이 하나만 퐁당 해도 흙탕물이 인다. 채 가라앉기도 전에 또 하나가 퐁당 한다.

## 사람 마음이 다 똑 같은 거 아닌가?

다들 그렇지 뭐. 저 아이도 좀 상기되어 보인다. 땀 뻘뻘 흘리면서 뛰어다니더니 얼굴이 발그레하네. 놀 때는 좋았지, 이제 어른들 눈치가 보이니까 긴장하기 시작하는구나. 김밥 싸온 거 먹으라는데 한사코 거부하네. 그래 긴장하면 원래 입맛이 없어, 그건 내가 잘 알아. 엄마를 뿌리치고 게임기에 코를 박네. 조용히 혼자만의 시간을 갖고 싶은 걸 거야. 속이 시끄러울 때는 그게 제일 좋아. 엄마가 두 번 묻지를 않네. 게다가 별로 신경 쓰지도 않고 아무 일 없다는 듯한 태도야. 무관심이구나. 저 아이가 서운한 게 많이 쌓여 있겠구나. 내가 가서 말이라도 걸어줄까. 혼자 외로울 때는 누가 먼저 와주면 마음이 따뜻해지거든. 그런데 지금은 혼자 놔두는 게 나을 것 같아. 방금 전에 엄마를 뿌리치고 돌아앉았는데 내가 다가간다고 선뜻 내게 마음을 열면 엄마가 서운해할까봐 얼마나 눈치 보이겠어. 그래도 괜히 신경이 쓰이네. 외로운 건 세상에서 가장 무섭고 독한 느낌인데.

### 무관심에 서럽지만 떼쓰자니 두렵다

엄마들끼리 모이면 아이들은 아이들끼리 놀아줘야 한다. 그때는 땀 뻘뻘 흘리면서 뛰어다니는 아이들이 사랑스럽다. 엄마를 찾지 않으니까. 주저주저하는 성향의 아이들은 주로 구석에 자리 잡고 여기저기 눈치를 살핀다. 뛰어다니던 아이가 자빠지면 피식 웃고, 아이들이 깔깔거리면서 놀려먹으면 자기도 따라서 키득거린다. 보고 있자니 무언가 해보고 싶기는 한데 자꾸 망설여진다. 좀 더 적절한 타이밍을 기다린다. 세상 모든 일에는 적절하다는 기준이 있다. 모든 행동에는 그래도 되는지 안 되는지에 대한 기준이 항상 있다. 적어도 나는 엄마에게 그렇게 배웠다.

시간이 흐르면서 마음이 무거워진다. 지루함이 금세 외로움으로 변한다. 엄마가 자꾸 눈에 들어온다. 뭐가 그리 신나실까. 나하고 놀 때는 저렇게 호탕하게 웃지 않던데 지금은 심지어 눈까지 반짝거린다. 왠지 모르게 심히 서럽다. 다가가봐야겠다. 확인할 게 있다. 엄마가 웃어주고 안아주고 토닥거려주었지만 영 개운치 않다. 토닥거려줄 때보다 이제 그만 저리 가서 신나게 놀라고 말할 때가 더 신나 보였다. 아까보다 더 외로워졌다. 한참 뜸을 들이다가 다시 가서 확인해보았다. 또 왔느냐는 표정으로 핀잔을 준다. 게다가 아줌마들 앞에서 내 험담을 한다. "얘는 어딜 가나 늘 이런다." 그래, '어딜 가나'는 인정한다. 그런데 '이런다'는 건 무슨 뜻일까. 난 집에 갈 때까지 할 일이 생겼다. 이 수수께끼 풀어야 한다. 적어도 이제 아주 심심하지는 않다.

### 소중하지 않아서 관심 받지 못하는 아이

알겠다. '이런 아이'는 저리 가 있는 게 할 일이다. 어른들은 늘 바쁘다. 십분 이해한다. 일도 해야 하고 살림도 해야 하고 아이가 나 하나만 있는 것도 아니라는 것, 다 안다. 세상 일이 호락호락하지 않다는 건 나도 잘 안다. 나도 하루 종일 긴장의 연속이다. 일 년 넘게 할머니 댁에 맡겨져야 했던 슬픈 상황도 이해했다. 나만 슬픈 게 아닐 테니까 내가 슬퍼하면 어른들이 더 슬퍼할 테니까 내가 웃으려고 애썼다. 이런 내게 '이런 아이'라니. 솔직히 자기들끼리 웃고 떠들고 정 주고받고 노는 걸 보면 더 생기가 넘쳐 보인다. 이게 무엇을 뜻하는지 내가 왜 모르겠나. 나보다 일이 더 좋고, 나보다 어른 친구들이 더 반갑고, 나보다 동생이랑 조카들이 더 사랑스럽고, 나보다 자기 취미가 더 흥미롭다는 뜻이잖아. 뒤안길, 뒷전, 보릿자루. 이런 단어들이 내 심장을 때린다.

## 거절, 거부, 무시, 냉정: 세상에서 가장 무섭고 치사한 것

치사해서 더 이상 다가가기 싫어졌다. 거절당하는 기분이 세상에서 가장 끔찍하다. 나는 누구에게도 그러지 않을 거다. 사람은 꽃으로도 때리지 말라 했다. 사람은 알아봐주고, 불러주고, 손 잡아주고, 나누라고 있는 거다. 사람은 필요하면 시켜먹고, 지루하면 데리고 놀고, 짜증나면 감정 쓰레기 버리듯 내다버리라고 있는 게 아니다. 사람이 눈에 보이면 바라봐주어야 한다. 사람이 곁에 있으면 보살펴야 한다. 사람이 기대려 하면 안아주어야 한다. 사람이 사람에게 '이런 아이'라는 기분을 느끼게 하는 건 정말 참혹한 일이다.

## 나보다 남이 항상 우선이다 서운함은 늘 나의 몫이다

뭐가 그리도 불평이고 불만인가. 이 사회가 너에게 해준 게 뭔지 묻기 전에, 네가 이 사회에 무엇을 했는지를 먼저 생각해보아야 한다. 그럼 풀릴 것이다. 사람들은 자신의 욕구를 중요하게 생각하면서 왜 가까이에 있는 사람들의 욕구에는 그리도 무심한가. 서로가 서로의 욕구와 입장을 살피는 사회가 따뜻한 인간 세상 아닐까. 각자가 각자의 욕구와 입장을 내세우니까 세상이 어지럽고 혼탁한 것 아닌가. 그래서 불평과 불만이 끝이 없는 것 아닌가. 타인의 입장을 늘 헤아리고 배려하고 채워주는 게 인간의 기본 도리다.

솔직히 이렇게 시원하게 원망을 쏟아내고 싶다. 그러나 나는 그런 걸 배우지 못했다. 그렇게 할 때마다 더 서러웠다. 그것도 늘 나 혼자 서러웠고 나머지 사람들, 특히 어른들은 아무 일 없다는 듯 희희낙락했다. 즉 나 같은 존재가 있는 듯 없는 듯 신경도 쓰지 않고 자기들 할 일을 했다. 그런 기분을 또 느낄 수는 없다. 그래서 나는 바라지 않는다. 서운해지지 않으려 한다. 그러려면 받기보다는 주는 게 안전하다. 받다가 못 받으면 서운해지고 서러워진다. 주다가 안 주면? 그거야 내가 상처받을 일은 아니니까. 쿨할 자신이 있다는 자기들이 알아서들 하겠지.

## 뛰어나야 주목 받는다

그런데 정말 이상하다. 주는 내가 왜 자꾸 더 서운해질까? 받는 사람들은 받다가 안 받아도 그만이라는 태도다. 나에게서 바라는 게 없다는 뜻 아닌가. 그 정도로 내가 가치가 없다는 걸까? 내게는 안 받아도 그만이라는 걸까? 이런 생각까지는 정말 안 하려고 했는데, 내가 매력이 없어서 그런 거면 어쩌나. 일등만 주목받는 세상이니까 어쩔 수 없는 건가. 뛰어난 매력을 지닌 사람들을 보라. 먼저 손 내밀지 않아도 사람들이 몰려든다. 심지어 관심 없다는 듯 눈길 한번 안 주는데도 저렇게들 손 한번 잡아보겠다고 안달이다. 그에 비하면 나는 초라하고 부끄러운 존재다. 나는 먼저 다가갔지만

'이런 아이' 소리나 들어야 했다. 그것도 한 무리의 아줌마들 앞에서. 게다가 어느 누구도 반박해주지 않았다. 다들 동조하는 분위기였다. 치욕이다.

### 치욕스러운 일들은 잊히지 않는다
게다가 내가 잊으면 뭐하나. 남들이 기억할 텐데

"어딜 가나" 이런 아이라 했다. 다들 동의했다. 과거의 기억들이 늘 따라다닌다는 증거 아닌가. 그뿐 아니다. 학교 첫날부터 치욕으로 꼬였다. 울지 말아야 할 때 울었고, 대답해야 하는데 말이 나오지 않았고, 손 들어야 할 때 참았다. 그런 나를 선생님도 다른 아이들도 모두 '이런 아이'로 취급했다. 한 학기가 지나고부터 조금씩 말이 트였고 웃기도 했다. 그래도 여전히 사람들은 첫날의 내 모습을 기억하고 있는 듯 했다. 선생님이 엄마를 만날 때마다 두 사람은 '이런 아이'에 대한 대책 회의를 하는 것 같았다. 절대 잊는 법이 없다. 내가 마음 턱 놓고 숨을 쉴 수가 없다.

### 매력으로 부끄러움을 극복한다

연약함을 철저히 감추고 능력과 매력을 극대화해야 한다. 연약함을 감추는 가장 좋은 방법이 사실 매력을 한껏 드높이는 것이다. 일등만 기억하는 것도 불공평하다 할 수 있지만, 내 시선도 일등만 좇는 걸 보면 이건 본능적인 것이라 불평할 일은 아니지 싶다. 일등을 미화하는 세상이라는 것도 마찬가지다. 나도 일등을 보면 그가 가진 모든 게 좋게 보인다. 공부 잘하는 아이가 성격도 좋을 것이라는 편견이 참으로 무례하기 짝이 없지만, 어쩌겠는가. 생각을 조금만 바꾸면 세상이 달라진다. 내가 일등이 되면 되는 거다. 불공평함을 누리면 되는 것 아닌가. 피할 수 없으면 즐기라는 말, 기가 막힌 명언이다. 마침 나는 조금만 노력하면 뛰어난 매력의 소유자가 될 잠재력을 갖고 있으니까 해볼 만하다.

### 현실의 모든 순간이 무대 위인 듯 사람들의 시선을 지나치게 의식한다

모든 이의 인정과 주목을 받는 순간에 삶이 정지해도 좋다. 죽어도 여한이 없는 순간이 있다면 모든 이의 사랑과 인정을 받는 전율의 순간이 아닐까 싶다. 그런 순간을 자주 꿈꾼다. 이른바 공상 놀이다. 어느새 꿈이 현실로 내려왔다. 나는 늘 무대 위에 있다는 느낌으로 살고 있다. 늘 사람들이 내게 주목하고 있다는 느낌에 젖어 있다. 아마도 사춘기 이후의 변화인 것 같다. 청소년기에는 누구나 자신이 무대 위 주인공인 듯 행동한다던데, 심리학자들 참 예리하다. 사실 사랑과 인정에 대한 목마름을 빼면 사람에 대해 무얼 더 논할 수 있을까.

# 강박장애:
# 벗어나기 힘든 불길함의 덫

## 강박장애Obsessive Compulsive Disorder란 무엇인가

강박장애는 강박사고Obsession와 강박행동Compulsion의 결합이라고 할 수 있다. 강박사고와 강박행동이 심한 경우에 강박장애라는 진단을 내린다. 심하다는 뜻은 스스로 심리적인 고통을 느끼는 수준을 넘어 직업적, 사회적 또는 일상의 기능이 현저히 떨어진다는 것을 의미한다.

강박사고란 떠올리고 싶지 않은데도 자신의 의식 안으로 스며들어오고, 재빨리 떨쳐버리고 싶어서 안간힘을 쓰는데도 자신의 의지대로 떨쳐지지 않는 생각, 이미지, 충동 등을 말한다. 문제는 이것들이 유쾌하거나 유익한 사고가 아니라 자신에게 금방이라도 아주 나쁜 일이 벌어질 듯한 불안감을 자극한다는 점이다. 강박사고는 침투적 사고intrusion라고도 부른다. 원치 않는 불청객이 자기 멋대로 침입한다는 의미이다. 한편 강박행동은 하지 않으면 불안해서 견딜 수 없는 행동을 말한다. 강박사고 때문에 야기된 불안을 떨쳐낼 다른 방도가 없다고 여기기 때문에 강박행동이 생긴다.

뒤에 소개할 다양한 종류의 강박사고와 강박행동을 모두 다가진 사람도 있지만 실제로는 극히 드물다. 대부분은 그 가운데 몇가지를 갖고 있다. 가짓수가 중요한 게 아니라 어느 정도로 심각하게 심리적 고통을 겪고 있느냐, 어느 정도로 일상이 위축되어 있느냐에 더 관심을 가져야 한다. 나아가서는 대체 어떤 무의식이 이들의 마음을 지배하고 있기에 이럴까에 관심을 가져야 문제가 풀릴수 있다.

위생에 대한 강박사고는 세균에 감염되어 심각한 질병에 걸리고 말 것이라는 염려다. 이런 불안한 생각이 시시때때로 침입하면 여러 가지 강박행동을 하지 않을 수 없게 된다. 예를 들어 공공장소에서 어떤 물건도 만지려 하지 않거나, 어쩔 수 없이 만졌다면 당장 손을 여러 번 씻어야 한다. 문고리를 잡을 때 티슈나 수건을 이용해서 잡고 돌리거나, 사람들이 많아 공기가 오염되었을지도 모르는 만원 버스나 지하철을 기피하거나, 기침하는 사람 옆에 절대 앉지 않으려 한다.

공격성에 대한 강박사고 역시 흔하다. 가장 흔한 예는 영화에서 잔인한 장면을 본 후 그 이미지가 자꾸만 떠오르고 한번 떠오르면 여간해서 사라지지 않아서 하루 종일 또는 일주일 내내 불안에 시달리는 경우이다. 길 가다가 앞 사람의 뒤통수를 보면서 왠지 한 대 때릴 것만 같다는 이상한 상상을 하고, 그 이상한 생각을 당장 의식에서 지워버리지 못하면 그게 행동으로 이어질지도 모른다는 두려움에 떠는 경우가 한 가지 예다. 반대로 공공장소에서 누군가가 자신을 이유 없이 공격할지도 모른다는 상상을 하고, 그게 정말 현실이 되지 말라는 법이 없다는 생각에 사로잡히면서 불안에 떠는 경우도 강박사고의 흔한 예다. 자신뿐 아니라 자녀 또는 부모님이 공격을 당해서 큰일이 벌어지는 상상도 강박사고다.

언제 공격당할지 모른다는 강박사고가 문단속을 철저히 하는 강박행동으로 이어진다. 집을 나서서 골목을 한 번 꺾고 한참을 걷다가 여전히 불안감을 떨치지 못해서 다시 집으로 돌아와 문이 제대로 잠겼는지 확인한다. 여러 번 돌려봐도 문고리가 돌아가지 않으면 안심한다. 그래도 미심쩍으면 몇 번 더 돌려본다. 그러고 나서야 다시 집을 나선다. 그런데 골목을 한 번 꺾은 후 또 불안해진다. 다시 돌아가서 확인한다. 이러기를 최소한 두세 번 많으면 대여섯 번 반복해야 비로소 길을 나설 수 있다면 심각한 강박행동이다.

성적 충동에 대한 강박사고 역시 매우 흔하다. 금기에 해당하는 이미지나 충동이 의식에 침입할 때마다 심한 자책에 시달리는 현상이다. 심지어 자위행위를 하고 싶다는 등의 지극히 정상적인 충동조차도 스스로 금기시하고 있는 사람들이 있다. 이처럼 아주 일상적이고 자연발생적인 충동조차도 금기시한다면 성적인 강박사고의 침입은 오히려 더욱 빈번해지고 이는 다시 더 큰 죄책감을 유발하게 된다.

　수집행동 역시 너무 비합리적이고 지나치면 강박행동에 해당한다. 분명히 쓸모없어진 물건들인데도 버리지 못해서 쌓아두는 사람들이 있다. 아무리 쓸모없는 물건이라도 막상 버리려고 하면 그 하찮은 물건이 언젠가는 요긴하게 쓰일 데가 있을지도 모른다는 느낌이 들어서 차마 버리지 못한다. 나중에 요긴하게 쓰일 수도 있겠다는 느낌이 조금이라도 있으면 그냥 지나치지 못하고 그 물건을 가져가서 보관해두기도 한다.

　가장 대표적인 강박사고로는 완벽함에 대한 강박을 꼽을 수 있다. 강박장애를 가진 사람들은 모두 이 문제를 가지고 있다고 봐도 과언이 아니다. 완벽한 형태를 갖추고 있지 않으면, 조금이라도 비뚤어져 있으면, 왠지 아주 나쁜 일이 벌어질 것만 같은 불안함을 느낀다. 그저 물건들이 줄이 맞춰져 있지 않을 뿐인데, 마치 세상의 모든 질서가 흐트러져 있고, 자신의 일상의 리듬이 깨져 있고, 마음 상태가 혼란스럽게 엉켜 있는 듯한 불안에 빠진다. 이유를 알 수 없지만, 그냥 그런 기분이 든다. 그래서 강박행동을 하지 않을 수가 없다. 예를 들면 조금도 비뚤어지지 않게 줄을 정확하게 맞추어 정리하기, 좌우대칭을 완벽하게 맞추기, 알파벳 순서대로 정리하기, 정해진 제자리에 정해진 각도로 놓기 등이다. 조금이라도 흐트러져 있거나, 당장 제대로 맞춰놓지 않으면 다른 일을 하지 못한다. 분명히 제대로 정돈을 해두었는데 나중에 보니 흐트러져 있으면 흐트러뜨린 사람에 대해 분노가 치밀어 오르기도 한다.

강박적으로 확인을 반복하는 행동은 사건, 사고에 대한 강박 사고 때문에 생긴다. 가스폭발, 전기 사고, 자연재해 등의 위협이 시시때때로 자신을 노리고 있다는 불안감을 자주 느낀다. 따라서 하루에도 여러 번 가스, 전기 스위치를 확인하지 않고는 견딜 수 없다면 강박행동으로 분류한다.

그 외에도 강박행동들의 예는 아주 다양하다. 대표적으로 반복하기가 있다. 가령 문장 하나를 읽고 또 읽고 계속 읽는 행동이다. 그 문장이 의미하는 바를 완벽하게 이해하지 못한 채 다음 문장으로 넘어가면 안 된다는 강박 때문이다. 문장 하나를 쓰더라도 완벽한 단어들을 선택했는지, 좀 더 나은 표현은 없는지 계속 고민하고 인터넷에서 더 나은 단어나 문장을 찾아본다. 그러고 나서도 또 고민하면서 다음 문장으로 넘어가지 못한다. 숫자 세기도 하나의 예다. 벽이나 바닥의 타일 숫자 세기, 계단 오를 때 계단의 개수 세기, 책장에 진열된 책들이 몇 권인지 세기, 벽에 박혀 있는 못의 숫자 세기, 설거지할 때 숫자 세기 등이 예가 된다. 때에 따라서 세기도 하고 안 세도 그만이면 강박행동이 아니다. 숫자를 셀 수 있는 것들을 만나면 반드시 세야 하고 그렇지 않으면 불안해서 견딜 수 없는 경우가 강박행동에 해당한다.

그 밖에도 자신만의 규칙을 고수하는 경우가 있다. 문을 열 때 왼쪽으로 세 번 오른쪽으로 두 번 돌리고 열어야 한다거나, 일정한 헤어스타일을 고수한다거나, 숟가락과 젓가락의 위치가 바뀌면 안 되는 등 자신만의 규칙을 갖고 있다. 그 규칙을 한 번이라도 어기려 할 때 불안감을 견디지 못한다면 강박행동이다. 그 외에도 일 일이 다 열거하기 곤란할 정도로 다양한 예들이 있다.

### 강박들이 존중받지 못하면
### 불같이 화를 내기도 한다

가족이나 연인의 입장에서는 이 점이 가장 힘들다. 물건들의 위치가 조금만 틀어져도, 조금만 얼룩이 묻어도, 그의 물건을 맨손으로 만졌다는 이유로 불같이 화를 낼 때는 어찌해야 할지 모르게 된다. 약속 시간에 맞추려고 한창 바삐 운전하고 있는데 그가 집으로 당장 돌아가서 문단속을 한 번 더 하지 않으면 못 견디겠다고 할 때, 가족들로서는 소리라도 지르고 싶어질 법하다. 그가 못 견뎌하는 걸 보는 가족들 역시 또 못 견디게 힘들어진다. 가족들로서는 그의 안정감을 되찾아주고 싶은 마음이 간절한데, 그는 가족들이 자신의 안정감을 깨뜨리는 주범이라고 여긴다. 이 간극을 어떻게 메워야 할지 난감하다.

## 남들은 모르는, 자신만이 아는 자기 마음

### 조심성이 없어서 사고를 당한다면
### 비난 받아 마땅한 자기 책임이다

완벽한 예방이 최선의 지혜다. 완벽한 예방의 책임은 전적으로 나에게 있다. 가스가 새고, 전기가 누전되고, 집에 도둑이 들 수 있다. 단 1퍼센트의 가능성이라도 있을 때 가능성이 없다고 말하는 건 무책임하고 무지하다. 더 큰 문제는 예고 없이 이런 일들이 찾아온다는 사실이다. 사고를 당한 사람들은 한결같이 그런 일이 자신에게도 일어나리라는 건 상상도 해본 적이 없다고들 말한다. 그게 어른으로서 할 소리인가? 어찌 그리 무심하고 무책임할까? 가족에 대한 애정이 조금만 더 깊었어도 그렇게까지 문단속에 무심할 수는 없었을 것이다. 그렇게까지 부주의해서 사고라도 난다면 그건 고의로 사고를 낸 것과 다를 바가 없으니 비난 받아 마땅하다.

### 자기 몸 하나 간수 못하는 것은 사랑하는 사람에 대한 예의가 아니다

무심코 만진 문고리에서 세균이 옮아올 수도 있다. 기침하는 사람 옆에 앉아서 넋 놓고 있으면 병균으로 오염된 공기가 호흡기를 타고 흘러 들어간다. 그 정도는 상식이다. 상식은 잊으라고 있는 게 아니라 간직하라고 있는 거다. 간직만 한다고 능사가 아니다. 매 순간 적용하지 않으면 의미가 없다. 치명적인 질병에 걸린 후에 누굴 원망할 것인가. 자기는 덤덤하게 받아들인다 쳐도 자신을 아끼는 가족들의 절망은 어떻게 보상할 것인가. 자신과 가족을 지키기 위해서는 다른 방도가 없다. 그저 조심, 또 조심해야 한다. 그게 성숙함이고 책임감이다. 그걸 외면하는 자들은 미성숙하고 이기적이다.

## 불씨만 보여도
## 화마가 덮치는 느낌이 엄습한다

비행기가 기류를 만나 흔들리면 나는 이미 추락하고 있는 상상에 빠지고 온몸에 식은땀이 번진다. 완전히 자동적으로 나타나는 현상이다. 아까 오물이 묻었던 손등이 가렵다. 병균이 활동하기 시작한다는 신호다. 이제 혈관을 타고 번져나가는 일만 남았다. 사방으로 번져나가는 혈류를 내가 무슨 수로 막을까. 길을 걷다가 앞서 걷던 사람이 갑자기 뒤돌아보면 나를 노리고 있던 게 틀림없다는 확신과 함께 몸이 움찔한다. 마치 뱀이 머리를 내 쪽을 향해 돌릴 때 순간 움찔하며 반대 방향으로 튀어 오르는 개구리처럼 내 몸이 반응한다.

## 불안을 느낀다는 것
## 내게 나쁜 일이 닥쳐오고 있다는 신호다

감정은 거짓말을 하지 않는다. 내 몸이 왜 그렇게 반응하겠나. 공포는 인류의 몸에 맞추어 진화된 반사 반응이다. 이 느낌은 위험이 닥쳐왔다는 신호를 대뇌에 전달한다. 재빨리 대처하라는 뜻이다. 이 상황에 위험이 도사리고 있다는 증거 아닌가. 진화는 위대하고 우리 몸의 본능적 공포 반응은 진화를 통해 전해져온 위대한 유산이다. 몸에서 전해오는 경계경보를 의식적으로 애써 무시할 수는 있다. 그런 걸 '합리화'라고들 한다. 인간의 지능이 워낙 발달해서 온갖 다양한 합리화를 할 줄 알게 되었다. 그 덕에 안전 불감증, 도

덕 불감증 등이 유행하고 사건 사고는 끊이지 않는다. 위대한 유산을 망가뜨리는 우매한 후손들이다.

## 공격적 충동을 느낀다는 것은
## 공격적인 행동을 하게 될 것이라는 신호다

감정은 거짓말을 하지 않는다. 가까이 지내는 사람에게 분노를 느끼고 공격적인 이미지를 떠올리는 건 두말할 것도 없이 위험하다. 폭력은 아는 사람들 사이에서 압도적으로 빈번하게 발생한다. 공격적인 행동은 계획적인 경우도 있기는 하지만 대부분은 충동적이다. 내가 언젠가 폭력적으로 돌변하는 상황이 생기지 말란 법이 어디 있겠나. 나도 사람인데.

게다가 내 안에는 좀 남다른 공격성이 있는 모양이다. 왜 알지도 못하는 사람을 이유도 없이 때리는 상상이 내 의식을 훑고 지나갔을까. 공공장소에 사람들이 많이 모여 있을 때 어디선가 싸움이 나고 나까지 얽혀서 싸움에 휘말려 드는 상상을 하기도 한다. 그런 상상을 할 이유가 전혀 없다. 그래서 위험천만한 상상이고 이해할 수 없는 충동이다. 내 안에 무언가 있나 보다. 이번 한 번이 아니다. 오랫동안 자주 반복되었고 매번 최선을 다해서 억눌렀기에 행동은 막았지만, 때가 되면 어김없이 그 상상이 또 올라온다. 정말 이해 불가이고 구제 불능이다.

## 자신의 통제를 벗어났다고 느낄 때
## 모든 게 다 혼란스럽다

완벽하지 않은 모든 것들이 나를 불안하게 한다. 그 모든 불완전한 것들이 그 불완전함 때문에 위험을 내포하고 있는, 세상의 표상이라고 느껴진다. 그것들은 불완전함을 잊고 싶은 내게 자꾸만 세상의 불완전함을 상기시켜서 다시 되새기게 한다. 모든 것이 완벽하게 줄 맞추어 정리되어 있지 않으면, 커튼 사이로 틈새가 벌어져 있으면, 새로 사온 머그컵에서 긁힌 자국이 조금만 발견되어도 얼굴이 달아오른다. 마치 진흙탕에 뒹굴어서 젖은 옷을 하루 종일 입고 있어야 할 때처럼, 전염병 환자들과 밀폐된 공간 안에 열 시간 감금되었다 돌아온 후에 씻지도 못하고 하루 종일 먹고 마시면서 웃어야 할 때처럼 찝찝하다. 무언가 나쁜 일이 일어날 것을 예고하는 징조 같다.

## 불안은 내 손으로 없앤다
## 저절로 사라질 리가 없다

불안을 떨치기 위해 뭐라도 더 해보려 한다. 나만의 주술 행위가 약간 도움이 되는 것 같다. 문고리를 오른쪽으로 세 번 왼쪽으로 네 번 돌리면 좀 낫다. 왜인지는 나도 모른다. 주기도문을 속으로 암송하는 것도 도움이 될 때가 있다. 잠시나마 내게 안정감을 주는데 굳이 이유를 따질 일은 아닌 것 같다. 그게 안정감을 줄 때는 다 그럴 만한 이유가 있겠지. 내가 왜 이러는지 모르겠다. 하지만 알고 싶지도 않다. 알기가 겁난다고도 할 수 있을 것 같다. 어디서부터 잘못된 건가. 그걸, 알고 싶지가 않다. 분명히 나는 알고 싶지 않다. 좀 더 강력한 주술 행위가 필요하다.


## 자신도 모르는 자기의 무의식 세계

세상에 나와서 가장 먼저 배운 건
절제와 통제였다

걷고 말하기 시작하면서부터 하고 싶은 대로 하고 싶었고, 무얼 하든 사랑과 지지를 받을 줄 알았다. 그건 본능이었을 것이다. 자발적으로 움직이고 자율적으로 행하면서 결과에는 크게 연연하고 싶지 않았다. 어린아이답게. 처음에는 그래도 되는 줄 알았는데 착각이었다. 정작 내가 배운 것은, 어린아이다운 말과 행동은 수치스럽고 죄스럽다는 사실이었다. 부모가 나를 바라보고 있던 모든 순간에 기대치라는 게 있었다. 그리고 모든 행동에는 옳거나 그른 결과치가 있었다. 내가 하고 싶은 대로 하는 것은 대부분 기대치에 어긋나는 짓이었다. 실수에는 늘 비난이나 처벌이 따라왔고, 언제나 수치감이나 죄책감이 어렴풋이 남았으며, 그 덕에 두려움이 길러졌다. 부모의 시선은 항상 내 행동을 따라다녔고, 내 관심도 내 행동 하나하나에 쏠리기 시작했다. 실수가 아주 나쁜 결과를 낳기 전에 미리미리 조심, 주의, 경계, 억제, 절제하는 습관을 길렀다. 부모의 관심과 애정이 컸지만 결국 조건부였다. 세상 모든 일은 얼마나 내가 조심하는지에 달렸다. 애정과 친밀함마저 그랬다.

## 혼돈 속에 혼자 놓여진 두려움
## 그런 게 삶이었다

규율과 통제는 있었지만, 따뜻한 애정과 보호에 대한 신뢰는 없었다. 두려워질 때 곁을 지켜주고 안심시켜줄 거라는 믿음이 없었고, 세상이 공포의 대상이었다. 믿을 건 나뿐이라는 느낌은 서글플 새도 없이 바로 공포로 이어졌다. 몸 안에 두려움이 늘 번져 있었는데 이유를 알 수 없는 때도 많았다. 도대체 내 삶이 어떻게 생겼고 어디로 흘러가는지 어린아이로서는 아는 게 없었다. 삶이 언제쯤 달라질지, 불편한 감정이 언제 사라질지 내다볼 수 없었다. 분명한 건 하나도 없었다. 앞이 훤히 내다보이면 좀 덜 불안할 것 같았다.

## 삶은 긴장의 연속이었고 나는 무기력했다

때로는 엄마, 아빠가 격렬하게 싸우는 일도 있었다. 내 안에 두려움이 차올랐다. 저러다 엄마가 죽기라도 하는 건 아닐까, 엄마가 못 견뎌서 집을 나가지는 않을까, 그런 생각을 했는지도 모른다. 그저 두려웠고 무슨 일이 벌어질지 알 수 없어서 더욱 두려워졌다. 어떻게 대처해야 하는지도 당연히 알지 못했다. 이불을 뒤집어 써 보기도 하고 속으로 주문을 외워보기도 했지만 큰 효과는 없었다.

그저 소원은 두려움이 없어지는 것이었다. 사실 내가 할 수 있는 건 없었다. 싸움이 언제 끝날지 알려주는 이도 없었다. 내가 아는 건 아무것도 없었다.

두려움에 떨고 있던 내 곁에 보호자가 있었을 때도 보호는 없었다. 두려움을 말할 수도 없었다. 보호자 역시 종종 두려움의 대상이었기 때문이다. 보호자를 화나게 하는 것은 세상에서 가장 위험한 일이었다. 모진 비난과 꾸지람이 나를 움츠러들게 하기도 했었다. 사실 내가 무엇을 잘못했는지 잘 모를 때도 많았다. 내가 아는 건 없었다.

나쁜 일이 예고 없이 자꾸 일어났다. 나쁜 일이 없을 때도 나쁜 일이 금방이라도 벌어질 듯한 불길한 기운이 감돌았다. 삶은 언제나 그랬다. 늘 안전하지 않았고 자주 불운했지만 내가 할 수 있는 건 없었다.

## 분노는 위험하고 죄책감은 안전하다

보호와 보살핌을 게을리하고 자신들의 안위만 앞세우는 부모에게 분노를 느꼈다. 하지만 분노는 너무 위험한 감정이기에 재빨리 삼켜야 했었다. 그렇지 않아도 보잘것없는 존재 취급을 받고 외면당해서 서럽고 두려운데, 그런 존재가 화를 내기라도 하면 나는 더욱 보잘것없어지고 귀찮아져서 버림받을지도 모를 일이다. 보잘것없는 존재의 분노는 더 큰 화를 자초한다는 걸 본능적으로 직감했고 공포를 느꼈으며, 곧바로 분노를 삼켰다. 차라리 감사함과

**강박장애:**
**벗어나기 힘든 불길함의 늪**

미안함을 가지고 유순한 태도를 취하며 거슬리지 않게 구는 게 안전했다. 그 덕에 분노와 두려움을 동시에 삭힐 수 있었다. 분노와 두려움은 다시는 생기지 말아야 할, 철저히 예방해야 하는 위험천만한 감정들이다.

## 세상이 거칠다
## 그래서 분노는 특히 위험하다

완벽하게 타당하지 않은 분노라면 느끼지도 말아야 한다. 설령 이유가 분명한 분노라도 표현하지 말고 재빨리 억눌러야 한다. 분노는 더 큰 분노를 충동질할 뿐이다. 느끼게 놔두면 활화산처럼 타오르는 건 시간문제다. 결국 밖으로 터져 나와 표현되는 분노는 타인들 안에 잠재한 파괴 본능을 또 자극해서 불을 붙인다. 도미노처럼 사람들 사이의 관계가 허물어진다. 아비규환이다. 한번 터지면 돌이킬 수 없다. 아무도 책임지려 하지 않을 테니 말이다. 내 부모가 그랬다. 부모는 세상의 표본이다. 내가 아는 세상은 그렇다. 위험하다. 적당히 화도 내고 때때로 두려워해도 이 또한 별 탈 없이 지나가리라고 믿는 사람들은 바보일까 천재일까. 그들은 세상을 외면하고 살기에 알아야 할 것을 모르고 사는 걸까, 아니면 세상과 친해지는 법을 터득해서 안전하다고 느끼는 걸까. 어느 쪽이든 내가 따라갈 길은 아닌 것 같다.

## 위험한 생각은 위험한 행동의 시작이다
## 고로 위험천만하다

세상의 모든 공격적인 행동은 생각에서부터 출발했다. 나쁜 생각이나 나쁜 충동을 완벽하게 통제하지 못하면 언제 어디서 누구를 상대로 나쁜 행동이 튀어나올지 알 수가 없다. 세상의 모든 부적절한 충동은 위험하다. 바늘 도둑이 소도둑 된다는 말은 인간 본성에 대한 명쾌한 성찰이다. 가장 단순한 진리가 가장 위대한 진리다. 작은 욕구 하나를 처벌하지 않고 허용하면, 눈덩이 불어나듯 커져서 언젠가는 아주 거대한 충동으로 변하는 법이다. 결국은 자신도 모르게 아주 끔찍하고 부도덕한 행위를 하게 될 것이고, 그 후에 따라오는 수치감이나 비난으로 인해 자아와 인생이 망가질 것이다. 우리는 그런 사례를 수도 없이 목격해왔다. '나 하나쯤이야, 충동 하나쯤이야' 하는 식의 안이한 태도 때문에 인류는 오랜 세월 동안 실수를 반복해온 것이다.

## 불운이 나를 빗겨가도록 최선을 다하는 것
## 그건 책임감이다

나를 지킬 사람은 나뿐이다. 남 탓을 하는 것은 옳지 않다. 마냥 운에만 기대고 있을 수도 없다. 남 탓, 상황 탓 하면서 화내는 사람들이 가장 어리석다. 자신을 스스로 지키지도 못했으면서 또 한번 자신을 분노라는 위험에 빠뜨리는 꼴이다.

스스로를 책임진다는 건 아름다운 일이다. 자신의 안전과 행

**강박장애:**
**벗어나기 힘든 불길함의 덫**

복을 위해 최선을 다하는 자세는 책임감으로 연결된다. 그건 결국 이타적인 마음이다. 자신을 지키는 것이 가족을 지키는 일이기 때문이다. 가족은 자신을 지켜줄 사람들이기에, 자기 손으로 가족을 지키는 일도 결국은 자신이 스스로를 지키는 일이 된다. 이렇게 하면 한 번에 두세 마리 토끼를 잡을 수가 있다. 보호받지 못해 늘 불안했던 어린아이가 스스로를 지켜내는 힘을 증명하고, 동시에 부모에게 쓸모 있는 존재로서 인정받을 수도 있으며, 나아가서 부모에 대한 원망을 애초에 불필요하게 만드는 효과까지 있다.

　　동네 사람들의 안전을 혼자서 책임진다며 스물네 시간 경비를 자원하는 행동은 아름다운 책임감이라기보다는 무의미한 희생일 것이다. 동네 사람들은 나의 안전을 지켜주는 사람들이 아니라 오히려 잠재적으로 언제 위협을 가할지 모르는 사람들인 까닭이다. 그러나 동네 사람들을 위한 게 아니라 자신의 가족을 위한 희생이라면 아름다운 책임감 아니겠는가.

### 불확실한 모든 게 위험하다
### 그래서 매 순간이 긴장이다

　　경계를 게을리하면 불운이 나를 겨냥할 것이다. 모든 걸 확실히 하는 게 좋다. 그래서 스물네 시간 경비를 서는 자세로 살아왔다. 긴장을 잡으려는데 긴장의 연속이다. 불안을 느끼면 안 된다. 불안은 위험이 다가오고 있다는 신호이다. 경계를 하려니 긴장이 되는데 긴장을 안 하려니 또 경계를 해야 한다. 어디서부터 잘못일까.

꼬여서 돌고 돈다. 긴장을 푸는 매듭이 보이지 않는다.

## 불안을 느끼면 안 된다
## 마술이라도 부려보자

주문을 외워보자. 아무런 감정도, 생각도, 예감도 허용하지 말자. 무언가 다른 것에 정신을 팔자. 숫자 외우기 같은 것이라도 좋다. 계단의 숫자를 세는 것이어도 좋다. 오른쪽으로 세 번을 돌리건, 왼쪽으로 네 번을 돌리건 규칙을 정해놓고 규칙대로 행하자. 그래야 정신이 몰입된다. 가지런히 정렬된 상태가 좋다. 조금이라도 흐트러지면 세상사가 흐트러지고 불합리한 일들이 자꾸 벌어질 것만 같은 느낌이 든다. 마치 잊고 있던 진실을 귀에 대고 속삭이는 느낌이 든다. 세상이 혼돈이고 언제나 위험이 도사리고 있다는 걸 벌써 잊었나? 넋 놓고 있으면 그런 속삭임이 또 언제 나를 흔들지 모른다.

## 이유를 모르는 두려움이 가장 두렵다
## 그럴 땐 사소한 이유를 만들어내는 게 낫다

어려서부터 내가 왜 불안에 늘 시달렸는지 이유를 알 수 없었다. 그저 혼돈 속에서 홀로 두려움에 젖어 있었다. 세상이 무섭고 삶이 잔인해서 두려웠던지도 모르겠다. 그런데 조금 큰 후로는 세상이 두려웠다는 기억은 없다. 보호의 부재가 원망스러웠는데, 원망감과 분노를 느낀다는 자체가 두려웠던 것 같기도 하다. 그 역시 조금 큰 후로는 잊힌 감정이다. 나는 늘 착하고 순했으며 부모를 원망한 적이 없다. 비난과 꾸지람을 듣는 게 두려웠던 것 같기도 하다. 마찬가지로 잘 기억나지 않는 일들이다. 나는 늘 정확하고 올바르고 근면했다. 그런데 늘 불안에 젖어서 살아왔다, 이유도 모른 채.

그게 무엇이든 두려움의 실체를 직면하고 파고드는 건 무척이나 두려워서 엄두가 나지 않는다. 그래서 본능적으로 외면한다. 결국 나는 무엇을 왜 두려워하고 있는지 알지 못한다. 이유를 알 수 없는 두려움을 느낄 때 사람은 가장 두려운 법이다. 이유가 없으면 이유를 찾아내거나, 찾아내지 못하면 만들어내기라도 해야 조금 마음이 가벼워진다. 문단속을 하지 않아서 두려워하고 있었다는 걸 발견하면 한결 가벼워진다. 불안해질 때마다 까짓 문단속을 좀 해주면 되는 거다. 문단속의 약발이 떨어지면 손에 묻은 세균을 씻어내기로 옮겨갈 수도 있다. 세상에 사소한 염려거리는 다양하니까 레퍼토리가 떨어질 일은 없겠다.

# 어떻게 나를
# 사랑할 수 있을까

# 단단한 애착을 바탕으로
# 세상 탐색하기

배 속의 세상은 안전하고 포근했다. 엄마의 모든 게 내 것이었고 나는 모든 걸 영원히 가지고 있었다. 엄마가 나였고 내가 엄마였지, 둘이 아니었다. 그러나 분리되어 세상에 던져진 순간은 공포 그 자체였다. 어떤 상황인지를 감지하자마자 하늘이 찢어져라 울어대기 시작했다. 생존을 위한 본능이자 엄마의 보호를 부르는 시그널이다. 분리되자마자 다시 들러붙어서 하나가 되는 것 외에는 다른 걸 생각할 수 없다. 엄마의 심장 소리를 들으면 다시 하나가 된 듯해서 마음이 놓인다.

배 속에서는 아팠던 적이 없었다. 먹지 않아도 배불렀다. 깨어 있어도 잠을 자는 듯 평온했고, 잠을 잘 때도 깨어 있는 듯 성장했다. 거칠 게 없었다. 하지만 이제는 완전히 달라졌다. 조금만 한눈을 팔면 몸에 괴로움이 번진다. 아무런 노력 없이는 좋은 느낌이 유지되는 법이 없다. 하루에도 여러 번 괴로움이 왔다가 사라지기를 반복한다. 시도 때도 없이 엄마가 필요하다. 애타게 불러야 비로소 내게 온다. 입에 물려준 걸 빼는 것, 손에 쥐어진 걸 입으로 가져가는 것 말고는 할 줄 아는 게 없다. 조금만 이상해도 서둘러 울어야 한다. 하늘이 찢기고 사람들의 심장이 베일 정도로 날카롭게 울어야 한다. 분리된 느낌은, 거친 세상에 홀로 남겨진 공포다.

### 공포를 잊고 세상을 믿게 해준 것은 애착이었다

다행히 울 때마다 즉시 구원되었다. 어김없이 엄마의 품에 안겨져 심장 소리가 들렸고 괴로움이 사라졌다. 입에 물린 걸 빨면 몸이 채워졌고 불편함이 금세 사라졌다. 나른함이 밀려오며 행복해졌다. 세상이 어떤 곳인지 잊을 수 있었다. 공포가 사라지는 건 순식간이었다.

안전하고 평온할 때는 웃음소리가 맑게 들리고 미소도 환하게 느껴진다. 아기의 입가에도 미소가 번지고 때로는 깔깔거리며 손을 내뻗어서 화답하기도 한다. 애착은 세상을 잊게 하고 모든 근심이 사라지게 하는 마법이다. 좋은 느낌에 젖어서 지내다 보면 세상과 삶을 믿기 시작한다. 살아볼 만한 곳이라 느껴져서 안정감이 생기고, 앞으로 여러 가지 재미있는 일을 겪을 것 같다고 느껴져서 설레게 된다. 눈앞의 낯선 어른들도 다 친근한 장난감으로 보인다.

## 애착과 세상탐색, 둘 다 골고루 맛보아야 아쉬움이 없다

인간의 욕구는 크게 두 가지이다. 가장 소중한 한 사람과의 단단하고 끈끈한 애착을 만들고 그것이 영원하다고 믿는 것, 그리고 세상을 마음껏 탐색하면서 즐거움을 만끽하는 것. 인간의 행복은 이 두 가지의 본능적인 욕망에서 비롯된다.

인간을 이야기할 때 늘 언급되는 사랑과 인정에 대한 욕구는 모두 애착 욕구에서 비롯되는 것이다. 애착은 시, 소설, 심리학, 철학, 음악, 미술 등 많은 분야에서 압도적으로 집중하는 주제다. 그에 비해 세상탐색 욕구는 그리 자주 언급되지 않는다. 좀 더 많은 곳을 돌아다니며 체험하고 싶고, 더 많은 재미를 만끽하고 싶고, 진기하고 새로운 체험을 조금이라도 더 하고 싶은 욕망 역시 인간에게는 만만치 않게 중요하다. 죽기 전에 가장 후회하는 다섯 가지에 "내 뜻대로 좀 살아볼 걸", "나 자신의 행복을 위해 좀 더 과감하게 도전할 걸", "일을 좀 적당히 하면서 살 걸" 등이 포함되었다는 걸 기억하자. 세상을 좀 더 마음껏 누리고 즐기면서 살 기회를 스스로 저버린 걸 후회하는 것이다. 나머지 두 가지는 "내 속마음을 솔직하게 표현할 걸", "보고 싶은 친구들에게 연락을 좀 더 자주할 걸"이었다. 이건 애착 욕구에서 비롯된 후회다.

낯선 장소에 와서 엄마에게 안겨 있는 두세 살 아이들의 모습을 상상해보라. 아무리 엄마와의 애착이 좋다 해도 몇 시간 이상 가만히 안겨만 있을 아이들이 몇이나 될까. 조금만 지나면 엄마를

단단한 애착을 바탕으로
세상 탐색하기

밀쳐내고 이리저리 휘젓고 다니면서 이것저것 들여다보고 만져보고 휘둘러보면서 깔깔거릴 것이다. 놀이에 대한 아이들의 집중력은 실로 대단하다. 시간 가는 줄 모른다. 자연스러운 현상이고, 이것이 세상탐색 본능이다.

수줍음이나 겁이 많은 아이들은 엄마에게서 늦게 떨어져 나온다. 너무 빨리 내려놓으려 하면 찡얼거리면서 다시 엄마에게 안기려 한다. 그래도 하루 종일 땀띠 날 때까지 안겨만 있는 아이는 극히 드물다. 엄마에게 좀 더 오래 안겨 있는 아이들도 다른 아이들의 세상탐색 행동을 부러운 시선으로 바라보게 마련이다. 조금 안정이 되면 슬그머니 내려와 아이들에게 다가가려 한다. 세상탐색 본능이 슬금슬금 살아나려는 것이다. 단 조건이 있다. 엄마라는 애착 대상이 그 자리에 태산처럼 버티고 있어야 한다는 점이다. 즉, 애착이라는 믿음에 의구심이 가는 일만 벌어지지 않으면 세상탐색 본능이 살아난다. 아이들과 뒤섞여 뛰어다니면서 깔깔거리고 나면 이게 세상 사는 맛이라는 걸 체험한다. 후회 없는 하루를 살았다는 느낌이다.

## 남 눈치 살피기는 애착 욕구에서 비롯된다

세상탐색 욕구를 강하게 타고난 아이들이 있다. 이 아이들은 애착 욕구가 그리 두드러지지 않는다. 어디에 갖다놓아도 휘젓고 다닌다. 새로운 물건, 사람, 장소를 만나면 물 만난 고기마냥 눈이 커지면서 세상을 온몸으로 만끽한다. 엄마가 안고 있으려 해도 제일 먼저 밀쳐내고 달아난다. 집에서도 별반 다르지 않다. 집 안의 환경은 별로 새로운 게 없어서 활동이 격하지는 않지만 그래도 체질적으로 조용한 아이들에 비하면 집에서도 말이 많고 움직임이 많다. "엄마 이건 뭐야.", "엄마 나 이거 해볼래." 등 쉴 새 없이 조잘거린다. 이런 아이들은 엄마와 함께 노는 시간이 많아도 정작 엄마와의 애착 행동이 많지는 않다. 엄마가 이거 하지 마라, 저건 안 된다고 말할 때가 가장 싫다. 하고 싶은 게 이렇게 많은데 왜 잠시 멈추어 하기 싫은 걸 해야 하는지, 왜 세상을 그런 식으로 지루하게 살아야 하는지 알 수가 없다.

애착 욕구가 강하면 자신에게 소중한 사람이 혹여나 자신을 좋아하지 않을까봐 눈치를 살피는 게 정상이다. 반면 그런 눈치는 보지 않고 세상탐색 욕구를 발산하는 데 방해하지 말라는 건, 자신의 호기심 충족 놀이를 도와달라는 건 애착 행동으로 분류하지 않는다. 물론 이 아이들에게 애착 욕구가 없는 건 결코 아니다. 세상탐색 본능이 대부분의 시간에 활성화되어 있기 때문에 애착 욕구가 자주 활성화되지 않을 뿐이다. 달리 말하면 '엄마가 날 두고 어디 가기야 하겠어?'라는 믿음이 선천적으로 강한 셈이다. 태어나서 걷기를 배울 때까지 별다른 트라우마가 없었기에 가능한 일이기도 하다.

## 세상탐색 본능으로 자기에 대한 관심이 커지고 애착 본능으로 관계에 대한 관심이 커진다

애착 욕구보다 세상탐색 본능이 훨씬 자주 활성화되는 체질의 아이들은 엄마의 여러 감정 변화에 둔감한 편이다. 엄마의 슬픔과 서운함에 크게 반응하지 않을 수도 있다. 반응을 한다 해도 마음에 오래 담아두지 않는 편이다. 심지어 엄마에게 혼나서 서러워도, 엄마가 여전히 속상해하고 있어도 자신은 돌아서서 놀기 시작하면 금세 잊고 명랑해지기도 한다. 이런 아이들은 머뭇거림이 없으니 자율성이 뛰어나고 엄마에게서의 분리와 개별화가 아주 일찍 쉽게 일어난다.

개별화 과정이란 것은 엄마와 자신이 개별적인 존재라는 것을 자각하고 받아들이는 것을 말한다. 개별화 과정이 수월하게 일어나야 자아 개념이 정상적으로 발달하기 시작한다. 이 아이들은 세상에 자신을 맞추려 하기보다는 세상이 자신에게 맞추기를 기대하는 편이다. 타인보다는 자신을 먼저 살피는 본성이 건강하게 살아 있는 것은 홀로서기의 근간이 되는 하나의 축이다.

그다음 단계의 발달은 나머지 또 하나의 축을 세우는 일이다. 애착 대상에 대한 관심과 공감, 타인에 대한 배려와 눈치 살피기에 초점이 맞춰져야 한다. 균형 있는 발달을 위해서는 상대적으로 덜 활성화되는 애착 본능이 더 자주 활성화될 필요가 있다. 반대로 애착 욕구에 너무 매달리는 아이들은 세상탐색 본능을 더 자주 활성화시키는 것이 중요한 발달 과제가 된다.

## 애착 본능과 세상탐색 본능
## 이 둘의 균형이 홀로서기다

애착 본능과 탐색 본능이 균형적으로 발달한 아이들이 있다. 가장 이상적인 성장이다. 강한 애착 욕구와 민감한 감수성을 갖고 태어났는데, 듬직한 보살핌 덕에 애착에 대한 믿음이 안정적으로 성취되었고, 그 덕에 세상탐색 욕구가 활발하게 살아난 경우다. 하지 말아야 할 행동이라고 배우면 되도록 하지 않는다. 애착을 위험에 빠뜨리고 싶지 않아서다. 해도 되는 행동은 거리낌 없이 할 줄 안다. 새로운 것을 탐색하는 데 주저함이 없어도 된다는 걸 체득했기 때문이다. 애착을 잠시 내려놓고 세상탐색에 푹 빠지기도 하는 게 엄마에게 더 사랑받고 인정받는 길이라는 것까지 배웠다. 내가 행복한 게 엄마를 행복하게 한다는 걸 안다. 각자의 행복이 애착을 더 풍부하게 한다는 걸 안다. 이것이 홀로서기다.

활발하게 살아 있는 탐색 본능 덕에 실수를 많이 하지만 오히려 그 덕에 자존감과 유능감이 더 발달한다. 그 정도 실수를 해도 여전히 사랑스러운 존재라는 걸 자주 체험하기 때문이다. 그 정도 실수가 생겨봐야 그리 끔찍하게 나쁜 일로 이어지지 않는다는 걸 배우기 때문에 자신감이 늘어난다. 잘하는 것이 비결이 아니라 못해도 의연한 게 비결이라는 걸 알기 시작한다. 자율성과 유능감이 늘어나면서 점점 엄마로부터의 자연스러운 분리와 개별화 과정이 수월해진다. 홀로서기가 애착을 저버리는 게 아님을 몸으로 배운다.

**단단한 애착을 바탕으로
세상 탐색하기**

# 애착을 품고 세상을 즐기는 것이
# 홀로서기다

### 두려움이 사라지지 않으면 애착에 집착한다

세상을 공포로 시작한 후로 엄마 품에서 이미 두세 해를 살았는데 아직도 공포가 충분히 사라지지 않은 아이들이 있다. 애착으로 공포를 잊어야 하는데 아직 애착에 대해 완벽한 믿음이 생기지 않은 것이다. 마음에 안정감이 없고 자주 불안해서 세상탐색 본능이 살아나지 않는다.

낯선 장소에 가면 엄마에게서 내려놓아진 후에 못내 불안해서 엄마를 자꾸만 돌아보고 확인하는 아이들이다. 아이들 틈에 끼어서도 여전히 세상탐색 본능이 살아나지 않아서, 머뭇거리고 망설이기만 하다가 집에 갈 시간이 되면 그제야 아쉬움이 밀려온다. 엄마 품에 안겨서 돌아서는 발걸음이 다소 무겁다. 다른 아이들의 맑고 시원한 표정을 보면 부러움이 밀려온다. 그래도 엄마라는 애착을 확인하는 것이 우선이니까 어쩔 수 없다고 체념한다.

## 애착 검증에 매달리면 역효과뿐:
## 놀지 못하면 불행감만 쌓이니까

애착을 검증하는 것에만 집중하면 역효과가 난다. 그 이유로
는 첫째, 세상탐색 본능이 살아나지 않기 때문이다. 일상의 재미와
행복감을 느끼는 빈도수가 현저히 떨어진다는 점이 첫손에 꼽아야
할 역효과다. 아이들 사이에 섞여 있으면 마음껏 휘젓고 놀면서 세
상을 만끽해야 한다. 엄마에게서 잠시 분리되어 있어도 여전히 행
복할 수 있는 이유는 세상탐색의 욕구로 인한 즐거움 때문이다. 애
착에 대해 의구심이 생겨나면, 그래서 세상탐색을 해야 할 시간에
만끽하지 못하고 자꾸만 애착을 확인하려 하면, 애착을 확인하든
못하든 상관없이 불안과 우울이 깊어진다.

## 애착 검증에 매달리면 역효과뿐:
## 애착에 대한 불신만 더 커지니까

둘째, 엄마가 잠시 내게서 소홀해진 틈을 놓치지 않고 목격
하게 된다. 애착을 믿지 못하는 마음만 더 커져 간다. 아이들에게 섞
여 있어도 잊히지 않아서 자꾸만 돌아보고 엄마를 살피는데, 마침
엄마가 다른 엄마들과 '아주 오랜만에 책임감에서 해방되어 아이처
럼 세상탐색 본능을 만끽하고 있는 모습'을 목격하게 된다면 어떻
겠는가. 엄마의 환한 표정이 얼마나 야속하겠나. 머뭇거리다가 엄

마에게 다가가기를 반복했더니, 엄마의 환하던 표정이 금세 굳어지
면서 "너도 저리 가서 애들하고 좀 잘 놀아봐"라는 핀잔이라도 들으
면 어떻겠는가. 애착에 또 한 번 금이 가게 된다.

### 애착 검증에 매달리면 역효과뿐: 무의식에 도식이 새겨져서 평생 따라다니니까

셋째, 행복이 줄어들고 애착에 금이 가는 일이 더 빈번히 발
생하면서 두려움과 불길한 예감에 더 자주 젖어든다. 다소 예민해
진 마음 상태가 고질화되고 익숙해지며, 가랑비에 옷 젖듯 초기부
적응 도식이 자라나기에 안성맞춤인 토양이 된다. 무의식에 부정적
인 자화상이 새겨지게 된다. 앞서 소개한 마틴의 경우에는 '매력 없
는 결함투성이'라는 자화상이 무의식 깊이 자리를 잡았다. 그 결과
불안을 억누르거나 잊기 위한 여러 대처방식들이 자라났다. 자신의
욕구, 의견, 기분 따위를 남에게 알아달라고 표현하는 것을 극도로
자제하는 습성이 생겼다. 미움이나 상처를 받지 않기 위해서다.

또한 늘 자신이 가진 최선의 모습만을 보여야 한다는 압박감
에 시달린다. 자칫 잘못하면 자신의 결함들이 쉽게 노출될 수 있으
니까 사람들과 너무 빨리 가까워져도 안 된다는 자신만의 불문율이
생겨났다. 무의식 안에서 습관처럼 작동하는 불문율대로 행동하지 않
으면 심각한 불안에 빠지고 초조함에 짓눌리곤 한다. 평생 도식과 대
처방식의 굴레에 갇혀서 쉽게 예민해지고 깊이 아파하게 된다.

## 놀이 본능을 되살리는 것이 궁극적인 목표다

세상탐색 본능이 충분히 되살아나지 않으면 불안정한 애착에서 완전하게 해방되지 못한다. 애착을 검증하려고 백방으로 애를 써서 애착이 틀림없이 단단하고 영원하다는 걸 확신한 후에도, 놀이 본능이 살아 있지 않다면 다시 불안한 의구심으로 금세 돌아가 버리고 만다. 애착에 대한 검증이 아무리 성공적이어도 무의식적인 관심이 자나 깨나 애착에 대한 '즐거운 검증'에 머물러 있다면 결국 안정감을 얻지 못한다.

인간의 커다란 두 줄기의 욕구 중에 나머지 하나가 살아나지 않는다면 아무리 애착으로 인해 행복에 겨워도 결국 허전해진다. 시간이 지나면 왠지 무료하고 서글퍼지기도 한다. 그러다 보면 과거의 익숙한 의심으로 회귀하게 된다. '이 사람과 나의 애착이 완전한 줄 알았는데, 혹시 우리 사이에 내가 미처 모르던 문제가 있었던 건가? 뭔가 채워지지 않아 부족한 이 느낌은 뭐지? 왜 행복해져도 그 느낌이 오래 지속되지 않지?' 어떤 개인도, 어떤 관계도 완전한 건 없기에 흠 잡으려 들면 금방이라도 문제점을 수두룩하게 열거할 수 있다. 어딘가 불완전하기에 행복이 부족한 것 아닐까 의구심을 품는 순간, 불완전함이 치명적인 문제라는 인식이 마음을 지배할 수도 있다.

애착과 놀이 본능이 모두 생생하게 살아 있어야 한다. 태어날 때 갖고 나온 본성 그대로의 모습이 억눌리지 않고 자연스럽게 살아 있어야 한다. 가능한 그리고 바람직한 범위 안에서 최대한 살아 있어야 한다. 애착과 놀이, 둘 사이에 균형이 잡혀 있어야 한다. 애착이 곁에 없어도 여전히 세상탐색에 빠져서 즐겁고, 애착이 곁에 있을 때는 애착행동이 물 흐르듯 자연스러워서 편안하고 행복해지는 모습, 그것이 홀로서기의 완성이다. 홀로서기는 애착을 잊는 게 아니라, 애착을 마음에 지니고 다니면서 세상을 원 없이 즐기는 것이다.

### 어차피 애착 본능은 잊으려 해도 잊히지 않는다

놀이 본능에 집착하기 시작하면, 자신의 마음에서 애착 본능이 서서히 지워져가고, 파트너가 자신에 대해 서운할 일이 많아지고, 그러다가 애착이 점점 퇴색되지는 않을까 두려워하는 사람들이 상당히 많다. 자연스러운 현상이다. 애착 욕구에 고착된 채 불안정한 관계와 부정적인 자화상을 아파하며 살아온 사람들은 이렇게 느끼는 게 지극히 정상이다. 자신의 삶에서 거의 모든 희로애락이 애착 욕구와 관련된 것들이니 그럴 수밖에 없다. 그래서 애착 본능은 절대 퇴색할 리가 없다. 평생 자신의 의식과 무의식을 통째로 지배해온 테마가 잊으려 한다고 그렇게 쉽게 잊힐 수는 없다. 아주 많이 애를 쓰면 애착 본능을 잠시 잊고 지내는 시간이 조금 더 많아지기는 하겠다. 균형 잡힌 지점에 가까이 갈 수 있을 뿐, 중간을 지나 반대쪽으로 넘어가는 일은 일어나지 않는다.

예를 들어 내향적인 사람이 외향적인 면모를 갖추려고 부단히 갈고닦고 실천하면 자기 성격에 외향성의 장점들을 가미할 수 있다. 하지만 아무리 그래도 여전히 내향적인 사람으로서의 장점들은 그대로 유지되는 법이다. 여전히 전반적으로 볼 때 내향적인 성격의 사람인 것을 부정할 수가 없다. 다만 외향적일 필요가 있을 때는 외향적일 수 있으니 삶이 더 풍요로워질 것이다. 그와 마찬가지다. 놀이 본능에 빠져서 즐거워하는 시간이 늘어나면, 애착 본능이 퇴보하는 게 아니라 오히려 더 풍요로워지는 법이다. 엄마는 다른 엄마들과 놀게 놔두고, 자신은 다른 아이들에게 섞여서 땀 흘리며 신나게 놀다가, 배가 고파지면 그제야 엄마에게 쪼르르 달려오는 아이는 엄마의 환한 미소와 따뜻한 보살핌을 누리게 된다. 그리고 다시 아이들에게로 달려간다. 그 덕에 엄마도 모처럼 신나는 여가를 즐길 수 있다. 집에 갈 시간이 되면 엄마와 아이 둘 다 행복감에 취한다. 두 사람의 애착은 완벽하다.

어린 시절에 애착 욕구에 집착하기 시작하면서 분리와 개별화 과정이 어려웠던 아이들이 성인이 된 후에도 홀로서기를 어려워한다. 초기부적응 심리도식들은 모두 애착 욕구에 집착하면서 발달한다. 우울증, 일반화된 불안장애, 사회불안장애, 강박장애 등도 모두 애착 욕구에 사로잡히고 놀이 본능이 퇴화하면서 점점 더 좌절의 늪에 빠져들어가는 모양새다. 부적응적인 심리도식들과 심리장애들로부터의 치유는 결국 애착 욕구에 대한 고착에서 벗어나서 놀이 본능이 활발하게 살아나는 그 지점까지를 목표로 해야 한다.

**애착을 품고 세상을 즐기는 것이
홀로서기다**

# 생애 첫 기억에
# 인생의 테마가 들어 있다

## 치유는 원망에서부터 시작된다

치유는 어린 시절의 결핍에 대한 원망이 시작이다. 그런데 솔직히 내키지 않는다. 죄책감이 밀려드니까. 기억나지 않아서 어렵기도 하고, 기억하면 아파서 계속할 수 있을지도 모르겠다. 그러나 원망을 하지 않으면 자아 탐색과 통찰의 과정이 시작될 수 없다. 차마 못하던 원망을 해야 비로소 자신에게 무엇이 결핍이었는지를 자각할 수 있게 된다. 그렇지 않으면 어린 시절 무의식 안에 자라나서 새겨진 도식들을 인지할 수가 없다. 찾아내지 못하면 치유할 방법이 없다. 아픔이 없이 어떻게 도식이 생겼겠는가.

부모를 원망하는 것이 왜 그리도 미안할까. 그런 미안함 자체가 자신의 아픔을 대변해주는 현상일 수도 있다. 유복하게 잘 자란 아이가 감사해도 모자랄 판에 "엄마, 미워. 나한테 해준 게 뭐가 있어. 맨날 동생만 다 주고"라고 말하면 엄마가 뒷목 잡고 쓰러지기라도 하는가. 한숨 푹 쉬면서 피식 웃을 수도 있지 않겠는가. 받은 게 많아서 복에 겨운 아이들은 부모를 만만하고 친근하게 대할 줄 알기 때문에 볼멘소리도, 짜증도, 원망도 더 쉽게 하는 법이다. 그만큼 부모를 믿는 습관이 안정감 있게 배어 있다는 뜻이다.

드라마 〈응답하라 1988〉의 주인공 '성덕선'을 보라. 언니는 보라, 동생은 노을인데 왜 자기만 이름이 덕선이냐고 짜증을 부린다. 언니만 계란 프라이 좋아하는 게 아니라고, 자기도 먹을 줄 안다고 눈물 콧물 다 짜내면서 울부짖곤 한다. 엄마의 답은 간단하다. 언니가 편식이 심한데 그나마 그거라도 줘야 밥을 먹으니까, 덕선이는 착해서 양보 잘하니까. 왜 이름이 덕선인지는 잘 대답을 못했던 것 같다. 그래도 덕선은 부모에 대한 믿음과 애정이 각별하고 친구들에 대한 의리도 남다른 아이다. 그런 아이가 저렇게 울부짖을 때 부모도, 친구들도, 시청자들도 모두 마음이 따뜻해졌다. 입가에 배시시 웃음까지 번지면서. 원망이라는 건 원래 이런 식이어야 한다. 이런 식의 원망이 자신의 자아에 없다면 일단 의심해보자. 혹시 내가 애정 결핍은 아닌지. 어른스러움에만 치중하느라 내면의 어린아이가 숨도 못 쉬고 있는 건 아닌지.

애정 결핍이 있었음에도 자신은 유복하게 잘 자라서 부모에게는 그저 감사함뿐이라고 말하는 사람들이 많다. 자기만큼 사랑과 인정을 받고 자란 아이들이 많지 않을 거라고 말하는 사람들이 있다. 그런데 그 사람이 여간해서는 서운함을 드러내지 않고 감정을 삭히는 데 익숙하며 책임감과 희생정신이 강하다면, 소위 말하는 '착한 사람 증후군'처럼 보인다면 이야기가 달라진다. 이 사람은 어쩌면 너무 일찍 철들고 아이답지 않게 어른스러워서 양보와 배려가 많고 책임감이 강했을 수 있다. 그래서 늘 칭찬과 신뢰를 받으면서 성장했을 가능성이 많다. 그런 아이가 부모의 인정과 신뢰를 많이 받는 건 당연하다. 그러나 관심과 보살핌에 대한 욕구 표현이 부족하면 결과적으로 주는 것에 비해 받는 게 현저히 부족해진다. 그래서 애정 결핍이 아프기에 애정 나눠주기로 대리만족을 하는 성격이 될 수밖에 없다. 아파도 말하지 못하는 마음이 가장 슬픈 거다.

　원망을 하려 해도 원망할 일이 잘 기억나지 않는다는 사람들도 많다. 원망을 안 하기로 무의식중에 마음을 먹고 부정하고 억제했는데, 그게 갑자기 기억날 리가 없다. 어린 시절을 돌아볼 때는 상당한 상상과 추측을 동원해야 비로소 마음을 조금 들여다볼 수 있게 된다. '혹시 이러지 않았을까'라고 스스로에게 질문을 던져보고 기억나는 퍼즐들을 이리저리 맞춰보면서 '아마도 그랬겠구나' 짐작하는 방식으로 접근해야 한다. 위의 예처럼 자신이 일찍부터 어른스러워졌다면, 양보하고 인내하는 게 너무 빨리 습관이 되었다면 어린아이가 왜 그랬을까 의구심을 가져보는 것부터 시작해야 한다.

## 현재가 나아지면 과거가 용서된다

　과거의 결핍에 대한 원망이 매우 아플 수 있다. 그러나 어른이 현재 시점에서 먼 과거의 일을 돌아볼 때 여전히 아프다는 건 좀 이상한 일이다. 다 지난 일인데 왜 아플까. 어른이 되어 독립을 한 지 오래되었는데 왜 아직도 이렇게 생생하고 독하게 아플까. 마치 현재의 일처럼. 그런 현상을 보이는 것은 트라우마뿐이다. 어릴 적 그 상처가 트라우마였다는 반증이다. 가랑비에 옷 젖듯이 스며드는 아픔도 트라우마였다는 뜻이다.

지금까지도 지독하게 아픈 이유는 트라우마가 도식을 낳고, 도식이 부적응적인 대처방식을 낳고, 대처방식들이 자신의 삶을 지배해서 결과적으로 아픔이 반복되기 때문이다. 도식과 대처방식들이 자신의 무의식을 지배하면서 삶의 희로애락을 흔들고 있다. 즉, 과거의 상처가 현재도 계속 재생되고 있기 때문에 지금도 아픈 것이다. 마틴의 예를 다시 돌아보자. 엄마의 무관심과 날카로운 비난들이 아팠고, '매력 없는 결함투성이'라는 도식이 무의식에 새겨졌고, 그 결과 여러 대처방식들로 인해 현재의 대인관계들을 힘겨워하고 있다. 긴장 속에 치르는 대인관계들마다 그 시절 엄마에게 받았던 상처들이 마음 안에서 자동적으로 재생되고 있다. 마틴이 어린 시절의 아픔을 회고할 때는 마음 안에 독한 아픔이 번지게 된다.

현재가 살아나지 못하면 과거가 용서될 수 없다. 그렇게 긴장하고 위축된 자신의 현재 모습이 그리 마음에 들지 않을 것이다. 불안과 우울로 물든 현재의 삶이 만족스럽지 않을 것이다. 삶이 잘 돌아가고 있어도 마음 안에 고난이 끊이지 않는다. 이런 상태에서 과거가 용서될 수는 없다. 이럴 때 과거가 용서되지 않는 마음은 옹졸한 성격이 아니라 인간의 본성이다. 도식을 인지하고, 자신에게 습관이 되어버린 부적응적인 대처방식들을 깨닫고, 그것들이 과거의 결핍에서 비롯되었음을 자각하여 더 이상은 현재의 삶을 지배하지 못하도록 변화해야 한다. 과거의 상처는 그렇게 치유해야 한다.

도식에서 해방되고 현재의 자아와 삶이 회복되면, 놀이 본능까지 활발하게 살아나서 삶이 풍요로워지면 부모에 대한 원망이 눈 녹듯 사라진다. 대신 부모에 대한 따뜻한 측은지심이 마음 안에 번지게 된다. 자신의 자아와 삶이 부모의 자아와 삶보다 낫기 때문에 여유와 너그러움을 가질 수 있게 된다. 여러 모로 부족하지만 나름대로 애 많이 쓴 부모의 노고에 진심 어린 감사를 할 수 있게 된다. 이제 나는 괜찮기 때문이다. 부모에게도 결핍이 많은 어린 시절이 있었음을 새삼 인정하고 더욱 측은함을 느끼게 된다. 그 측은함이 인간 사이를 단단하게 연결해주는 믿음직한 끈이라는 것도 알게 된다. 자신에 대한 측은함이 자존감의 근간이라는 것도 발견하게 된다.

### 어린 시절의 결핍을 만나는 시간: 따뜻한 자기 연민의 시간이어야 한다

자신의 무의식에 어떤 도식이 새겨져 있을지 짐작해보려면 먼저 어린 시절에 어떤 결핍들이 있었는지 확인해보아야 한다. 냉정하게 돌아볼 필요가 있다. 결핍들이 느껴지고 수긍이 되거든 마음껏 아파하고 원망해도 좋다. 그건 자신에 대한 연민에 빠져보는 시간이다. 그게 뭐라고 그것도 못하고 살아야 하는가. 아픈데 마음껏 아파하지도 못하고 삭혀야 했다면 이제라도 내면의 어린아이의 목소리를 좀 들어주자. 그동안 어른스러움에만 매달렸던 자아에게 수고 많았다고 위로해주면서 열심히 성장해온 자신이 대견함을 스스로 알아주기 위함이다.

### 초기 기억에 인생 테마가 들어 있다

어렴풋이 남아 있는 가장 어릴 때의 기억들을 떠올려보자. 만으로 서너 살, 많게는 대여섯 살 즈음의 기억이 몇 개 남아 있다면 그것을 초기기억이라 한다. 머릿속에 떠오른 그 장면을 묘사해보라. 어느 장소에 누가 있고 무엇을 하고 있으며 느낌이나 기분이 어떠한지를 상세히 그려보자. 그다음에는 스크린에 펼쳐진 어떤 인물의 다큐멘터리를 보듯, 관객의 입장에서 지금 그려놓은 이미지를 바라보면서 느껴보자. 무엇이 느껴지는가. 주인공 아이의 기질이 어때 보이며, 이 아이의 삶이 어때 보이는가.

어린 나이에 겪었던 수많은 일들은 기억에서 다 사라지고 달랑 몇 개 남아 있다. 남아 있는 몇 개는 그래서 의미하는 바가 있다. 자신이 평생 살아오면서 늘 마음에 가장 큰 비중으로 자리 잡고 있는 테마와 관련된 기억만 머릿속에 남은 것이다. 그 외 큰 의미 없는 기억들은 당연히 흔적도 없이 사라진다. 평생 안전에 대한 경계심에 매달려서 살아온 사람은 어릴 적 겪었던 사고의 순간이 초기기억으로 남아 있는 경우가 흔하다. 애정 결핍을 앓는 사람은 관심과 애정의 결핍이라는 테마가 깃든 초기기억을 꺼내는 경우가 많다.

## 도식의 뿌리1:
### 짐스러운, 늘 미안한 존재였다

"집에서 혼자 땅바닥 긁고 놀고 있다. 다들 어디 갔는지 보이지 않는다. 저 멀리서 사람들 웅성거리는 소리가 들린다. 엄마가 돌아왔다. 갓 태어난 아기를 품에 안고 있다. 그 주위를 다른 가족들이 둘러싸고 있다. 너무 반가운 마음에 달려가 손을 뻗었다. 엄마가 손을 뿌리쳤다. '어디서 더러운 손으로 아기를 만져! 저리가!' 엄마는 종종걸음으로 저만치 사라져간다. 거기서 환하게 웃으며 사람들과 이야기꽃을 피우고 있다. 나는 그들의 뒷모습을 물끄러미 바라보고 있다."

이런 식의 초기기억을 가진 분들이 꽤 많다. 단호하게 물리쳐진 이 여자아이에게 이미 언니가 셋이 있고, 지금 막 태어난 아기가 아들이라면 어떨까. 우리나라 사람들은 금방 눈치챌 것이다. 이 넷째 딸의 삶이 어떻게 전개될지. 만약 엄마가 다정다감하지 않고 무뚝뚝한 스타일이거나, 목구멍이 포도청이라 눈코 뜰 새 없이 일에 매달려야 하거나, 또는 사회적 지위가 높고 책임이 큰 일을 맡고 있느라 늘 바깥 활동에 몰입되어 있다면 이 아이의 어린 시절은 좀 더 차갑고 쓸쓸할 것이다. 그런 와중에 할머니가 '아무 짝에도 쓸모없는 계집 아이' 취급이라도 한다면 서러움은 몇 배 깊어질 것이다. 이 아이가 자신의 존재가 소중하다는 걸 깨닫는 데 이삼십 년 정도 걸린다면 그것만 해도 꽤 운이 좋은 편이다. 도식은 평생 가기 때문이다.

가족이 늘 서로 복닥거리는 가운데에서도 무관심에 방치될 수 있다. 서로 화기애애하고 시끌벅적한 분위기에서도 아이가 정서적으로 결핍이 되는 경우가 흔하다. 특히 아이가 겁이 많고 내성적인데 나머지 가족들이 외향적이고 덜렁거리는 편이라면 더욱 그렇다. 그럴 경우, 아이의 섬세한 감정들이 다른 가족들에게는 눈에 잘 띄지 않고 이해되지 않을 가능성이 높다. 아이가 별일 아닌데도 긴장하거나, 학교에서 친구들과의 사소한 마찰로 인해 울적해졌거나, 선생님의 지나가는 말 한마디에 심장이 벌렁거렸다면, 방과 후 집에 와서 표정이 썩 좋지 않을 법도 하다. 그러나 명랑한 가족들은 아무 일 없다는 듯이 화기애애할 수도 있다. 분위기 망쳤다가 괜히 못난이 취급당하는 게 싫은 아이는 괜찮은 척할 수도 있다. 때로는 너무 불안해서 속내를 조금 비쳐보여도 가족들이 "에이 난 또 뭐라고, 별일도 아니네. 뭐 하러 그런 걸 아직도 생각하고 있어? 얼른 잊어버려. 얘는 성격이 누구 닮아서 이러냐… 하하하." 이럴 때 아이는 정서적인 결핍을 느낀다. 자신의 감정이란 게 '못난이라는 증거'가 되어버린다. 별로 도움이 되지 않는 짐스러운 존재라는 느낌이 점점 짙어진다. 그러나 자신의 존재 가치에 심각한 의구심을 갖고 서러웠음을 인지하지 못하는 사람들이 아주 많다. 제법 사랑받고 유복하게 자랐다고 자부하는 사람들 중에 더 흔하다. 어린아이는 서러움을 느끼면서 '그러려니' 하고 견뎌낼 수 있는 나이가 아니기에, 또는 서러워해봐야 못났다고 혼나기만 하니까 무의식적으로 합리화를 하면서 유복하다고 믿는 경향이 있다. 우리 엄마는 훌륭하고 우리 집은 부유하며 가족들 간에 늘 복닥거리는 살가움이 있으니까 나는 아주 운이 좋은 아이라고 믿는 건 제법 그럴듯한 논리이기도 하다. 반면 사정상 부모를 떠나 남의 손에 길러진 경우에는 자신의 존재 가치가 얼마나 미미한지를 알고 아파하면서 자랐다는 걸 생생하게 기억하게 마련이다. 이럴 때는 도식의 존재와 도식이 생길 수밖에 없었던 이유를 이해하는 과정이 더 빠르고 수월하다.

짐짝 같은 존재라는 도식이나, 무언가 도움이 되는 역할을 하지 못하면 더욱 쓸모가 없어지는 존재라는 도식을 가지고 성장한 경우, 어른이 된 후 자신의 존재의 소중함을 새로 배우기까지 시간이 꽤 오래 걸린다. 새로운 체험을 만들어내고 몸에 스며들 때까지 반복해주어야 무의식에 박힌 도식을 축출해낼 수 있다. 가장 중요한 것은 변화의 과정이 시작되려면, 도식의 존재와 도식이 '억울하게도' 생겨날 수밖에 없었던 배경을 인지하고 수긍하는 것이다. 그래서 결핍으로 아팠던 어린 시절을 생생하게 기억하는 사람이 더 유리할 때가 있다. 변화를 위한 노력이 빨리 시작되기 때문이다. 그런 환경만 아니었다면 자신도 소중한 존재일 수 있다는 생각을 오랫동안 해왔기 때문이다. 실제 결핍이 너무 가혹해서 마음속에 상처가 크게 새겨지기도 했겠지만, 그래서 성인이 된 후에도 무의식 안에서 힘겨운 싸움을 지속하고 있는 경우도 흔하지만, 얼마나 빠르고 깨끗이 나아질 수 있는지는 결국 과거로부터 현재를 얼마나 단절시킬 수 있느냐의 문제다.

## 도식의 뿌리2:
## 관심, 애정, 따뜻함 등이 부족했다

"병원에 왜 갔는지, 누구와 함께 갔는지는 기억나지 않는다. 대기실 벽에 붙은 포스터를 물끄러미 바라보고 있다. '수두는 무관심이 원인'이라는 문구가 나를 사로잡았다. '아, 나는 곧 수두라는 무서운 질병에 걸리겠구나.' 목구멍이 탁 막히며 눈물이 날 것 같다. 어찌해야 할지를 모르고 그저 멍하니 포스터만 보고 있다."

옆에 누가 함께 있었는지 기억조차 나지 않는다. 그런데 바로 그 점에 특별한 의미가 있다. 무서움과 서러움이 마음에 번지는데 엄마를 찾지 않는다는 것은 삼키고 감추는 습관이 몸에 배어 있다는 뜻이다. 엄마 아니라 누구라도 어른이 곁에 있었다면 "그럼 나 수두 걸려? 나 괜찮은 거야?" 하고 물어보면 간단하게 해결될 일이다. 어른들에게 자신의 감정을 표현하지 못하고, 어른들이 자신을 안심시켜주거나 자신이 모르는 것은 자상하게 가르쳐줄 것이라는 믿음이 없다. 무관심에 젖어서 혼자 삭히는 일에 익숙하다. 어린아이인 자신이 무엇을 말해도 되는지, 무엇이 결핍인지 모르고 있다.

자신이 불쑥 꺼내놓은 초기기억을 떠올리며 왜 이런 걸 기억하고 있는지 이해가 되지 않아 한동안 의아할 수도 있다. 자신이 부모와 가족의 무관심을 아파하며 성장했다는 사실이 새삼 놀라울 수도 있다. 무관심에 젖어서 익숙한 사람이라면 그럴 수 있다. 꺼내놓는 몇 개의 초기기억들이 대부분 가족의 무관심이라는 테마와 연결된다면 비로소 '아, 정말 그랬구나' 하면서 구체적인 느낌으로 다가오기도 한다. 그리고 어린 시절을 무관심 속에서 보냈는지도 모른다는 새로운 가능성을 열어놓고 다시 어린 시절을 돌아보면, 이제껏 의식으로 잘 올라오지 않던 다른 기억들이 줄줄이 올라오면서 '아, 정말 내게 무관심 했고 난 늘 아무렇지 않은 척 했구나'라며 더 절실히 깨닫는 경우가 있다.

이런 초기기억을 가진 어른이라면 친구들 사이에서 자기주장이 강할 것 같지 않다. 힘든 내색을 잘 할 것 같지 않다. 자신이 원하는 대로 말하고 행동하면서 남들이 따라주기를 기대하는 모습이 잘 그려지지 않는다. 타인의 눈치를 많이 살피는 사람일 가능성이 많다. 대신 남에게는 따뜻한 관심을 많이 퍼부어주고 있을지도 모른다. 대체 그런 패턴이 왜 습관이 되었는지 이해가 된다.

### 도식의 뿌리3:
### 가혹한 처벌 또는 학대가 있었다

"추운 겨울이었다. 늦은 밤, 대문 밖 골목길, 사람 하나 없고 주위가 온통 고요하다. 속옷 바람으로 내쫓겼다. 웅크리고 앉아서 덜덜 떨고 있다. 얼마나 큰 잘못을 했는지는 기억나지 않는다. 무언가 하기 싫은 표정을 지었거나, 바라면 안 되는 걸 감히 바랐기 때문일 수도 있다. 얼어 죽기 전에 다시 들어간다는 건 어렴풋이 알고 있다. 그것보다 날 알아보는 동네 사람이 지나갈까봐 더 무섭다. 동네 어른이 우리 부모를 아주 나쁘다고 욕할까봐 더 두렵다."

이런 초기기억을 가진 사람이 복종, 순종, 눈치 보기, 양보,

희생에 익숙하다면 전혀 이상한 일이 아니다. 아이답게 무언가 바라거나, 싫다고 거부하거나 또는 찡얼거리기라도 하면 학대에 가까운 가혹한 처벌이 따라왔다. 아이답지 않게 차분해야 했고 '늘 괜찮아야' 했을 것이다. 달콤한 게 먹고 싶어도, 나가서 놀고 싶어도, 장난감이 갖고 싶어도, 아빠가 술 마시는 게 무서워도, 심지어 몸에서 열이 나도 '괜찮아야' 했을 것이다. 잠든 괴물을 흔들어 깨우면 또 무슨 일이 벌어질지 모르니까 숨죽여야 했고 그러려면 이러나저러나 괜찮은 성격으로 발달되어야 했을 것이다. 밖에 나가서는 '더 밝고 더 괜찮아야' 했을 것이다. 우선 남 보기에 창피하니까. 밖에서까지 무시당하면 너무 서러울 테니까. 내 부모를 욕하거나 무시하면 우리 집안 분위기가 더욱 험악해질 게 뻔하니까.

학대는 말할 것도 없고, 가혹한 처벌 역시 어른의 이기심에서 비롯된다. 아이의 마음 따위는 안중에 없고, 아이들을 그저 보호자의 허울을 쓴 자신을 이롭게 하거나 또는 해롭게 하는 존재로 여기는 것이다. 말을 잘 들으면 덜 해롭고, 말을 안 듣거나 못나게 굴면 아이들을 보호자인 자신의 행복을 깎아먹는 존재로 여긴다. 그런 부모는 아이에게 화를 내거나 또는 보상을 내리는 기준이 자신의 안위일 것이다. 그러면 어린아이의 무의식에는 인간이 한없이 이기적이며 언제나 타인을 착취하려는 기본적인 속성이 있다는 믿음이 깊이 뿌리내리게 될 것이다. 불신과 학대 도식이 발달하는 가장 전형적인 예다.

이런 식으로 성장한 어른이라면 자신에게 가까이 다가오는 사람들의 속마음을 늘 경계하면서 깊이 의심한다 해도 그리 이상할 게 없겠다. 반대로 사람 만나면서 아무런 계산도 없이 다 퍼주는 그런 종류의 사람이어도 말이 된다. 절친한 친구끼리 또는 연인끼리 계산과 의도를 속에 품은 채 밀고 당기는 모습을 보면 참을 수 없는 역겨움을 느낄지도 모른다. 밥값이나 술값 계산할 때 머뭇거리는 모습을 보는 것, 배우자를 선택할 때 이런저런 계산을 맞춰보는 것, 절친한 친구가 필요로 한다는 데 자기 사정이 우선이라 이런저런 핑계를 대는 모습을 보는 것마저도 못 견딜지 모른다. 인간의 이기심이 살짝이라도 드러나는 모든 순간들을 불편해하는 것이다. 그럴 만한 이유가 있었던 거다. 이기심이라는 괴물 때문에 가족이 처참하게 불행해진다는 걸 뼈저리게 느껴온 사람이라면 그럴 만도 하다. 인간의 사소한 이기심이 사실 사람들 관계를 맛깔나게 하는 양념이 될 수도 있다는 걸 한번도 겪어보지 못한 사람이라면 그럴 수도 있다. 마지막 하나 남은 고기 한 점을 놓고 젓가락 싸움을 벌이며 깔깔거리는 가족 분위기를 겪어보지 못한 사람은 그럴 수 있다.

### 도식의 뿌리4:
### 지나친 비난과 무시에 시달렸다

"나는 엄마의 기준에 못 미치는 아이였다. 주로 혼나던 기억들뿐이다. 다른 아이들과 비교되곤 했다. 경멸에 가까운 차가운 시선, 분노로 일그러진 표정, 금방이라도 후려칠 듯 꿈틀대는 손, 서러움이 뜨겁게 응축된 끈적한 한숨, 면도칼처럼 날카롭게 내 심장을 베는 비난의 말들이 기억에 생생하다. 모든 게 잘못이었다. 그날은 무엇이 잘못이었는지 기억나진 않는다. 그저 나라는 존재가 한참 모자라서 도무지 앞이 보이지 않았다는 게 엄마의 메시지였다."

도대체 무엇을 어떻게 해야 나아질 수 있다는 건지 모른다. 무엇을 어떻게 해도 나아질 리가 없다는 느낌에만 압도된다. 살면서 '무능', '열등', '바보' 그런 종류의 단어들을 혐오했다. 앞뒤 맥락 없이 그 단어만 봐도 가슴이 먹먹해지곤 했다. 그래서 그랬구나. 그런 단어들이 어린아이를 때릴 때 그 아이는 무방비 상태에서 세게 맞았고, 영혼이 통째로 흔들렸고, 살면서 그런 단어를 다시 만나면 살아남지 못할 것만 같다는 공포에 젖었다.

이런 느낌을 아는 사람은 타인에 대한 험담을 농담으로도 잘하지 못한다. 친한 친구들끼리 농담으로 바보라고 놀리는 것에도 너무 예민하게 반응할지 모른다. 엄청난 노력을 하는 사람일 수도 있다. 상당한 능력을 발휘하면서 승승장구하는 사람일 수도 있다. 그러나 웬만해서는 만족을 모르는 사람일지도 모른다. 한없이 겸손하고 끝없이 자신을 채찍질하면서 오르고 또 오르기만 하는 사람일 수도 있다. 잠시 숨 돌리려 하면 어디선가 비난이 날아와 꽂힐 듯한 기분에 사로잡혀서 제대로 쉴 수도 없는 사람일 수도 있다. 반대로 어떤 일이든 선뜻 도전을 못하는 사람일 수도 있다. 해봐야 어차피 용두사미로 끝날 게 뻔하고, 시도하고 도전한다면 어떤 식으로든 남의 이목을 끌게 되는 건데, 그렇다면 결국 무능함을 드러내고 타인에게 무시당하는 험한 꼴을 또 겪어야 하니까 차라리 시작하지 않는 게 낫다고 생각할 수도 있다.

도식의 뿌리5:
우리 집만 달라서 죽을 것처럼 창피했다

"그 전까지는 우리 집이 그렇게까지 가난하다는 걸 아는 아이들이 없었다. 선생님께서 생활보호대상자 손 들어보라고 했을 때 머리 속이 하얘졌다. 손을 들지 않으면 학교 다니는 내내 선생님 얼굴을 볼 수 없을 것 같았다. 손을 들면 반 아이들 얼굴을 제대로 볼 수 없을 것 같았다. 정말 없는 거야? 아무도 없는 것 맞아? 재차 질문하셨을 때 나도 모르게 손이 올라갔다. 이미 알고 물어보시는 거라는 판단이 순간 스쳐갔기 때문이다. 옆에 앉은 짝의 얼굴을 제대로 볼 수가 없었다. 얼굴이 홍당무가 되었고 아마 울 듯한 표정이었을지도 모른다."

친구들을 집에 절대로 데려가지 않는 아이들이 있다. 자기 하나만 놓고 보면 누구와 비교해도 모자란 게 없다. 인물도 준수하고, 상냥하고, 친절하고, 언행도 고급스럽고, 공부 잘하고, 모범적이다. 선생님이나 아이들 모두에게 인기가 좋다. 그런데 늘 자신이 없다. 마음 한구석이 늘 초조하다. 우리 집 사정을 누가 알면 한참 올려놓은 인기가 땅으로 곤두박질칠 것 같은 기분에 늘 짓눌려 살았다. 수업 시간에 토론을 리드하거나, 장기 자랑에서 박수갈채를 받거나, 몸이 세 개여도 모자랄 정도로 여러 군데서 한꺼번에 초대를 받거나, 선생님의 칭찬을 독차지할 때는 좀 살맛이 났다. 가족 안에서의 현재의 삶은 초라하지만 가족을 벗어난 미래의 삶은 희망적이었고, 적어도 그 순간은 행복할 수 있었다. 잠자리에서도 공상에 빠져서 잠들곤 했다. 공상의 세계와 미래는 달콤했다.

성장기 내내 그리고 어른이 된 후에도 더 나은 능력과 매력, 인품을 갖추려고 쉴 틈 없이 애쓸 것이다. 그 덕에 좋은 면모를 많이 갖추게 될 것이다. 그런데 성인이 된 후에 치러야 하는 대가가 만만치 않다. 튀는 매력과 능력으로 주목을 받지 못하면, 평범하게 묻혀 있으면 무시당하고 소외되는 듯한 느낌에 시달릴지도 모른다. 한 무리의 사람들이 서로 친근하게 이야기꽃을 피우는 모습을 물끄러미 바라보면서 힘들어할 수도 있다. 자기들끼리 더 친해 보이면, 내가 그 자리에 없어도 아무렇지 않을 것 같으면 가슴이 시릴 정도로 소외감이 밀려올지 모른다. 그런 감정에 시달리는 자신의 모습에 실망하고 초라함을 느낄 수도 있다. 그럴 때 문득 과거가 오버랩된다. 소외되는 느낌, 초라함 이런 감정들이 왠지 익숙하다.

아이들이 삼삼오오 모여서 오늘은 누구 집에 가서 놀까, 새로 산 장난감 구경하러 가볼까, 그런 이야기들을 할 때 나는 어디로 피신해서 숨어 있을지를 먼저 고민했다. 소외되었고 쓸쓸했고 자신이 초라하게 느껴졌다. 평생 '남들과 다르기에 소외되는' 그런 느낌만은 느끼지 않으면서 살고 싶었다. 그래서 자신이 잘하는 것을 하면서 자신이 중심이 되어 사람들과 어울려야만 마음이 편했다. 수영을 멋있게 하지 못하면 수영장에 가지 않았고, 스키를 타는 폼이 엉성해 보인다고 느끼면 겨울 스포츠를 싸잡아서 멀리했다. 잘 못해도 신나게 어울려 놀 수는 있을 텐데 실력을 뽐내면서 으스댈 것 같은 친구들 모습이 자꾸만 뇌리에 맴돌아서 마음이 편치 않았다.

그러지 않아도 될 상황에서도 사람들의 평가에 민감하고 늘 무언가에 쫓기듯이 살고 있는 자신을 질책하는 일이 습관이 되었다. 아직 인정을 덜 받아서, 아직 화려함이 부족해서 여전히 행복하지 않다고 느낀다. 잘나고 못나고를 내려놓고, 그저 넉넉하고 정겨운 친구들과 맛있는 거 먹고 못난 짓 하면서 와자지껄하면 행복인데 그 재미를 체험해본 적이 없다. 사람들은 매 순간 서로 다르며 달라서 뿌듯하거나, 달라서 창피하거나 둘 중 하나라는 의식에 젖어서 살고 있다.

## 도식의 뿌리와 현재가 겹쳐지는 연결 고리
## 그것을 찾아 그 느낌을 기억하라

앞서 든 예처럼, 본인이 아닌 다른 사람들끼리 서로 더 잘 통하는 듯한 모습이 보이면 물끄러미 바라보거나, 누군가가 출중한 매력으로 사람들의 시선을 강탈하는 순간에 소외감과 초라함이 느껴져서 안절부절 못하는 사람이 있다. 이 사람이 어린 시절에 '남들과 달라서 소외되는 아픔'을 겪었다면 그 시절과 현재 사이에 연결 고리가 있다. 그때의 아픔, 그 도식이 뇌리에 각인되고 심장에 꽂혀서 웅크리고 있다가 현재의 촉발자극을 만나면 불타오르는 것이다.

도식의 존재, 도식의 뿌리가 되는 과거의 경험들을 인지하고 있다면 촉발자극을 만난 순간에 반응을 달리 할 수도 있다. 감정, 생각, 행동에 변화를 줄 수 있다. 우선 자신의 감정 반응이 이해가 된다. 이렇게 불편한 소외감, 초라함, 긴장 등의 감정이 왜 올라오는지 이해가 된다. 이 감정들이 현재의 상황에서 비롯되는 게 아니라 과거에서부터 날아들어왔다는 걸 받아들일 수 있게 된다. 즉 실력을 뽐내는 친구도 그저 놀이에 빠져 있을 뿐이고, 시선을 몰아주는 사람들도 이 순간의 재미를 위해 이렇게 놀고 있을 뿐이라는 사실을 받아들여야 한다. 이런 놀이가 누군가를 소외시키거나 괴롭히려는 의도에서 비롯되는 게 아니라는 걸 이해해야 한다. 심심한데 쇼핑이나 가자는 제안을 하는 건 돈 자랑이나 기 죽이기가 목적이 아니라, 거기에 가면 할 것들이 다양하니 시간 죽이기에 안성맞춤이라서, 사람들이 흔쾌히 따라 나설 것 같아서 하는 말일 수도 있다.

"수영하러 갈 사람 손 들어봐"라는 말은 날도 더운데 시원하게 물장구치고 놀자는 것일 뿐, 어린 시절 선생님의 "생활보호대상자 손 들어봐"라는 말과 전혀 무관하다는 걸 인지해야 한다. 술을 못 마셔도 술자리에서, 수영을 못해도 수영장이나 해변에서, 그날 마침 돈이 궁해도 백화점에서 얼마든지 유쾌하게 섞여서 놀 수 있다. 그런 놀이에 익숙해지기 위한 새로운 체험이 필요하다. 도식을 촉발하는 자극을 만난 순간, 지금 해결하지 않으면 안 되는 아주 불편하고 해로운 감정들에 휘감겼다는 생각을 하지 않아야, 새로운 방식의 대처 행동과 새로운 느낌의 체험이 비로소 가능해진다.

# 완전히 절망해야
# 길이 열린다

## 일차감정Primary Emotion이란 무엇인가

### 일차감정은 막을 수도, 숨길 수도 없는
### 본성의 순리다

특정 상황에 맞닥뜨렸을 때 모든 사람이 당연히 느낄 법한
감정을 일차감정이라고 한다. 어떤 상황이 주어졌을 때 생각할 겨
를도 없이 본능처럼 일어나는 순간적인 감정 반응이다. 아끼던 애
완견이 죽었을 때의 슬픔이 일차감정의 한 예다. 깊은 밤 모두 잠들
었을 시간에 앞마당에서 쿵 하는 소리가 들리면 덜컥 겁이 나면서
동공이 팽창하고 머리털이 일어서는 게 정상이다. 일 년 내내 한 집
에서 지지고 볶으면서 정들었는데 떠나면 당연히 그 빈자리가 쓸쓸
하고 먹먹해진다. 오래도록 꿈꾸어오던 데뷔 무대에 서는 신인 가

수가 심장이 콩닥콩닥하는 것도 당연하다. 처음 만나는 사람들 앞에서 한껏 유머를 구사했는데 주위가 싸해질 때의 민망함도, 데이트 신청하러 갔다가 거절당하고 돌아설 때의 실망이나 창피함도 자연스러운 감정이다. 이러한 것들이 모두 일차감정이다.

일차감정은 숨길 수가 없다. 이런 상황이라면 이런 감정을 안 느꼈을 리가 없다고 모든 이가 확신할 수 있다. 이런 확신조차도 생각에 의한 판단이 아니라 본능적인 느낌이다. 안 느낀 척 해봐야 속에 그 감정이 숨겨져 있음을 알아채지 못할 사람은 없다.

## 통풍되지 않은 일차감정들이 만병의 근원이다

일차감정을 부정하거나 억제하거나 숨기려 하면 이차감정이 우후죽순처럼 생겨난다. 썰렁한 유머 때문에 주위가 어색해졌을 때 입을 다물고 표정이 굳어지면서 모른 척하는 사람도 있다. 약간의 침묵이 흐른 후 누군가가 화제를 돌리면 그 일은 사람들에게서 잊힌다. 하지만 이 사람의 마음 안에서는 잘 잊히지 않아서 여전히 마음이 무거울 수도 있다. 남 신경을 많이 쓰는 사람이라면, 민망함이 쉽게 사라지지 않을 수도 있고 자신의 실수에 대해 짜증이 날 수도 있다. 또 다른 유머가 머리에 떠올라도 생각이 복잡해지면서 고민하다가 그냥 삼킬지도 모른다. 그러는 사이 긴장감이 약간 상승할 수도 있다. 사람들이 자신에게는 말을 덜 걸거나 눈길을 덜 준다고 느껴지면, 문제가 좀 더 심각해질 수도 있다. 자리가 파한 후 집

225

으로 돌아가는 발걸음도 민망함으로 여전히 무거울 수 있다. 일차 감정은 표현해서 밖으로 통풍시켜주지 않으면 오래도록 사라지지 않는 특성이 있다.

　소중한 사람이 세상을 떠나서 장례를 치르는데 슬픔을 발산하지 않고 억누른다고 가정해보자. 슬퍼하지도 않고 빨리 잊으려 하고 일에 푹 빠져서 아무런 기억도 떠올리지 않으려 애쓰거나, 사람들을 쉴 새 없이 만나 유쾌한 시간을 보내면서 슬픔이 느껴질 틈을 주지 않는다면 어떻게 될까. 몇 개월 후 이 사람이 안정감 있는 편안한 상태를 유지하고 있을까. 어쩌면 별것도 아닌 일에 버럭 짜증내는 사람으로 변해 있지는 않을까. 이 사람은 누군가에게 매력을 느끼고 설레며 가까워지는 과정을 자연스럽게 받아들일 수 있을까. 이 사람, 괜찮을까?

　절대 괜찮을 리가 없다는 걸 누구나 쉽게 짐작할 수 있다. 아마도 히스테리를 잘 부리거나 냉소적인 성격으로 변해 있을 가능성이 농후하다. 일차감정을 억누르고도 마음의 안정감을 유지할 수는 없다. 통풍이 되지 않은 슬픔이 마음 안에 갇혀서 뭉치고 눅눅해지면 결국 마음 안에는 긴장감이 가득 차게 된다. 몇 달 내내 창문을 한 번도 열지 않고 환풍기도 전혀 가동하지 않은 집 안의 공기와 똑같다. 그래서 우리에게는 장례라는 훌륭한 문화적 장치가 있다. 다른 생각은 말고 오직 슬퍼하기만 하라고 시간을 내어주는 것이다. 그래야 온전한 마음 상태가 복원되니까. 그래야 자신의 삶이 다치지 않으니까. 산 사람은 살아야 하기에 울 때는 실컷 울어야 한다.

일차감정은 해롭지 않다. 통풍만 확실히 하면 된다.

## 부정적인 일차감정들도 소통하면 긍정적이다

썰렁한 유머 때문에 분위기가 어색해졌을 때 "아 썰렁했어? 미안해, 그럴 수도 있지. 그렇다고 그렇게들 굳어버리면 나는 민망해서 어쩌라고들 그러나. 하나 더 해볼까? 이번에는 진짜 웃길 지도 몰라." 이런 식으로 너스레를 잘 떠는 사람들이 있다. 한술 더 떠서 "안 웃겨? 내 개그가 한 차원 높아서 그래. 지금은 안 웃겨도 이따가 집에 갈 때쯤 웃길지도 몰라." 하는 사람도 있다. 썰렁한 '아재' 개그도 뻔뻔하고 고집스럽게 구사하면 또 분위기가 달라질 수 있다. 노력 끝에 자리가 부드러워지고 유쾌해지면 사람들은 이 친구를 놀려먹는 재미가 덤으로 생긴다. 민망함은 금세 사라지고, 부정적인 일차감정이 순식간에 긍정적이고 유쾌한 감정으로 변한다.

하나만 예를 더 들어보자. 질투가 일차감정일 때 질투를 부정하는 경우가 흔하다. 그럴 때 흔히들 이렇게 이야기한다. "질투가 나서 그러는 게 아니야. 네가 내 친구한테 불필요하게 친절하고 지나치게 웃음이 헤프니까 짜증이 나는 거지. 무슨 여자가 그렇게 경우가 없어, 어른스럽지 못하게." 질투를 부정하려다가 짜증, 실망, 분노, 두려움, 수치감 등의 감정들이 스멀스멀 올라와 마음에 번진다. 이런 게 이차감정이다. 이차감정은 상대가 이해할 리가 없고, 상대에게도 상처를 주기에 해롭다.

이차감정들을 완전히 배제하고 순수하게 일차감정만 표현

완전히 절망해야
길이 열린다

한다면 어떨까. "네가 친절하게 웃어주고 잘 반응해주면 솔직히 내가 좀 두려울 때가 있어. 어떤 남자라도 마음이 쿵 하면서 설레기도 할 거야. 그런 웃음은 좀 아껴두었다가 나한테만 보여주면 좋겠는데. 내가 욕심이 좀 과하다. 그렇지?" 이런 식이라면 여자 친구의 기분이 어떨까. 뒤에 어떤 흐름으로 이어질지는 굳이 설명하지 않아도 될 것 같다. 이런 게 일차감정을 소통하고 나눌 때의 장점이라는 것만 한 번 더 강조하겠다.

## 일차적 고통Primary Pain이란 무엇인가

### 일차적 고통은
### 특정 경험을 한 사람들에게는 일차적이다

일차적 고통은 특정한 사람들만 일차적으로 겪는 고통스러운 감정을 의미한다. 도식을 갖게 된 사람이 도식 촉발자극을 만났을 때, 또는 트라우마를 겪은 사람이 트라우마를 상기시키는 자극을 만났을 때의 감정이 일차적이다. 즉 어떤 특정한 경험을 한 사람들에게는 특정한 감정 반응이 일차적일 수밖에 없다는 말이다. 어렸을 때 물에 빠져서 죽을 뻔했던 트라우마가 있다면, 그래서 물을 피해서 살아왔다면 풀장 앞에만 서도 몸이 떨릴 것이다. 이런 공포는 이 사람에게는 일차적인 현상이다. 여섯 살 나이에 엄마가 떠나가던 뒷모습을 기억하는 사람은 열여덟 살 때 첫사랑과 다투다가 첫사랑이 벌떡 일어나 카페 문을 박차고 나가버린 후 쉽게 진정이 될 리가 없다. 심지어 아끼던 볼펜 한 자루가 안 보여도 마음이 덜컥 내려앉았을지도 모른다. 그런 강렬한 감정의 고통이 이 사람에게는 일차적 고통이다.

### 일차적 고통은 지독하게 고통스럽다

일차감정들 중에도 고통스러운 감정들이 있다. 애인에게서 이별 통보를 받았을 때의 슬픔, 사고를 함께 겪었는데 혼자 살아남았을 때의 죄책감, 믿었던 친구에게서 배신을 당했을 때의 분노 등은 누구에게나 쉽지 않은 고통스러운 일차감정이다. 그러나 일차감정보다 일차적 고통이 훨씬 더 고통스럽고 독하고 질기다. 그래서 심리학에서는 일차감정을 일차 '감정'이라 하고 일차적 고통은 일차적 '고통'이라고 부른다. 간단히 말하면 도식을 가진 사람이 도식 촉발자극을 만났을 때의 감정은 겪어보지 않은 사람들이 쉽게 헤아릴 수 없는 지독한 고통이다. 너무 독하게 고통스러워서 잠시도 견디지 못하기에 재빨리 무언가 수를 쓰지 않고는 버틸 수가 없다. 도식에 대한 대처방식을 재빨리 사용하지 않으면 금방 숨이라도 넘어갈 것처럼 초조해서 견딜 수가 없다.

### 일차감정은 본능적으로 직면하고
### 일차적 고통은 본능적으로 회피한다

사랑하는 사람을 죽음으로 잃었을 때의 슬픔은 대단히 고통스럽다. 그러나 자식을 잃은 엄마라도 슬픔을 회피하지 않는다. 슬픔이라는 감정을 본능적으로 직면하고 마음껏 슬퍼한다. 목 놓아 울부짖다가 기절하고 깨어나면 또 슬픔에 울부짖는다. 하지만 슬픔을 회피하지 않고 온몸으로 받아들여서 직면하기에 서서히 강도가 엷어진다. 지독하게 고통스러운 일차감정을 겪었지만, 그것이 도식으로 자리를 잡은 것은 아니다. 따라서 이런 사람은 애완견을 키울 수 있고, 때가 되면 떠나보내고 또 슬퍼할 수 있다. 그런 상실로 인한 고통을 회피하려고 모든 노력을 쏟아붓지는 않는다.

반면 애착을 상실하는 두려움이 도식으로 자리 잡은 사람은 애착을 상실한 후의 슬픔을 절대 만나지 않으려고 온갖 애를 쓴다. 자신이 그러는 줄 모른다. 그저 무의식의 습관이다. 아예 아무하고도 깊이 정들지 않으려 하거나, 친구는 사귀되 애인은 만들지 않거나, 한번 사귀면 절대 헤어지지 않도록 집착한다. 그러다가 헤어지면 슬픔을 온전히 받아들이기보다는 이런 일이 벌어지는데도 예방하지 못한 자신에게 실망하고 화를 내거나, 떠나간 상대에 대한 지나친 분노와 적개심에 매달리기도 한다. 슬픔이라는 일차감정을 피하기 위해 분노라는 이차감정에 몰두하는 셈이다. 성인들끼리의 관계라는 것이 그럴 수도 있다는 자연의 섭리를 받아들이지 못하는 경우다. 애착의 상실이라는 참혹한 결과를 빚는 것은 인성의 결함이라고 판단하는 것이다. 그런 게 자연의 일부라는 걸 인정한다면, 자신의 삶에서 애착을 상실하는 일이 앞으로 또 있을 수 있다는 걸 받아들여야 하기 때문이다. 이런 식의 회피는 거의 본능에 가깝다.

# 창의적 무기력Creative Helplessness이란 무엇인가

막다른 골목에서 절망할 때
출구가 보이기 시작한다

일차적 고통은 피할 수 있는 게 아니라는 절망을 느껴야 한다. 거기서부터 비로소 획기적인 전환점이 시작된다. 일차적 고통을 이해하고 받아들일 때, 그래서 대처방식을 포기할 때 비로소 길이 열린다. 아무것도 할 게 없다는 무기력함을 받아들이고 나면 그 결과가 긍정적인 반전이기에 붙여진 별칭이 '창의적 무기력'이다.

도식과 대처방식은 무의식에 습관처럼 자동화되어 있다. 그래서 촉발자극을 만나면 도식이 타오르고 초조해지면서 대처방식을 사용하지 않으면 견딜 수가 없게 된다. 그런데 도식이 가짜니까, 현재의 상황이 그렇게 해로운 상황이 아니니까, 지금의 이 고통은 과거의 트라우마에서 날아온 것이지 현재의 상황에서 비롯된 게 아니니까 굳이 대처를 하지 않아도 된다는 걸 받아들여야 한다.

스무 살이 되기까지 물을 피해서 살아왔는데, 온몸의 세포들이 아직도 그날의 고통을 생생하게 기억하고 있는데, 친구들에게 떠밀려 수영장 앞까지 왔다. 이제 친구들이 나를 물에 밀어 넣으려는 순간이다. 몸이 떨려오고 식은땀이 나고 머리가 하얘지고 온몸에 힘이 잔뜩 들어간다. 이차감정들이 우후죽순 올라온다. '화가 난다. 이런 거칠고 무례한 것들. 유치하기 짝이 없다. 이런 식으로 노는 게 노는 건가. 사람 끓여 먹는 게 그리도 재미있나. 자기들만 재미있으면 남이야 어떻든 아무렇지 않은 건가. 사이코패스랑 너희들이 뭐가 다르냐.' 온갖 합리화도 가세한다. '수영을 못한다 해도, 물놀이가 없어도 인생은 얼마든지 즐거울 수 있다. 나는 산이 더 좋다. 바다는 시끄럽고 산은 고요하다. 호연지기를 기르는 데도, 명상을 즐기기에도 산이 더 좋다. 물 좋아하는 사람들이 대체로 더 호들갑스럽다. 내 취향대로 사는 게 더 멋스럽다.' 이런 생각은 평소에도 많이 했는데, 이 순간에는 더욱 거세게 마음을 지배한다.

### 긴장을 없앤 후 물에 들어가는 게 아니라 물에 들어간 후에 긴장이 줄어드는 것이다

몸을 물에 담그지 않고 한평생 살아가도 문제될 건 없다. 하지만 좀 더 다양한 여가 생활, 좀 더 원활한 사회생활, 좀 더 나은 삶의 질을 원한다면 한번쯤 물 공포를 이겨내는 것도 고려해볼 만하다. 나중에 자신의 아이들에게 부모와 함께 물놀이하는 즐거움을 선사하고 싶어질지도 모르니까. 적어도 친척들, 친구들 다 모인 자리에서 혼자만 소외되는 느낌을 다시 느끼고 싶지 않으니까. 만약 달라지기를 원한다면 물에 몸을 담가야 한다.

막상 물에 들어가면 당연히 몸에서 진동이 올 것이다. 온갖 기억들, 감정들, 몸의 증상들이 쓰나미처럼 덮쳐올 것이다. 그럴 줄 알고 들어가야 한다. 그것이 '창의적 무기력'이다. 긴장을 누그러뜨리고 몸을 진정시킨 상태에서 물에 들어갈 수 있게 해주는 마법 같은 건 없다. 그러나 사람의 몸에는 불변하는 법칙이 있다. 일차적인 모든 감정들은 온전하게 받아들이면 시간이 지나면서 반드시 누그러진다는 것이다. 아무리 몸이 떨린다 한들 열 시간 내내 떨기야 하겠는가. 좀 지나면 서서히 가라앉아야 정상 아닌가. 물 공포를 치유하는 데 실제로 하루 이상 시간이 걸리지 않는다. 물속에서 느끼는 특유의 묘하게 시원하고 쾌적한 느낌을 처음으로 느껴보기까지 그리 오래 걸리지 않는다. 사람의 몸을 갖고 있다면 어김없다.

유기불안 도식으로 인해 웅크리고 살아온 사람이라면, 과감하게 사귀어보고 잘 헤어지는 경험을 해보는 게 무엇보다 중요하다. 누군가에게 매력을 느꼈다면 겁 없이 사귀어보는 거다. 그리고 시간이 지나 시들해지면 헤어져보는 거다. 스무 살이란 그래야 하는 것 아닐까. 인성이 부족해서 헤어지는 것이 아니라는 걸 인정하고, 상대가 나쁜 놈이어서 이런 일이 벌어진 게 아니라는 것도 받아들이고, 그저 성인들끼리는 만남의 유통기한이란 게 원래 그렇게 짧을 수도 있다는 걸 경험해보아야 하지 않을까.

마음껏 좋아해보고 실컷 표현해보고 여러 모로 실수도 해보고 기꺼이 실망도 해보아야 한다. 아프면 그대로 아파하고 슬프면 울면 된다. 해보지 않으면 안 된다. 젊은 시절을 돌아볼 때 가슴이 시려오는 슬픈 기억이 하나도 없다면 그게 가장 슬픈 일인지도 모른다. 일차적 고통은 자연의 섭리를 거스르게 한다. 하나도 아프지 않고 지나가려 한다. 어차피 성공하지 못한다. 아프지 않으려다가 더 심하게 아플 수밖에 없다. 수영장에 몸을 담그는 사람의 예를 생각하자. 일차적 고통은 받아들이는 것 외에는 달리 방도가 없다.

완전히 절망해야
길이 열린다

# 일부러 거절당해보는
# 내 마음 테스트

도식은 자신의 마음속 깊은 곳에 굳어져 있는 맹목적인 믿음이다. 제대로 검증된 적도 없는데 사실인양 무의식에 새겨져 있다. 예를 들어 이렇게 생각하는 사람이 있다고 해보자. '나는 누구에게도 환영받지 못할 짐짝처럼 얹힌 존재이기에 감히 타인에게 원하는 걸 원한다, 싫은 걸 싫다, 서운한 걸 서운하다고 말하는 것이 너무 눈치가 보인다.' 자, 그의 생각은 사실일까? 어릴 적 성장 환경이 그러했다면 적어도 어릴 적에는 그런 자화상이 사실이었을 것이다. 하지만 문제는 성인이 된 후에 만나는 모든 관계에서도 여전히 자신이 그런 존재라고 믿는다는 것이다. 검증할 것도 없이 이건 명백히 잘못된 무의식의 습관이다. 그러나 이런 객관적인 판단만으로는 무의식에 박힌 습관이 잘 버려지지 않는다는 게 문제다. 마음의 법칙이란 게 그렇다.

좀 특별한 노력이 있어야 비로소 극복이 가능하다. 두 가지 노력이 반드시 필요하다. 하나는 어린 시절과 무의식에 대한 통찰이고, 또 하나는 행동실험이다. 행동실험에 앞서서 도식에 대한 통찰이 우선이라는 건 두말할 필요가 없다. 이제껏 도식을 가설로 여기고 실험을 통해 검증해본다는 발상 자체를 해본 적이 없었다. 도식의 존재조차 짐작을 못하는데 무슨 검증을 하겠나. 실험 삼아 행동에 변화를 주고 결과를 두고 보면 도식이 옳은지 그른지 검증할 수 있기 때문에 행동실험이라고 부른다.

'짐스럽고 못나고 별 가치 없는 존재'가 자신의 부정적인 자화상이라면 자기표현을 잘 하지 못하는 습관을 갖기가 쉽다. 이런 도식, 이런 대처방식을 가진 사람들이 우울증에 유독 취약할 수밖에 없다. 원하는 것, 싫은 것, 서운한 것을 잘 말하지 못한다면 관계가 가까워져도 행복감을 잘 누리지 못하게 된다. 심지어 상대가 그의 희생을 당연시하거나 더 많은 희생을 아무렇지 않게 요구하는 상황에 이르기도 한다. 결국 소중해진 사람과의 친밀한 관계 안에서 자신의 모습이 '못나고 별 가치 없는 존재'라는 느낌이 강해지게 된다. 그런 악순환의 고리를 끊으려면 어디서부터 어떤 변화가 필요할까?

## 행동실험의 시작은
## 아주 작고 사소한 것에서부터

한꺼번에 모든 걸 뒤집을 필요는 없다. 가능하지도 않고 바람직하지도 않다. 작은 변화에서부터 시작하고 한 계단씩 찬찬히 올라가면 된다. 1단계를 성공하면 2단계에 도전하고 싶어지고 성공 가능성도 자연히 올라간다. 마음이 앞선다고 당장 마지막 10단계를 마음에 품으면 좌절이 불 보듯 뻔하다. 첫걸음에 좌절하면 '역시 난 의지가 약해. 동기가 부족해' 등의 자기 비하가 마음을 지배하게 된다. 결국 도식의 늪에 다시 빠진다. 이것은 자신에게 공정하지 못한 처사다. 자전거에 올라타본 적도 없는 사람에게 오토바이 몰고 고속도로를 질주하라는 것과 같다. 그런 무지막지한 주문을 했다면 비난하기보다는 무모할 정도로 대단한 용기였다고 감탄해야 하는 것 아닐까. 이것은 무의식의 습관을 털어내는 방대한 프로젝트다. 누구에게도 쉬운 일이 아니고 서둘러서 될 일도 아니다.


## 싫어도 싫다고 말하지 않는 것
## 그것이 과연 배려인가

싫어도, 서운해도 차마 말하지 못하는 사람의 예를 들어보자. 친한 사람의 부탁이라면 차마 거절을 잘 못할 것이다. 친한 사람에게도 부탁을 잘 하지 않을 것이다. 어떤 행동이 마음에 안 들어도 왜 그러느냐고, 안 그러면 안 되느냐고 말하지 않을 것이다. 아주 사소한 예를 들어보자. 지난 일 년간 가까워진 친구가 우리 집에 자주 놀러 왔다. 당연히 내가 성의껏 식사 준비를 했고, 설거지도 '너는 손님이니까' 굳이 우겨서 내 손으로 했다. 그게 내 습관이고 매너고 장점이다. 두 번째에도 그렇게 하니 친구는 벌써 그러려니 한다. 세 번째에는 더 허물없이 소통하는 사이가 되었다. 이제 친구는 손님이라기보다 자기 집 안방에 온 사람처럼 밤늦게 불쑥 찾아와서는 라면을 끓여달라고 하고 잘 먹고 대자로 드러눕는다. 열 번, 스무 번까지 괜찮았지만 삭히기만 하다가 쌓이면 결국 터지는 게 패턴이다. '대체 나를 어떻게 보고 이렇게까지 무례할 수가 있단 말인가. 너한테 난 그 정도밖에 안 되는 건가. 그렇다면 난 왜 이렇게까지 굴욕을 참아가면서 이 관계를 이어갈까.' 그리고 무엇이 왜 어떻게 서운했는지를 말할 때는 비장한 태도로 말을 하게 된다. 관계가 깨질 것을 염두에 두고 하는 말이니까.

"일 년 동안 친구끼리 이런 말 하기가 미안해서 안 했어. 그런데 나 사실 별로 마음이 편하지 않았어. 설거지가 별일은 아니니까 솔직히 내가 계속 해도 돼. 그런데 그냥 기분이 좀 그래. 가끔은 나도 네가 나를 배려한다는 느낌이 좀 들면 좋을 것 같아. 그럼 설거지를 내가 해도 기분 좋게 할 수도 있으니까. 꼭 뭔가 먹을 때마다 네가 설거지를 하라는 말은 아니야. 오해는 없기를 바라." 이런 식으로 말하면 친구 입장에서는 어떤 기분, 어떤 생각이 들까. 괜찮을까? 물론 친구가 좀 얌체 같은 행동을 하기는 했다. 하지만 일 년이 지나서 그 말을 듣고 괜찮을 것 같지는 않다. "왜 이제야 말을 하니. 처음부터 그렇게 말해주면 당연히 내가 했을 텐데. 처음부터 말해줬으면 기분 나쁠 일이 하나도 없는데. 말해봐야 내가 설거지 안 하고 뻔뻔하게 우길 거라고 생각한 거야? 아니면 그 말 한다고 내가 널 미워하기라도 할까봐 말 못한 거야? 그 정도로 나를 못 믿었던 거야?" 이렇게 말하고 싶어지지는 않을는지. 이렇게까지 나오면 분위기가 험해지고 관계도 망가지니까 굳이 말하지 않고 넘어가는 경우가 더 많을 것이다. 그러나 둘 사이의 묘한 긴장감은 이제 어쩔 건가. 대체 설거지가 뭐라고 이거 하나로 이렇게까지 불편해져야 하나. 물론 또 다른 경우도 있기는 하다. "너희 집이니까 네가 한 거 잖아. 우리 집이었으면 내가 했을 거야. 그렇게 싫으면 내가 한두 번 정도는 할게." 드물기는 하겠지만 이렇게 말하는 친구도 있을 수 있다. 이럴 땐 오히려 결론짓기가 쉽다. 진면목이 드러났으니 안 보거나, 집으로는 초대를 안 하거나, 적당히 거리를 두면 그만이다.

### 남들은 쉽게 하지만
### 나는 해보고 싶어도 차마 못했던 행동 해보기

열 번, 스무 번 쌓인 후에 비로소 서운함을 말하는 것은 행동 실험이 아니다. 그 정도 되면 서운함을 말하기에는 이미 늦었다. 그럴 땐 그냥 웃으면서 "오늘은 네가 설거지다. 알았지? 왜는 뭐가 왜 야. 그럴 때도 있는 거지 뭘." 이렇게 해보는 건 그나마 괜찮다. 집에 처음 놀러온 친구에게 "내가 식사 준비, 넌 설거지. 오케이?" 이렇게 해보는 건 꽤 괜찮은 행동실험에 해당한다. 또는 "너 혹시 요리 잘 해? 재료 사와서 네가 요리 좀 해봐라. 나도 네 덕 좀 보자"라고 해보는 것도 좋다. 친구가 거절해도 상처받을 일이 아니다. 행동실험에서는 "아니면 말고"라고 말하고 마음속에서도 '아니면 말고'를 진정 받아들여야 한다.

## 상대의 반응, 관계의 흐름보다 나의 기분에 더 주목하라

실험 결과에서 두 가지에 주목해야 한다. 하나는 상대의 반응, 다른 하나는 내 마음의 반응이다. 내 도식이, 즉 내 가설이 맞으면 친구는 나를 무시하거나 싫어할 것이고 관계는 당연히 소원해질 것이다. 그런데 설마 "우리 사이가 원래 그런 식 아니었나? 내가 원하는 걸 네가 해주고, 나는 당연하다는 듯이 즐기고, 돌아서서 잊고. 그러니까 설거지는 당연히 너의 몫이고." 이렇게 말할 사람이 과연 있을까. 만일에 친구가 이렇게 말해준다면 내 기분은 어떨까. "그래 당연하지. 내가 우리 집에서도 설거지 자주 해. 걱정 마, 그릇에서 뽀드득 소리 나게 닦아줄 테니까. 넌 저리 가서 쉬어." 이렇게 쉬운 걸 왜 진작 못했을까 아쉬움이 밀려든다면 실험은 대성공이다. 설령 친구가 자기는 그런 거 잘 못한다거나 귀찮다고 버티면 좀 실랑이를 벌여보아도 좋겠다. 서로 티격태격 네가 해라, 못한다, 자꾸 까불래 하면서 논다고 사이가 꼭 나빠질 건 아닐 테니. 어떻게든 서로 찝찝하지 않은 타협점을 찾을 수 있다. 무엇보다 말하고 난 다음이나 실랑이를 벌이는 도중에 내 마음에 찝찝함이 쌓여서 여운이 오래 가지만 않는다면 그래도 가설은 기각되는 것 아닌가.

이 실험은 친구와 자신이 얼마나 서로 대등한 존재인지를, 서로가 만족하는 합리적인 지점을 찾아야 한다는 대전제를 친구가 얼마나 자연스럽게 받아들이는지를, 내가 불만족스러워하면 친구도 내 눈치를 살핀다는 것을 느껴보는 중요한 체험이 된다. 그럴 리가 없겠지만 만약 친구가 내 입장을 배려해줄 의지가 없고 오직 자기중심적인 태도로 일관한다면 어떨까. 비록 원하던 흐름은 아니겠지만 그래도 행동실험은 큰 의미가 있었던 것 아닌가. 더 이상 이 관계에 믿음과 정성을 투자할 필요는 없다는 게 분명해졌을 테니. 당장은 아프겠지만 실컷 아파하고 빨리 잊고 자신의 마음을 회복하는 게 더 이롭다. 훗날 돌아보면 이날의 행동실험에 감사할지도 모른다. 치유와 성장의 목적은 내 마음의 안정, 내 삶의 풍요다. 누군가와의 관계를 어떻게든 유지하면서 소중히 하는 것이 치유의 목적이나 삶의 목적이 될 수는 없다.

## 거절을 일부러 당해보는 것은 좀 더 적극적이고 효과적인 행동실험이다

친한 친구나 애인에게 뜬금없이 전화를 걸어서 "지금 시간 돼?"라고 말하기 두려운 사람들에게 일부러 거절당해보기는 딱 맞는 실험이다. 바쁘다는 말을 들어도 대체 얼마나 중요한 일인지 의문이 꼬리에 꼬리를 문다. 다른 중요한 약속이 있다는 말을 들으면 좀 더 민감해진다. 나보다 더 중요한 그는 누구일까. 차라리 중요한 일이라고 하면 덜 민감하다. 나와 일을 비교하는 게 받아들이기가 더 낫다. '넌 일에 큰 비중을 두는 사람이구나'라고 생각하면 그만이니까. 하지만 나보다 다른 사람과의 약속이 중요하다고 하면 이야기가 달라진다. 사람을 중요시하는구나. 그런데 그게 내가 아니구나. 이건 많이 아프다. 용서가 안 된다.

어렸을 때 늘 바빠서 등만 보여주는 엄마를 쿡쿡 찔렀을 때 엄마의 짜증 섞인 표정과 말투가 날아와 내 가슴에 꽂힌 기억이 있다면, 그 후로 관심을 못 받아도 속으로 삭히고 삼켰다면, 서러움이 가슴에 켜켜이 쌓였다면 당연히 그럴 것이다. 많이 두려울 것이다. 믿는 사람의 거부와 무심한 태도를 용서하기는 쉽지 않을 것이다.

그가 거절하고 싶을 만한 다소 애매한 상황에 전화를 걸어본다. 상대방이 차마 시원하게 말 못하고 망설이는 듯하면 이렇게 말해봐도 좋겠다. "뭘 그리 고민하고 그래. 안 되면 다음에 보면 되지 뭘. 내가 평소에 얼마나 히스테리를 부렸다고 겁먹고 그러냐?" 그가 갸륵하게도 중요한 일 포기하고 날 만나겠다고 하면 일단 기쁘게 받아들인다. 그리고 한 번 더 묻는다. "오늘 중요한 일 있다고 하지 않았어? 난 사실 네 얼굴 보는 게 더 좋지만, 다른 친구 만나서 쇼핑해도 되고, 영화를 봐도 괜찮아. 그래도 나 만나겠다고 하니까 기분은 되게 좋다. 오늘 나 못 만나면 나 보고 싶어서 다른 일 못한다거나 뭐 그러면 내가 오늘 만나줄까?" 이렇게 너스레를 좀 떨어줘도 좋겠다. 그가 한숨 쉬면서 오늘 내 사정 어떤지 모르는 거냐, 정말 너무 한다 등의 볼멘소리와 함께 애원하듯 거절한다면 이 기회에 사과를 좀 해도 좋겠다. "내가 평소에 좀 그랬지? 알았어. 오늘은

일부러 거절당해보는
내 마음 테스트

내가 쿨 하게 받아들이고 혼자서 착하게 잘 놀고, 다음에 시간될 때 만나면 잘해줄게. 기대해봐. 오늘 일들 잘 마무리하고." 물론 쉽지 않다. 이런 게 익숙하지 않은 사람은 정말 쉽지 않다.

거절을 당해도 무난하게 받아넘기는 연습을 해준다면 효과는 만점이다. 이 과정에서 무의식에 새겨져 도사리던 도식이 깨어날 틈이 없다. 도식의 부정적인 느낌을 강하게 제압하는 한 방이 될 것이다. 이런 행동은 자신의 도식이 허구였음을 깨끗이 인정하고 받아들이는 태도이기 때문이다. 역으로 도식의 존재와 비논리성을 명확히 깨닫고 있다면 이런 행동실험이 수월해진다.

### 도식을 인지하는 것은
### 도식에 찬물을 끼얹는 것이다

이 정도의 파격적인(?) 행동실험이 가능해지도록 하려면 도식과 어린 시절의 뿌리를 명확하게 깨닫고, 행동실험을 하는 그 순간에도 인지하고 있어야 한다. 어릴 적부터의 그 느낌, 서러움, 원망, 분노, 불안 등의 감정들이 마음 안에 도사리고 있다가 현실에서 도식촉발자극을 만나는 순간 불타오를 수 있음을 알고 있어야 한다. 그에게 물을 때나 그가 대답할 때 내 심장이 오그라들거나 내 마음에서 불길이 치솟았던 이유를 자각하고 있어야 한다. 어릴 적 엄마의 거부와 무관심은 서러울 만하지만, 성인들끼리 이 정도 상황은 서러울 일이 아님을 깨닫고 있어야 한다. 도식촉발자극을 만난 순간 도식을 인지하고 도식의 활동을 감지하면, 깨어나려던 도

식에 찬물을 끼얹은 듯 도식이 스르르 움츠러들게 된다. 도식은 무
의식에 있을 때는 불타오르지만 의식에서 자각하고 있으면 활동하
지 못한다. 도식의 근거가 비합리적이고 황당하다는 것을 인지하고
있는데 불타오를 이유가 없다. 무의식적으로 활동할 때 무서운 것
이다. 무의식에는 논리 검증이라는 게 아예 없으니까.

### 행동실험은 작을수록 효과가 더 강력하다

사소한 말 한마디가 특별한 체험이 될 수도 있다. 아주 작고
사소한 말 한마디에 큰 의미가 배어 있었음을 느낀다. 그렇게 사소
한 말이나 행동 하나의 뿌리에 어린 시절 자신에 대한 부정적인 자
화상과 무의식적인 대처방식, 습관이 된 행동 패턴이 깃들어 있었
음을 느낀다. 이렇게 작은 행동의 습성 하나에도 자신의 마음이 성
장하고 진화해온 역사가 고스란히 배어 있다는 걸 자각할 수 있다.
이때 소름이 살짝 돋을 수도 있다. 그리고 시야가 열린다. 거의 모든
상황에, 말과 행동의 습관 하나에도, 가치관에도, 삶의 의미와 목적
에도 어린 시절과 무의식이 깊이 배어 있다는 걸 알게 된다. 하나가
열리면 전체가 열리기 시작한다.

### 몇 걸음 가다 보면 자연스럽게 가속도가 붙는다

첫걸음까지가 오래 걸린다. 전에는 상상조차 해본 적 없던
방향으로 왜 가야 하는지를 받아들이기까지가 오래 걸린다. 어린
시절과 무의식에 대한 자각이 없다면 자신의 믿음과 패턴을 바꾸려

하지 않기 때문이다.

　작은 행동실험 하나를 성공한 후 시야가 열리면 다음의 행동 변화로 자연스럽게 이어지면서 점점 더 가벼워지고 설레고 신나게 된다. 처음에는 너무 어렵고 높아만 보이던 변화들이 눈앞에 성큼 다가오는 것도 시간문제다. 모든 발전이란 게 그렇다. 때가 되면 가속도가 붙는다. 싫은 걸 싫다고 말한 후, 사이가 더 편안해지고 돈독해지는 걸 체험한다면 친구의 부탁을 거절하는 일도, 친구에게 엉뚱한 부탁을 해보는 일도 점점 쉬워질 것이다. 시간이 좀 더 지나고 체험이 쌓이다 보면 사는 게 힘들거나 외로울 때, 친구랑 술 한잔이 간절할 때 늦은 밤 친구에게 주저함 없이 전화를 걸고 있는 자신을 발견할 수도 있다. '내가 언제부터 이렇게 뻔뻔했나.' 돌아보면서 기분이 묘하게 좋아지기도 한다. 친구에게서 미안하지만 오늘은 좀 그렇다는 답이 돌아와도 그러려니 하고 쉽게 털어버리는 자신을 느낄 때는 언젠가 막연하게만 꿈꾸던 정서적 안정감과 자존감이 생겼음을 느낀다. '아니면 말고'가 그렇게나 중요했다는 걸 절감하면서 피식 웃을 일이다.

## 억지로 하는 행동실험은 득보다 실이 많다

　행동실험을 서두를 일은 아니다. 어린 시절과 무의식의 통찰에 전념하는 것이 무엇보다 중요하다. 그 과정이 충분하면 행동실험은 자연히 따라온다. 하지 말라고 해도 스스로 하게 된다. 그동안 집착에 가깝도록 매달렸던 자신만의 대처방식들이 어느덧 어이없고 허탈하게 느껴질 게 뻔하기 때문이다. 무엇을 어떻게 변화시켜야 하는지를 스스로 찾지 못하는 사람은 없는 것 같다. 그걸 왜 굳이 변화시켜야 하는지를 받아들이지 못할 뿐이다. 아직 통찰이 무르익지 않았을 때 억지로 하는 행동실험은 별로 득이 되지 않는다. 어차피 대처방식이라는 것은 무의식적으로 일어나는 것이기에, 간절한 마음으로 통찰이 이루어지지 않은 상태에서는 아무리 의식적으로 행동에 변화를 주려고 해도 자신도 모르게 어느덧 과거의 습성대로 행동하게 된다. 의지를 발휘한 노력의 결과로써 실망이 쌓여가는 것은 썩 좋지 않다. 자신을 끝없이 돌아보고 통찰하려고 애쓰면 된다. 나머지는 자연스럽게 따라오게 되어 있다.

일부러 거절당해보는
내 마음 테스트

# 먼저 행복해야
# 자아실현이 뒤따른다

도식의 치유가 끝이 아니다

놀이 본능이 균형 있게 살아나야 한다

도식에서 벗어나는 것이 끝이 아니다. 애착 본능에 고착되면서 도식들이 자라났다. 그럼으로써 삶이 진행될수록 점점 더 애착 본능에 매달리는 결과가 나타났다. 자신의 장점, 단점, 가치관, 관계의 패턴, 삶의 희로애락, 나아가서 삶의 의미까지도 애착 본능과 관련된 것들로 채워졌다. 자신에게 주어진 하루 스물네 시간, 일주일, 한 해를 기준으로 놀이 본능이 어느 정도의 비율로 살아 있는지 점검해볼 필요가 있다.

애착에 대한 믿음이 부족해서 갈등을 겪은 연인을 예로 들어보자. 그들이 도식을 인지하고 털어냄으로써 애착에 대한 믿음을 회복했다고 가정해보자. 그들은 서로 바라만 봐도 믿음직하고 애틋한 관계로 발전했다. 전에도 늘 함께하고 서로 바라보는 시간이 압도적으로 많았다. 지금도 마찬가지다. 다만 전에는 의심, 불안, 원망이 가득한 시선이었다면 이제는 믿음과 따뜻함이 지배적이라는 확연한 차이가 있다. 그래서 앞으로도 당연하다는 듯이 대부분의 시간을 서로를 바라보는 데 할애한다. 새 삶을 찾은 듯한 기쁨이고, 인생 내내 바라고 바라던 것이며, 자신의 행복은 애착에서 비롯되니다른 데로 시선을 나누어줄 이유가 없다. 서로가 서로에게 자아와삶의 전부니까. 어떤가?

자기만의 시간과 공간, 자기만의 놀이가 없으면 안정감 있는애착을 유지하기가 더 어렵다. 갈등 요인이 다시 자라날 수도 있다. 애착 본능에 매달리느라 놀이 본능이 살아나지 않은 아이들은 엄마에게서 서운함을 느낄 단서를 더 잘 발견한다는 점을 앞에서 설명했다. 애착 본능과 놀이 본능이 균형 있게 발달하고 채워져야 행복감을 유지할 수 있다. 사람은 행복하지 않으면 의심을 하게 된다. 이상하다. 애착이 분명 좋은 듯하지만, 여전히 무언가 덜 좋으니까 내가행복감이 부족한 거겠지? 이런 생각을 본능적으로 하게 된다. 애착이 행복의 필수 요소임은 자명하다. 다만 그걸로 충분하지는 않다는 말이다.

성실하고 책임감 강하고 헌신적이기까지 한 사람들이 행복찾기에 소홀한 경향이 있다. 아무리 훌륭한 일을 하고 있어도 근무 시간보다는 퇴근 후나 휴가 때가 더 행복할 것이다. 아무리 가족이 화목하고 서로 의지하며 살아도 여가 생활 없이 행복할 수는 없다.

## 행복감은 놀이 본능에서, 책임감은 애착 본능에서 비롯된다

이십 대 후반의 남자가 사귀는 사람과의 결혼을 앞두고 있는데 진로와 직장 선택의 문제로 고민하고 있다고 가정해보자.

"현재 다니고 있는 회사에서 잘릴 염려는 없어요. 제가 성실하고 책임감이 강한데다가 사람들에게도 잘해요. 그런데 제가 만족을 못하는 게 문제예요. 사실 좀 심각해요. 회사를 옮겨야 할지 아니면 직업을 바꿔야 할지 이 년째 고민하고 있어요. 지금 다니는 회사는 수입이 충분하지도 않고 직장 동료들도 솔직히 좀 실망스러워요. 윗사람들이 저의 능력과 헌신을 인정하기는 하지만 그렇다고 적절한 보상이 오는 것도 아니고 게다가 승진이 보장되는 것도 아니에요. 게다가 좀 더 많은 걸 알아서 해주기를 은근히 바라는 눈치예요. 저도 사람인데 때로는 화가 나죠. 동료들이 잘 챙겨주고 회식 분위기도 나쁘지 않은 좋은데, 그건 솔직히 제가 손해를 보면 봤지 게으름을 부리는 일이 없고 잘 도와주기도 하니까 저한테 잘해주는 거겠죠. 회식 끝나면 그게 끝이에요. 개인적으로 속을 터놓고 통하는 친구는 없어요. 제 고민을 알아줄 사람도 없지만, 제가 고민을 털어놓고 싶은 사람도 없어요. 솔직히 책임감 없이 눈치나 살피고 요령이나 피우고 윗사람이 볼 때만 정성을 다하는 그런 부류의 사람들에게 제가 뭘 터놓고 말하겠어요."

"제 삶에는 소울메이트도 없고 롤 모델도 없어요. 결혼할 여자 친구가 있지만 모든 고민을 다 나눌 수는 없어요. 그 친구도 여러 고민이 많고 미래를 생각하면 책임감도 클 텐데, 제가 어깨에 짐을 더 얹어줄 수는 없잖아요. 너무 힘들고 외로울 때는 혼자서 술이라도 실컷 마시곤 해요. 그런데 그마저도 결혼하면 자제해야겠지요."

"직업을 바꿀까 고민도 하고 있어요. 회사는 아무래도 제 체질이 아닌 것 같아서요. 문제는 뭘 해야 열정을 쏟고 만족할 수 있을지 잘 모른다는 거예요. 좋아하는 음악을 전문적으로 하려니 수입이 턱 없이 모자라거나 불안정할 텐데 그걸 선택하는 건 결혼을 앞둔 사람으로서 무책임의 끝이라고 봐야지요. 사람들 돕는 일이 제 적성인 것 같아서 사회복지사나 상담사로 일하면 행복할 것 같지만, 전문적인 직업 활동을 하기까지 시간도 오래 걸리는 것 같고 수입이 안정된다는 보장도 없는 것 같아요. 수입도 적으나마 안정이 되고, 직장 동료들끼리 정서적으로 교감하고 서로 지지하는 따뜻한 환경에서 일하면서, 소울메이트와 롤모델도 찾고, 자아실현으로 나아가는 그런 행복을 누리려면 어떤 직업을 택해야 할까요?"

이 사람은 애착 본능에 고착되어 살아왔다는 점이 눈에 띈다. 관심, 소통, 사랑, 인정에 대한 욕구가 간절하다. 그에 맞게 책임감이 강해졌고 여러 가지 능력들이 발달했다. 공감 능력이 좋고, 사람들의 기대치를 알고 부응하면서, 맡은 바 임무에 소홀함이 없고, 업무 수행 능력이 뛰어날 뿐 아니라 회사 일을 자기 일처럼 여긴다. 그런데 이 사람이 놀이 본능을 잊고 산다는 느낌을 지울 수가 없다.

한 우물을 파는 건 성공의 비결일 뿐
행복의 비결은 아니다

이 사람이 추구하는 욕구들을 정리해보자. 곁에 있어주고 마음 알아주고 보듬어주는 애착을 원한다. 누군가를 믿고 따르고 닮아가면서 성장하기를 갈망한다. 그런 누군가가 있어서 자신의 가치를 알아주고 격려해주기를 소망한다. 주위 모든 이들에게 도움이 되는 존재이고 싶어 한다. 자신이 있음으로써 주변 사람들이 행복해지는 그런 존재이기를 소망한다. 믿음과 사랑과 인정의 토양 안에서 자신의 잠재력을 실현하기를 갈망한다. 자아실현이 자신을 행복하게 할 거라 믿고 있다. 앞뒤가 바뀌었다. 자아실현이 되어야만 비로소 행복해지는 게 아니다. 행복한 사람이 자아를 실현하기에 더 유리한 것이다. 게다가 이 사람은 모든 욕구를 직장 한 곳에서 해결하고픈 소망을 갖고 있다. 너무 비현실적인 기대의 끝은 언제나 실망과 좌절이다. 그렇게까지 자신의 열정을 쏟은 직장에 대한 자신의 감정이 미움과 원망이라면, 그보다 안타깝고 슬픈 일도 없겠다.

여가를 통한 즐거움도
삶의 만족을 구성하는 기본 영역이다

심리학에서는 삶의 만족도를 측정할 때 네 가지의 영역으로 나누어서 본다. 직장/커리어, 친밀한 관계, 사회적 관계 그리고 여가 생활이다.

이것부터 분명히 하자. 직장과 커리어가 주는 만족은 자존감도, 애착도, 여가도 아니다. 직업이라는 것이 자신이 속한 사회 안에서 자신의 쓸모와 가치를 증명하는 한 가지 방편이어서 중요하기는 하지만 그렇다고 자존감의 완성을 의미하는 건 아니다. 직업적인 성공이 자존감을 고양하는 건 맞지만, 반대로 직업적으로 성공하지 못한다 해서 자존감이 떨어질 이유는 없다. 먹고살려고 마지못해 택한 직업을 가진 사람은 자존감으로부터 영영 멀어졌다고 말해야 할까? 그렇다고 답할 사람은 어디에도 없다. 성공이 행복은 아니다.

성인에게 직업이라는 것은 누군가의 희생이 동반된 보살핌에 의존하지 않고 자기 몫을 충실히 하고 있다는 걸 증명한다. 더 나아가 나머지 영역에서의 행복을 추구할 수 있는 기반을 마련한다는 의미가 있다. 즉 퇴근 후가 행복 찾기의 시작이고, 좀 더 수월하게 행복을 추구하기 위해서 좀 더 나은 직업을 갖고 싶어 하는 것이다. 친밀한 관계는 가족과 연인을 말한다. 경제 공동체, 운명 공동체에 해당하는 소중한 사람들과의 관계를 일컫는다. 애착 본능을 실현하는 영역이다. 그런 반면 사회적 관계는 애착 본능과 놀이 본능이 적절히 균형을 이루는 영역이다.

삶의 만족도의 네 가지 기본 영역에 여가 생활이 포함되었음을 잊지 말자. 놀이 본능에 몰두하는 것은 사람답고 바람직한 것이며, 더 나아가 아름다운 일이다. 회식에서는 점잔 빼는 사람이 아니라 아이처럼 해맑게 노는 사람이 그날의 행복을 책임진다. 카리스마 넘치는 남자도 진짜 매력은 애인 앞에서 천진한 아이처럼 재롱을 부릴 때 나온다. 스포츠와 예술에 열광하고, 눈부시게 아름다운 경관에 매료되고, 진기한 체험에 뿌듯해하는 순간은 놀이 본능이 충족되는 아름다운 시간이다. 가슴이 뻥 뚫렸다가 꽉 채워졌다가 시원해졌다가 뜨거워지는 행복한 여가 시간을 만끽하고 돌아온 사람이 좀 더 여유롭다. 가정에서 더 따뜻하고 직장에서 더 열정적일 수 있는 에너지가 충전된다.

직장에서는 직장이 해결해주는 그것만 바라야 한다. 위의 예에서 제시한 것처럼 직장에서 모든 욕구를 다 채우려 하는 사람들이 어느 직업에서나 실망을 잘 하기에 자신의 적성에 대해 심각하게 고민하는 경향이 있다. 적성의 문제가 아니다. 행복 찾기를 위해 진지한 고민을 하되 각각의 영역별로 점검해보는 게 좋다. 이십 대 후반의 이 남자는 이 직장에 감사하는 마음을 가져도 될 것 같다. 놀이 본능만 적절히 살아난다면 직업, 친밀한 관계, 사회적 관계 등의 영역에서 더욱 풍성한 행복을 누릴 수 있는 자질을 이미 갖추고 있는 것이다. 그걸 자신만 모르고 있다.

# 산다는 것의 모순을 극복하는 감정, 연민

# 행복에서 점점 멀어지는
# 인간의 일생

인간의 삶을 지배하는 세 가지 테마는 생활, 애착 그리고 놀이다. 애착과 놀이 본능이 원활하게 살아 있어야 행복할 수 있다. 그리고 행복 추구는 생활의 안정을 바탕으로 한다. 그런데 일상이 별 탈 없이 잘 돌아가면서 안정감을 유지하는 일이 결코 만만하지 않다. 인간의 일상은 새벽부터 하루 종일 밭을 갈고 해가 지면 곯아떨어지기 바쁜 소의 신세에 곧잘 비유된다. 해결해야 할 과제가 끝이 없는 일상이 평생 이어진다.

아직은 스스로 앞가림을 할 수 없어 부모에게 의존하는 어린 아이들도 마냥 놀기만 하는 건 아니다. 포기, 체념, 인내, 양보, 기다림을 받아들이고 배워야 한다. 행복이, 심지어 애착마저도 때로는 조건부라는 걸 배운다. 학교를 다니기 시작하면 오랜 고생 후에 행복은 잠깐이라는 것도 느끼기 시작한다. 자유는 공짜가 아니다. 청소년기에는 근면, 성실과 인내가 삶을 더욱 지배한다. 행복은 사치나 다름없을 정도로 잠깐이다. 이유가 더 무섭다. 더 거칠고 더 바쁜 미래를 준비해야 하기 때문이다. 배워야 할 것들이 너무 많아서 어지럽다. 그래도 희망을 잃지 않는다. 이 고단한 배움의 끝에 행복이 기다리고 있을 줄 안다. 이런 천진한 희망을 대학 생활 내내 유지한다. 그리고 사회의 맛을 보기 시작하면 설마 했는데 정말이구나, 그제야 깨닫는다. 행복 찾기를 어떻게 해야 하는지, 행복이란 스스로 애써서 챙겨야 하는 그 무엇이라는 걸 미처 배우지 못했다. 인내하며 성실하게 사는 데 왜 행복이 가까이 오지 않는지 의아할 때는 근면과 성실이 모자라서 그렇다고 느끼며 압박감이 커진다. 생활의 무게가 천 근이다. 이럴 때 누군가 다정하게 커피 한 잔 건네주면 이처럼 사소한 게 행복인가, 잠시 깨우친다.

사회에 입문한 후로는, 특히 자식을 낳고 기르는 중에는 대인관계와 여가마저도 생활의 연장선에 놓인다. 생활 전선에서 약육강식은 기본이기에 어설픈 인정은 유치하고 지나친 인정은 위험하다. 겉으로는 팔색조의 표정을 해야 하지만 속으로는 한결같은 냉정함을 유지해야 한다. 아버지들은 직업을 유지하고 돈을 좀 더 벌기 위해 싫어도 친구가 되어야 하고, 재미없어도 웃어야 하고, 미워도 다정하게 대해야 하는 일들이 많아진다. 어제의 적이 오늘의 동지가 되기도 하는 뻔뻔한 세상이다. 그렇지 않으려고 고집을 부리는 사람들에게는 안 그래도 거친 사회가 더욱 가혹해진다. 취미 생활도 생활 전선의 연장이다. 자기 사람을 만들어서 관리해야 하고 동맹 관계를 넓혀야 한다. 좀 더 잘 먹고 잘살기 위한 밑거름이다. 그렇지 않은 순수한 취미는 철없는 짓이나 사치라고 느낀다. 엄마들도 자식 교육에 발 벗고 나서는 세상이다. 옆에서 돕는 정도가 아니라 진두지휘 수준이다. 할아버지의 재력, 아빠의 무관심 그리고 엄마의 정보력이 아이들 진학의 성공을 결정짓는 필수 요소라고들 한다. 틀린 말이지만 여기서 굳이 반박하지는 않겠다. 그저 사람들이 삶의 무게에 짓눌려 사는 안타까움을 말하기에는 꽤 좋은 예다.

내 집 한 칸 마련한다고 될 일이 아니다. 장성한 아이들마다 집 한 채씩은 안겨줘야 어깨를 펼 수 있다. 그게 무리라면 적어도 해외 연수 비용이나 전세 비용 내지는 결혼 비용 정도는 해결해줘야 부모로서의 권위와 체면이 유지된다. 손주들은 돈이 더 많아서 너그러운(?) 할머니, 할아버지를 더 반긴다. 노후에 자식들에게 기대지 않는 건 기본 중의 기본이다. 스스로 노후를 챙기는 것은 품위 유지의 문제가 아니라 존재감과 생존에 있어서 필수인 세상이다.

한눈 팔지 않고 소처럼 성실하게 일하면서 노후 보장까지 일구어낸 아버지들의 노년기를 들여다보자. 어른이 되기까지 열심히 배웠고, 어른이 된 후 고단하게 일했고, 노년이 되어 은퇴를 하고 나니 이제는 여가를 즐길 시간이 넉넉해졌다. 그런데 인간의 심리 법칙이라는 게 참 알궂다. 직계 후손에 대한 애착 욕구가 유난히 강해지는 게 노년기 심리의 특징이다. 노인이 되면 아이가 된다는 말은 일리가 있다. 아버지들도 서운해할 줄 안다. 아버지들이 뒤늦게 드라마에 심취하거나 눈물이 많아지는 모습을 보이기도 한다. 아동, 청소년, 성인기에는 여가에 심취하면 마냥 행복할 수 있겠지만 노년기에는 그렇지 않다. 이제는 여가나 친구보다는 가족이 더 마음을 당긴다. 그런데 아버지들은 대체로 애착을 어떻게 표현하고 나누어야 할지 잘 모른다. 평생 아내, 자식들과 애정을 소통하는 일에 익숙해지지 않았다. 그저 한 발짝 물러나서 물끄러미 바라보며 아닌 척 혼자 속으로 흐뭇해할 뿐 바짝 다가앉아서 도란도란 말 섞는 법을 잘 모른다. 자식들도 그러려니 하고 간혹 안부만 살필 뿐 그 이상의 기대는 없다. 게다가 살면서 자주 한눈팔았던 얄미운 아버지라면 신세가 더 가련하다. 한 맺힌 아내뿐 아니라 아이들마저도 소원하게 대하게 된다. 그런 점에서는 엄마들의 노년기가 훨씬 부드럽다. 대부분의 가정은 엄마를 중심으로 애착이 형성되는 편이기에, 엄마들이 노년기에 가족 안에서 겉도는 경우는 드물다.

### 행복 찾기에 나중이라는 건 없다

행복의 삼대 요소를 일, 사랑, 놀이로 분류하기도 한다. 지금 일하고 나중에 사랑한다는 것보다 미련한 생각도 없다. 반대로 지금 놀고 일은 나중에 한다는 것보다 철없는 말도 없다. 사랑에 몰두하면서 일과 놀이를 등한시한다면 그건 애착이 아니라 집착이다. 지금 일하고 나중에 논다는 건 일단 바람직하다. 다만 나중에 후회하지 않으려면 말로만 그럴 게 아니라 진짜 놀아야 한다. 세 가지는 동시에 이루어져야 한다. 삶은 언제나 일만을 강요한다. 그게 전부인 듯 느끼고 사는 사람들이 드물지 않다. 사는 게 아무리 바빠도 애착과 놀이는 스스로 지혜롭게 챙겨야 한다. 나중이라는 건 없다. 사랑도 해본 사람이 더 잘 하고 노는 것도 놀던 사람이 시간만 주면 잘 논다. 지금 없으면 나중에는 더 없다.

　　행복의 삼대 요소를 분류하는 또 다른 방법은 배움, 일 그리고 여가를 포함시키는 것이다. 한창 일하는 삼십 대에서 오십 대까지의 분들이 특히 공감할 이야기다. 일주일에 20시간 일하고, 20시간 자기 계발을 위해 무언가를 배우고, 또 20시간 정도는 취미 생활에 몰두할 수 있다면 더 바랄 게 없을 것이다. 그런데 적어도 일주일에 40시간에서 많게는 50시간을 일하는 게 현실이다. 어른이 되기 전에는 배움의 시간이 지배적이었고, 어른이 된 후에는 일하는 시간이 거의 전부인데, 은퇴 후에는 또 여가뿐이다. 세 가지의 균형이 맞는 때가 없다. 그래서 어느 시기에도 행복이 멀리 있다고 느끼게 된다. 뒤늦게 행복을 찾으려 하면 행복이 이미 멀어져 있다. 세 가지 균형을 완벽하게 맞추지는 못할지언정 조금이라도 더 챙기려는 노력은 해야 한다. 나중이 아니라 지금 해야 한다. 죽기 전에 후회하는 것들이 이런 것들이라는 걸 상기하자. "일을 좀 적당히 하면서 살 걸.", "내 뜻대로 좀 살아봤다면.", "보고 싶은 친구들에게 연락을 좀 더 자주할 걸.", "내 속마음을 솔직하게 표현할 걸." 생활이 애착과 놀이를 해결해주는 건 아니다.

## 애착 욕구는 선택이 아니라 필수다

무자식이 상팔자라고도 하고 결혼이 굴레라고도 한다. 혼자 벌어서 자기 앞가림만 하고 살면 영혼을 팔아가면서까지 애쓰지 않아도 충분히 유유자적할 수도 있겠다. 하지만 사람이 그렇게까지 자유로운 존재가 아니라는 게 문제다. 사람에게는 오랜 세월 진화를 거치는 동안 유전자 안에 프로그램이 된 본성이라는 게 있다. 한 가지 예를 들자면 결혼하지 않고 후손을 낳아 기르지 않으면 영혼의 뿌리 어디쯤에서부터 두려움과 슬픔이 올라오게 되어 있다. 이런 현상은 자녀 없이 마흔 살 정도 된 여성에게서 가장 뚜렷하게 나타난다. 소위 감정의 쓰나미가 덮쳐와서 영혼을 흔들어놓는다. 왜 그리도 슬프고, 무엇이 그리도 두려운지 도무지 종잡을 수 없는 폭발적인 감정이 머리를 흔들고 심장을 찌른다. 그건 인간이기에 당연한 감정이다. 때가 되면 마땅히 겪을 수밖에 없는 감정의 폭발이다. 유전의 프로그램 때문이다. 일차감정이다.

이유를 모른 채 상담실에 왔다가 이런 설명을 듣고 비로소 안도하는 분들이 종종 있다. 정신착란이 아니라 순리대로 찾아오는 감정의 고통이라는 걸 알았으니 한편으로 안도하기는 하지만 이제 내 인생에 아이가 없음을, 인간이 경험할 수 있는 애착의 정수를 체념해야 함을, 노후에 기댈 수 있는 든든한 후손이 없음을, 어쩌면 병들고 외로운 독거노인의 신세가 되는 것을 두려워하고 있었음을 자각해야 한다. 아픈 자각이고, 인간의 운명에 대한 슬픈 통찰이다. 이유를 알고 두려워하고 슬퍼하다 보면 서서히 감정이 누그러지고 마음의 안정감을 되찾게 된다. 잔잔한 슬픔과 불안이 삶의 길목마다 문득문득 나타나겠지만 크게 흔들리지 않을 수 있게 된다. 일차감정은 아무리 독해도 말끔하게 통풍시키면 문제를 일으키지는 않는다. 알고 지나가는 감정은 아프기는 해도 해롭지는 않다.

인간의 본성들 중에서 애착과 관련된 것들이 유난히 강렬하다. 노년기에는 직계 후손에 대한 관심과 심리적 의존이 증폭되면서 그 외의 것들은 별 의미 없게 느껴진다. 젊어서는 자신과 혼연일체가 될 수 있는 영혼의 동반자, 즉 자신의 반쪽을 찾으려는 욕망이 사무치게 간절하다. 매혹된 이성을 자신의 것으로 만들기 위해서는 무슨 짓이든 다 할 것 같다. 어릴 적에 엄마다운 엄마를 가져보지 못한 사람은 성인이 된 후 친한 친구나 연인에게서 엄마 같은 느낌을 찾아내려고 애절하게 노력한다. 인생이 황혼 녘을 지날 즈음에는 자신의 인생을 모두 기억해주고 증언해줄 수 있는 동반자가 곁을 지켜주어야 비로소 안정감을 느낄 수 있다. 노부부가 손을 잡고 산책하는 장면이 수많은 사람들에게 인생의 이정표가 되었다는 건 납득할 만하다. 그런 것 없이도 잘 살 수 있다는 사람들의 말을 우리는 그다지 신뢰하지 않는다. 그럴 수도 있겠다고 대꾸는 해주겠지만 진정 그렇게 느끼지는 않는다. 본성은 본성이다. 애착은 필수다. 이 본성이 인간의 삶에 수많은 도전 과제들을 펼쳐놓았다.

# 인간의 모순을
# 직시하고 고뇌하는 사람들

공허함을 달랠 길 없어 고뇌한다

'나는 누구인가', '어떻게 살아야 하는가'에 대해 고뇌하는 사람들이 있다. 체계적인 사고가 가능해지는 청소년기부터 습관처럼 사색하고 번민하게 된 사람들이다. 아마도 생각이 구체화되지도 않았던 어릴 적부터 이미 무의식중에 사색하고 있었을 것이다. 사색의 긴 터널을 지나는 사람들에게는 생각이 취미라기보다는 운명이고, 고독은 불청객이라기보다는 벗에 가깝다. 생각이 잘 멈춰지지 않는 건 갈증 때문이다. 왠지 모르게 늘 마음이 공허하고 쓸쓸하고 불안정하기 때문이다. 그런데 자신의 갈증이 어디서 비롯되는지조차 알 수가 없어서 더욱 갈증이 깊다. 끊이지 않는 의문들 때문에 항상 인간을 관찰하고 자신의 내면을 탐색한다. 인간이란 대체 어떤 존재인지, 어디서 와서 어디로 가는지, 왜 그렇게 가야만 하는지를 알아내지 않고서는 풀리지 않을 갈증이다.

## 생활에 취하면 공허할 틈이 없기는 하다

삶을 살아내기에도 바쁜 마당에 철학적인 사색이란 그저 철없거나 배부른 한량들의 유희 또는 특별한 운명을 타고난 사람들의 과업 정도로 여기는 사람들이 많다. 인생을 배우려면 재래시장에 가보라는 사람들이 있다. 그곳은 언제나 활기차고 역동적이고 치열하다. 먹고살기 바쁜 삶의 현장이다. 몇 푼 안 되는 거래에 따라 그들의 삶이 시시각각 오르락내리락한다. 그 부침은 마냥 운이 아니다. 주식시장의 부침에 울고 웃는 사람들은 알지 못하는 인내, 근면, 성실의 정직한 대가다. 그래서 그들은 쉽사리 이상적인 꿈에 부풀지도 않지만 또한 쉽사리 희망을 놓지도 않는다. 그들의 말, 손놀림, 표정은 그들의 고단한 삶을 정직하게 보여준다. 이곳에서 철학적인 사색은 사치이거나 부적절한 놀이일 것이다. 인문학은 부대끼는 생활 전선에서 잠시 벗어나 산책할 때 접하면 어울릴 법한 것들처럼 보인다.

## 소처럼 사는데 공허하지 않다면
## 그건 복 받은 걸까, 벌 받은 걸까

사색에 늘 빠져 있는 사람들에게는 바삐 돌아가는 일상의 생활들이 무의미하게 느껴질 때가 많다. 치열한 삶의 현장에서 쳇바퀴 돌 듯 돌고 돌면서, 자신의 의지대로 살기보다는 주어진 과제에

263

눌려 노예처럼 살아가는 듯한데, 그런 무기력한 인생을 살면서도 공허함에 젖어들지 않고 우울해하지 않는 사람들이 신기해 보인다. "삶이란 다 그런 거지, 뭐 특별한 거 있어?"라고 말하는 사람들의 무던함이 한편으로는 대단해 보이기도 한다. 한편 사색에 빠져 있는 이들은 이렇게 생각한다. '오랜 시간 고된 노동에 지치고 이런저런 책임감에 눌려 지내느라 사랑도 여가도 뒷전이면서, 그런데도 자기 삶이 살 만하다는 건 무슨 연유일까.' 잠깐 허락된 시간을 감사해하며 해맑게 놀고 즐거워하는 건 자존심이 없는 걸까, 너그러운 걸까. 먹고사는 법칙에 순응하느라 사랑마저도 마음대로 못 하고 놀 여유도 인색하게 주어진 인간의 운명에 대해 어째서 원망하지 않을까. 왜 인간의 본성과 삶의 본질에 대해 의문을 품지 않는 걸까. 이성을 가진 인간으로 태어나서 어쩜 그렇게까지 수동적일 수 있는 걸까.

### 인간의 본성에 모순이 뿌리 깊이 박혀 있다

사색에 늘 빠져 있는 사람들은 인간과 삶의 본질을 알아가는 과정에서 사회와 개별 인간의 모순을 직시하고 아파하게 된다. 이들의 고뇌는 긴 터널처럼 어둡고 지난하다. 그러니 우울에 빠져드는 것은 필연이거나 통과의례다. 지그문트 프로이드Sigmund Freud의 말대로 삶의 본능 에로스Eros와 죽음의 본능 타나토스Thanatos가 본성에 새겨져 있다. 무분별하게 이기적인 본능을 새겨 넣었는데 동시에 본능을 억제하는 미덕을 문화에 심어놓았다. 서로 헐뜯고 시기하는 마음을 심어놓은 동시에 서로 사랑과 인정을 주고받지 못하면 불안해서 견디지 못하는 나약함을 바탕에 깔아놓았다. 그 위에 천 근 같은 삶의 무게를 얹어놓고, 놓지 못하면 불행하다고 느끼는 본성을 또 붙여놓았다. 그래서 내면은 늘 갈등하고 삶은 늘 고달프다. 고뇌의 터널에 빠진 사람들은 이런 말도 안 되는 모순을 직시하고 아파하는 사람들이다. 소처럼 살아가면서도 웃고 있는 사람들이 신기해 보이는 이유이다.

## 모순을 직시하는 만큼 아프다
## 용서하기 전까지는

인간 개개인의 내면이 모순 덩어리인데 인간 세상 역시 동화처럼 펼쳐질 리가 없다. 동서고금을 막론하고 어느 사회든 모순과 부조리가 득시글거리지 않았던 경우가 없다. 무릉도원은 상상에서나 가능하다. 모순과 부조리가 넘치는 사회는 그 자체로 인간 본성의 맨 얼굴일 뿐이다. 다행인 것은 고치고 정화시키려 애쓰는 사람들이 어느 사회에나 늘 있었다는 사실이다. 물론 영원히 고쳐지지 않을 거라는 걸 모르는 이는 없다. 그래도 꿈꾸는 사람들끼리 서로 희망을 나누면서 격려하는 것이 이들에게는 행복이다. 그러나 자신의 내면에서도 인간 본성의 부조리함이 느껴질 때는 좌절하고 우울할 수밖에 없다. 자기 안의 모순도 어쩌지 못하면서, 세상의 모순을 탓하는 자신의 위선 앞에서 한계를 절감할 수밖에 없다. 그래서 고뇌의 시간은 점점 더 어둡고 무겁게 가라앉는 경향이 있다. 자신의 모순과 나쁜 본성을 인정하고 받아들이고 용서해주기 전까지는 그렇다.

# 세상의 모순을 받아들이고
# 연민하기

'연민'이라는 마음 상태는 따뜻하고 너그러운 측은함이다. 연민에 도달하기 위해서는 다음의 세 단계를 거쳐야 한다. 이해, 수용 그리고 용서. 보이지 않던 속내에 관심을 가지고 깊이 이해한 뒤 받아들이면 미워하지 않게 된다는 뜻이다. 엉뚱한 행동으로 눈살을 찌푸리게 하는 친구가 있다고 가정해보자. 다른 친구들은 이 친구의 행동이 못마땅해서 무시할 수 있다. 그런데 만약 내가 이 친구의 복잡한 가정사, 과거에 겪어 온 일들, 현재 처한 상황들까지 다 알고 있다면, 그래서 이 친구가 대체 왜 그런 행동을 습관적으로 하는지 이해할 수 있다면 적어도 나는 이 친구가 밉지 않고 이 친구의 행동을 싫어하지 않게 된다. 이런 마음 상태가 연민이다. 눈에 잘 보이지 않는 그의 속사정을 깊이 헤아리고 이해하면, 그의 행동이나 태도가 다소 부적절해 보여도 거부감 없이 받아들일 수 있게 되고, 그럼으로써 그에 대한 못마땅한 감정이 해소될 수 있다.

## 자신에 대한 연민이 곧 자존감, 자아 찾기, 그리고 홀로서기다

왜 자신이 별 가치가 없다는 느낌에 자꾸만 시달리는지, 왜 자꾸만 우울한 기분에 젖어들고 쉽게 헤어 나오지 못하는지, 왜 의존적인 행동이 습관이 되었는지 이해하기 위해서는 자신의 속마음을 들여다보아야 한다. 어린 시절과 무의식을 탐색하고 통찰하는 과정이 연민의 첫 단계, 이해 과정에 해당한다. 자신도 몰랐던 자신의 속마음에 대한 이해가 명확해지면 자신의 모습 그대로를 수용할 수 있게 된다. 자존감 회복이다. 그 결과, 실제 있는 그대로의 자신과 자기가 되고 싶어 하던 이상적인 자신 사이의 간극이 눈에 확연히 들어온다. 이상적인 자기로 진화하기 위해 애쓰지 않아도 된다는 걸 느끼면서, 불필요한 줄 알면서도 왜 버리지 못하는지 스스로도 이해할 수 없었던 집착들을 쉽게 버리기 시작한다. 그래서 자아 찾기다. 그 결과는 스스로의 행복을 스스로 해결할 줄 아는 모습으로 진화한다. 그래서 홀로서기다.

## 모순의 바탕 위에 조화를 이루는 게 화목이다

화목한 가족 안에서 행복하게 성장한 한 아이를 상상해보자.

세상의 모순을 받아들이고
연민하기

관심과 사랑을 충분히 받고, 어린아이답게 잘 놀고, 하지 말라는 건 하지 않고, 과제가 주어지면 또 순응한다. 모든 게 순조롭다. 물론 이 아이의 눈에 비치는 가족들은 모두 제각각의 모순들을 지니고 있다. 매사에 있는 힘껏 노력하라는 아빠는 운동을 게을리하고 나쁜 걸 자꾸 먹어서 배가 나왔다. 그걸 자랑이라고 또 껄껄거리고 너스레를 떤다. 돈 아껴 쓰는 게 가장 중요한 덕목이라고 누누이 강조하는 엄마는 대체 왜 명품 가방 앞에서는 쉽게 허물어지는 걸까. 적반하장이라더니 당당하기까지 하다. 그런 거 몇 개 척척 안겨주는 남편들을 본받으라고 난리다. 그리고 한발 물러나서 안 그래도 좋으니 결혼기념일만 제대로 챙겨주면 용서하겠다는 이상한 논리를 편다. 이런 유치한 논리에 넘어가는 아빠는 자존심이 없는 걸까 논리에 취약한 걸까. 이건 모순이지만 왠지 모르게 귀엽고 다정하다.

사춘기가 되면 아이의 눈에 부모의 여러 가지 허점들이 더 도드라져 보인다. 만약 아빠가 강한 자 앞에서 약하고 약한 자 앞에서 강하면 좀 씁쓸할 것이다. 먹고살려면 어쩔 수 없다는 말도 궁색하게 들릴 것이다. 분명 내가 잘못했는데 내 친구가 잘못이라고 박박 우겨대는 엄마를 보면 무척 속이 상할 것이다. 엄마가 "우리 딸은 안 그래요"라고 외치면 쥐구멍에 숨고 싶을 수도 있다. 그래도 미워하지 않고 자기가 어서 커서 지켜주고 싶어 하는 마음이 애착이다. 허점들이 좀 있다고 해도 굳이 고치려 들지 않고 그냥 모른 척 해줄 수도 있다. 어차피 서로 사이가 좋고 믿고 의지할 수 있기 때문일 것이다. 이 아이가 더 커서 세상을 겪을 때는 모순과 부조리들이 더 많이 눈에 띌 것이다. 하지만 그런 모순들이 사무치도록 아프게 느껴지지는 않을 것이다. 모자란 개인들끼리 모순된 관계 안에서 적당히 얽히고설키면서도 조화를 이루고 행복을 찾을 수 있다는 걸 알기 때문이다.

### 애착 욕구에 고착되면 모순을 두려워하게 된다

그게 차이점이다. 어린 시절에 애착에 금이 가서 애착 욕구에 고착된 사람들은 인간의 삶과 사회에 내재된 모순들이 남의 일 같지 않아서 더욱 아프게 느끼기 마련이다. 세상이 밝아지면 자신의 존재 가치도 삶도 덩달아 높아질 것 같은 느낌이라서 그럴 것이다. 결핍이 많아서 불운했던 아이가 동화 같은 세상을 더욱 간절히 꿈꾸는 것은 그리 이상한 일이 아니다. 주어진 삶을 쳇바퀴 돌 듯 돌고 도는데, 착하게 순응하고 인내하고 노력하는데, 도무지 행복해지지 않으니 무언가 근본부터 단단히 잘못되었다는 의구심을 가지지 않을 수가 없다. 사람들 간에 서로 소통하고 정을 나누어야 비로소 행복해질 텐데 인간이 근본적으로 선하지 않고, 사람들은 가족 이기주의로 똘똘 뭉쳐 있으니, 그런 사회에서는 개인의 행복이 실현될 수 없다고 느낄 수도 있다.

타인의 결함이 자신의 행복을 해친다면 그건 의존이다. 스스로 행복할 줄 아는 사람이 부족한 타인과 조화로운 관계를 만들 줄 알게 된다. 삶과 사회의 모순이 자신에게 감당하기 힘든 고통을 안겨준다면 그것도 의존이다. 스스로 흡족한 사람이 부족한 사회에 올바른 도움을 조금 나누어 줌으로써 자신도 더욱 행복해지고 사회도 조금 더 따뜻해지는 것이다. 스스로 행복하지 못한 사람도 남을 도울 수 있다. 그럼으로써 칭송받을 수는 있지만 그렇다고 행복해지지는 않는다. 스스로 행복하기에 마음이 넉넉한 스승은 제자에게 가르침을 주는 것만으로도 만족한다. 스스로 행복하지 않아서 마음이 공허한 스승은, 그래서 존재의 가치와 삶의 의미를 가르침에서 찾는 스승은 제자가 가르침을 받아 거듭나서 진화하는 모습을 보이지 않으면 화가 나거나 우울해지기도 한다. 이것은 홀로서기가 아니다. 세상이 매일 조금씩 나아지기를 소망하고, 하나의 도움이라도 기꺼이 얹어주는 자신의 모습에서 행복을 느낄 수 있다. 그러나 세상이 바뀌어야 자신의 삶에서 비로소 의미를 찾을 수 있고 행복을 느낀다면 그건 앞뒤가 좀 바뀐 거다.

### 악함과 선함은 손을 맞잡은 양대 축이다

모순은 어디에나 있다. 자신에게도, 자신과 연결된 모든 타인에게도, 자신이 속한 공동체 안에도, 그리고 자신의 삶에도 모순이 가득하다. 동전에 양면이 있듯이 세상 모든 것들은 정반합의 이치로 통한다. 모든 일에 명과 암이 있고, 사람의 마음에도 선과 악이 공존하면서 교차하고, 가장 사랑하는 이에게 가장 큰 미움을 느끼는 법이고, 가장 가까운 이가 가장 큰 상처를 줄 수 있으며, 세상이 혼탁하기에 순수한 사람이 더욱 귀하게 여겨지는 것이다. 세상이 본질적으로 따뜻하고 합리적이라면 내 곁을 지켜주는 사람의 소중함이 크게 퇴색될 것이고, 어린아이들에게도 엄마가 그리 절대적으로 중요하지 않게 될 것이다. 안전하고 따뜻한 사회가 수백 만 년 이어진다면 인간은 애착 본능이 점점 약해지는 쪽으로 진화해갈 것이다. 굳이 필요하지 않으니까.

세상은 늘 모순으로 가득했고, 모순을 바로잡으려는 노력들 또한 끊이지 않았다. 두 가지의 거대한 축, 정과 반, 그릇됨과 올바름이 세상을 이루는 근간이다. 정과 반이 교차해야 합이 나오면서 발전해간다. 인간과 세상의 속성인 정반합 그 자체를 이해하고 나면 받아들이지 않을 수 없다. 사색의 터널은 그렇게 연민을 향해서 나아가야 한다. 깊이 통찰하고, 받아들이고, 미움을 거두어들이는 방향으로. 인간과 인간의 사회가 존재하는 동안에 모순은 사라질 리가 없으며, 그것은 고쳐야 할 것이 아니라 깨닫고 이해하고 겸허하게 받아들여야 할 것이라는 사실을 인정할 때 비로소 길고 긴 고뇌의 터널을 빠져 나오게 된다. 그 후에는 쳇바퀴 돌 듯 돌아가는 생활 속에서 발걸음이 가벼워질 수 있다. 어차피 이렇게 돌고 도는 고달픈 인생을 살아가야 하는 게 운명이라면 겸허하게 받아들일 수 있다. 그러나 너무 지나치게 많이 일하지는 말고, 이 정도면 충분한 만큼만 열심히 일하고, 기왕이면 더 많이 사랑하고 기왕이면 더 즐겁게 잘 놀아 보자는 가벼운 마음으로 진화할 수 있다.

# 냉소주의의 이면에 숨은 인간애

냉소주의cynicism는 고대 그리스 철학자들에게서 시작되었는데, 자연의 모습 그대로의 선한 삶을 사는 것이 인생의 목적이어야 한다는 신념이었다. 그들은 부, 권력, 명성과 같은 관습적인 욕망들을 모두 거부하면서 모든 소유욕에서 자유로워진 단순하고 금욕적인 삶을 지향해야만 행복할 수 있다고 믿었다. 더 나아가 믿음만으로는 완성될 수 없고, 부단한 훈련을 통해 그 믿음이 자연스럽게 몸에 배어들어야 한다고 주장했고 이를 실천하려 했다. 그런데 현대의 냉소주의는 조금 다르다. 인간의 동기에 대한 불신을 뜻하는 말이 되었다. 물질적 가치를 평가절하하는 냉소주의자들은 수단과 방법을 가리지 않고 명예나 권력을 탐하는 인간성을 경멸한다. 그래서 뭇사람들의 눈에 냉소주의자들이 곱게 보일 리가 없다. 그들의 마음을 경쟁에서 밀려난 자의 어긋난 심보 정도로 치부할 수도 있다. 그들이 산에 들어가 은둔하면서 명상에 몰두한다면 그럴 법해 보이겠지만, 여전히 현실 세상에 발 담그고 살면서 냉소한다면 사회 부적응자처럼 보이기 십상이다.

## 냉소주의의 바탕에 애절한 인간애가 있다

제롬 샐린저Jerome Salinger의 소설 『호밀 밭의 파수꾼』은 어리석은 인간들을 냉소하던 주인공 홀든 콜필드가 세상을 경멸해서 세상을 등지고 은둔하려다가 종국에는 사람들과 세상을 더욱 큰 애정으로 끌어안는 인간으로 변해가는 과정을 그리고 있다.

홀든은 미국의 명문 사립 고등학교에서 퇴학을 당한다. 그는 책을 많이 읽고 작문에 남다른 재능이 있지만 흥미 없이 내몰리는 학업에 염증을 느꼈고 늘 반항적이며 사고뭉치였다. 그는 성공한 변호사 아버지와 예민하지만 세련된 어머니, 작가로서 성공한 형, 그리고 재기 발랄하고 예쁜 여동생을 두었지만 행복을 느끼지 못하는 이방인이다. 그의 눈에는 주변의 모든 사람들과 그들이 좇는 목표들이 모두 한심스럽다. 사람들의 위선과 역겨운 자기 과시를 보지 않고는 단 하루도 살 수가 없으니 숨을 제대로 쉴 수가 없을 지경이다. 근거 없이 거만한 인간, 비열하거나 얼빠진 사람 등등 세상에는 온통 없어져야 할 것들로 가득하다고 느낀다. 학교 역시 그렇게 한심하고 비열한 세상의 축소판일 뿐이니 더 이상 머물러야 할 이유를 찾지 못한다. 그래서 떠난다. 사람들이 없는 곳으로 가서 오두막을 짓고 눈과 귀가 멀어버린 사람처럼 살기로 한다.

세상을 등지기 전 뉴욕에서 사흘간의 휴식을 즐기려던 홀든은 우울감에 젖는다. 밤거리의 여자들에게 정신을 빼앗겼다가 또 정신을 차렸을 때는 외로움과 우울함이 큰 파도처럼 엄습한다. 자신을 사랑해주던 명랑하고 예쁜 여자 친구와 재회했지만 아무런 희망을 발견하지 못한다. 이 여자도 어리석은 탐욕으로 무장했으니 세상의 분신일 뿐이고 결국 자신을 이해할 수 없는 거다. 그런데 세상을 떠나겠다는 계획이 점점 더 절박해질 때쯤 막내 여동생 피비가 자꾸 눈에 아른거린다. 피비는 맑고 천진하다. 피비와 보낸 시간은 달콤한 휴식이었지만 동시에 마음이 저려온다. 피비도 곧 세상의 어른이 되어갈 테니 말이다. 피비가 오빠를 무작정 따라가겠다고 나선다. 이 아이를 낭떠러지로 내몰 수는 없다. 홀든은 피비를 차마 버리고 떠나지 못한다. 피비를 지켜줘야 하기에 집으로 돌아가겠다고 약속한다. 그리고 결국 학교로 돌아간다.

### 애착:
### 소중한 사람을 지키는 것이 자신을 지키는 길이다

홀든은 애착 욕구에 고착된 사람이다. 인간에 대한 애정이 없다면 위선이 가득한 세상을 떠나 자연 속에서 은둔하는 게 행복일 것이다. 하지만 홀든에게는 사람들과 맑고 깊은 호흡을 나누고자 하는 열망이 누구보다 강했고, 아름다운 인간성에 대한 끝없는 소망이 있었다. 그렇기에 세상을 등지는 건 낭떠러지임을 본능적으로 깨달았다.

천진한 아이들은 주위를 살피지 않고 갑자기 질주하는 특성이 있다. 호밀 밭에서 뛰노는 아이들의 내달리는 방향이 낭떠러지의 끝이라면 추락하고 말 것이다. 홀든은 벼랑 근처에 서 있다가 아이들이 추락하지 않도록 잡아채서 안으로 되돌려 놓는 파수꾼이었다. 그는 여동생 피비가 낭떠러지로 떨어지기 전에 잡아주었다. 그 덕에 피비도 낭떠러지로 떨어지려는 오빠를 잡아준 셈이 되었다. 홀든의 애착 본능이 피비를 지켰고 결국 홀든 자신을 지켰다.

제롬 샐린저는 이 책의 거의 대부분을 인간들의 어리석은 본성을 고발하는 데 할애했다. 이 책이 널리 읽힌 것은 통렬하고 파격적인 그의 고발 덕분이라고 해도 과언이 아니다. 그런 한편 샐린저는 이 책을 통해 세상을 아파하는 고뇌의 과정이 결국 어느 방향으로 향해야 하는지에 대한 힌트 역시 던져주었다. 염세주의자 혹은 냉소주의자는 결국 깨끗한 사람과 밝은 세상에 대한 염원이 누구보다 간절한 이상주의자들이다. 이상적인 것을 소망하기에 실망이 깊고 분노가 큰 것이다. 세상을 등지지도 못하고 냉소하는 것이 고뇌하는 이방인들의 특징이다. 이상에 대한 허무한 소망을 버리고 인간 본연의 모습을 직시하고 받아들일 때 자신과 사회 그리고 전 인류를 포용할 수 있는 연민을 갖게 된다.

# 비교와 질투 권하는 사회에서의 연민

주위의 반응에 흔들리지 않고 자신만의 목표점을 향해 자기 자신과의 경쟁을 하는 인물을 만나기란 쉽지 않다. 반면 주위 사람들을 지나치게 의식하고 그들을 내리누르기에 바쁜 사람들은 많다. 불필요한 경쟁이 만연해 있다. 아이들이 어릴 적부터 경쟁을 부추기는 사회 분위기 속에 살고 있는 듯해서 씁쓸하다. 체면을 위한 경쟁인 듯해서 부끄럽고 가슴이 시리다.

사실 체면을 위한 경쟁은 목표 설정부터가 자신의 것이 아니며, 따라서 노력하는 과정도 자신의 것이 될 수 없다. 우리는 자신의 재능, 자유의지, 가치와는 상관없이 남들이 인정할 만한 또는 '질투할 만한' 목표를 세우도록 길들여진다. 성장과 발전을 위한 동기가 시작부터 취약한 셈이다. 최선의 결과를 끌어내려면, 그러기 위해 성장 과정에서 탄력을 받아 즐거움을 느끼려면 열정과 몰입이 절대적으로 필요하다. 자신의 관심과 적성, 가치에 들어맞는 일이 아니라면 집중력과 열정을 유지하기 어렵다는 건 상식이다. 체면을 위한 경쟁이 동기라면 시시때때로 남 신경을 쓰지 않을 수가 없고, 껄끄럽고 불편한 감정에 자주 휘말리면서 의지가 쉽게 꺾이기도 한다.

노력하는 사람은 즐기는 사람을 이길 수가 없다. 이 악물고 의지를 발휘해 꾸준히 노력하는 것은 훌륭한 일이지만, 그 노력의 과정 자체가 행복이 될 리 없다. 최선의 결과를 얻는 순간은 우쭐하고 달콤하겠지만 오래지 않아 허전해지기 십상이다. 게다가 노력하는 과정이 극기 훈련 같은 인고의 시간이었다면 그걸 이겨내고 우뚝 선 후에 스스로 흡족해서 너그러워질 수 있을까? 대개는 '오늘을 위해 다 버리고 참아왔어. 이제는 나도 합당한 보상을 받아야겠어. 난 그럴 자격이 있으니까'라는 마음 상태에 빠지게 된다.

애초에 남을 이기는 게 목적이었으니, 합당한 보상은 남에게 과시하면서 그들을 내리누르는 것이다. 체면이 동기였으니 높아진 위상을 즐기는 것 외에 무엇이 보상이겠는가. 자연스러운 흐름이다. 목적을 달성하면 그동안 개점 휴업 해두었던 애착 본능과 놀이 본능이 갑자기 살아날까? 만약 물질과 체면에 관대해지면서 이것들을 내려놓고 갑자기 애착과 놀이 본능에 충실해진다면, 그게 가능하다면 행복을 느낄까? 그럼 지금까지의 자기 모습은 뭐가 되나. 이제껏 오랜 시간 돈과 지위를 위해 내달려온 자신을, 자존심 강한 그 자아를 스스로 부정해버리면서 행복할 수 있을까?

## 내면의 어린아이의 감정 상태부터 파악하자

자아의 노력이 빚어낸 결과물이 자신을 행복하게 하는 게 아니다. 자아의 기능이 훌륭하다고 해서 그 자체로 흡족해지는 게 아니다. 내면의 어린아이가 행복해야 비로소 행복을 느끼고 안정감을 가질 수 있다. 자아는 무의식 안의 어린아이가 흡족할 수 있는 효과적인 방법을 찾아내기 위해 애써야 한다. 그러나 자아는 그러한 노력을 자주 간과한다. 내면의 어린아이가 어떤 감정 상태에 빠져 있는지에 관심을 갖고 습관적으로 점검해야 하는데 그걸 너무 소홀히 한다.

내면의 어린아이가 빠져 있는 감정 상태, 심리의 '모드mode'는 크게 네 가지로 나뉜다. 행복한 아이 모드, 충동적인 아이 모드, 불안한 아이 모드, 화난 아이 모드다. 행복한 아이 모드는 애착 욕구와 놀이 욕구가 충족된 상태다. 욕구가 채워질 것으로 기대해서 설레거나, 욕구가 채워져서 흡족할 때다. 월드컵 축구 경기를 보려고 새벽에 일어나 앉은 사람들은 행복한 아이 모드에 빠져 있는 거다. 좋아하는 사람들과 한 자리에서 시청하면 행복이 배가 될 것이다. 충동적인 아이 모드는 놀고 싶은데 훈육이 덜 된 상태이며, 좋아하는 걸 하고 싶어서 안달이 난 상태를 말한다. 낚시나 골프에 푹 빠져 있는 아빠가 일요일 새벽부터 몸이 근질거릴 때, 쇼핑 중독 엄마가 인터넷 쇼핑 사이트를 배회할 때 그 순간 충동적인 아이 모드에 빠져 있다고 할 수 있다. 불안한 아이 모드는 애착 욕구에 관심이 고착되어 놀이 욕구와 생활 본능이 막혀 있는 마음 상태다. 일요일 아침, 전화도 받지 않고 문자 메시지에도 답을 하지 않는 남자 친구 때문에 다른 일이 손에 안 잡히는 초조한 상태가 좋은 예다. 애착 욕구가 좌절될 것 같은 예감에 떠는 게 불안한 아이 모드라면, 화난 아이 모드는 애착 욕구가 좌절된 후의 감정 상태다. 일요일 저녁에 뒤늦게 연락이 되었는데, 밀린 보고서 평계를 댔던 남자 친구가 사실은 '친구들을 배신할 수 없어서' 하루 종일 친구 집에 가 있느라 전화를 외면했다는 걸 알아버렸을 때는 화난 아이 모드가 된다.

체면을 위한 경쟁에 내몰리는 사람들에 대해 알아보려면, 불안한 아이와 화난 아이 모드에 집중할 필요가 있다. 부모와 사회가 주는 압박을 보기 좋게 외면한 '충동적인 아이 모드'의 사람들에게 박수를 쳐야 할지, 혀를 차야 할지, 또는 고개를 끄덕여줘야 할지는 그때그때 각자의 판단에 맡기자. 불안하거나 화난 아이가 다시 행복해지려면 무엇을 해주어야 할까? 자기 스스로에게 끊임없이 던져야 할 질문이다. 우선 그 전에 우리 부모 세대가 우리 세대에게, 더 정확히 말하자면 아주 오래 전부터 앞선 세대가 다음 세대에게 무엇을 해주었는지 먼저 살펴보자.

## 비교당해서 불안하거나 화난 아이에게는 당근과 채찍이 다 독이다

부모는 아이들이 남들보다 공부를 더 잘하고, 돈도 더 잘 벌고, 높은 자리에 오르는 것을 삶의 최우선 과제로 받아들이도록 가르치려 한다. 전략은 당근과 채찍인데, 애착을 주거나 빼앗기 또는 놀이를 허락하거나 가로막기가 실질적인 전술이다. 그러면 당근이든 채찍이든, 어려서부터 아이들의 무의식 안에 비교 경쟁이 애착, 놀이와 뗄 수 없는 관계로 엮인다. 그리고 마음 안의 습성은 성장한후에도 무의식 안에 그대로 남는다. 결국 어른이 된 후에도 돈과 지위가 안정적인 애착의 필수 조건이며 행복의 근간이라는 걸 의심하지 않게 된다. 충분히 높이 오르지 못하면 놀이도 당연히 포기해야한다는 생각이 몸에 배어 있다. 그렇지 않으면 죄책감과 자기 비하가 마음 한구석에서 스멀스멀 올라온다. 그런 마음에 젖어서 성장하는 사람들이 대다수이니 그게 잘못된 믿음이 아니라 엄연한 현실이라는 걸 확인시켜주는 사람들을 자주 만날 수밖에 없다. 연봉이 얼마 이하면 애착 관계를 고려할 생각이 없다는 이성도 만나고, 지위가 일정 수준에 못 미치면 자주 어울리기가 좀 곤란하다는 친구도 겪어야 한다. 그렇지 않은 사람을 만나는 행운은 흔히 찾아오지 않는다. 그게 우리가 살고 있는 현실이다.

## 열심히 사는 사람들이 애착과 놀이에 더 빠져들 줄 안다

열심히 생활하느라 바쁘고 지친다고 해서 불행해지는 건 아니다. 재래시장에서 일하느라 정신없이 하루를 보냈다거나, 논밭에서 새벽부터 해질녘까지 땀 흘렸다고 해서 불행하다고 느끼지는 않는다. 자세히 들여다보면 그들이야말로 퇴근 후 시간에 애착과 놀이에 빠져들 줄 안다. 그들이 돈과 지위에 대해 압박감을 느끼거나 체면과 과시하기에 빠져 있는 모습은 잘 그려지지 않는다. 그들은 동고동락하는 동료에 대해 시기와 질투를 가장 드물게 느끼는 사람들인 것 같다. 서로 고생하니까 지켜주고 아껴주려는 마음이 더 자주 눈에 띈다. 도시의 각박함에 염증을 느낀 사람들이 귀농을 선택하는 마음은 충분히 이해가 된다. 대도시에서 함께 사업하는 동업자보다는 시장에서 함께 야채 가게를 하거나 포장마차를 운영하는 사람들의 정과 의리가 나아 보인다. 적어도 시장이나 포장마차에서는 어제의 적이 오늘의 친구가 되는 그런 변덕은 찾아보기 어렵다.

어차피 학교와 사회가 아이들 어깨에 얹어주는 짐은 실로 막대하다. 살기 바쁜 건 굳이 강조하지 않아도 아이들이 성장 과정에서 저절로 체득한다. 그걸 가르치기 위해서 애착과 놀이를 주었다 뺏었다 할 필요는 없다. 사는 게 바쁘고 삭막해서 힘들고 외로울 텐데 격려하고 지지해주어야 하는 게 도리가 아닐까. 바쁜 세상에서도 너무 내몰리지 않고, 애착과 놀이 본능도 스스로 잘 살펴주면서 살아가도록 격려해주어야 하지 않을까. 그렇다고 아이가 '충동적인 아이 모드'에서 살아가지는 않도록 성실과 책임, 양보, 인내를 가르쳐야 한다. 그러나 그걸 가르치기 위해 체면과 비교를 강조할 필요는 없다. 다른 집 아이들과의 비교 경쟁을 위해 우리 아이의 애착과 놀이를 당근과 채찍으로 사용하지는 말아야겠다.

## 형제간의 질투는 불안과 분노의 온상이다

갓 태어난 둘째에게 엄마를 빼앗긴 다섯 살짜리 첫째는 토라져 있다. 아기를 안고 있는 엄마의 치맛자락을 잡고 흔들면서 주먹질을 하기도 한다. 화난 아이 모드에 자주 빠진다. 그러다 보면 못된 성격을 가진 나쁜 아이라는 낙인이 찍힌다. 엄마의 따뜻한 품에서 더 멀어진다. 자존감과 애착을 동시에 놓치니 충격일 수밖에 없다. 예민해진 아이가 한 살, 두 살 더 먹어가는 동안 자주 목격하는 것은 바쁜 엄마의 뒷모습과 하루에 한 뼘씩 커가는 것 같은 동생의 성장이었다. 첫째가 말이 더 많아지고 행동반경이 넓어지는 게 엄마를 찡그리게 했는데, 동생이 걷기 시작할 때는 엄마를 환희에 젖게 하는 것 같다. 마음 안에 질투가 가득 고인다. 그러나 나쁜 성격을 드러내면 안 된다. 질투는 곧 긴장이 된다. 무언가 해야 한다는 초조함이 깃들며 불안한 아이 모드에 익숙해진다.

　'몇 살 더 먹은' 아이는 나이에 걸맞은 자연스런 성장에 안주하기보다는 노력으로 얻어내는 성취에 더 집착하는 게 낫다는 걸 느낀다. 글자가 빼곡히 쓰인 책을 술술 읽거나, 영어 단어 몇 개를 더 알면 엄마의 환한 얼굴이 드디어 내게로 향한다는 걸 배운다. 이건 '몇 살 덜 먹은' 동생이 아직 따라잡을 수 있는 영역이 아닌 것이다. 불안한 아이 모드가 점점 대세로 자리 잡는다. 거기서 몇 살 더 먹은 다음부터는 문제가 생긴다. 둘째도 본격적으로 성취하기 시작하는데 만약 동생이 더 재능이 있으면 정말 큰일이다.

　첫째의 모드는 불안에서 분노로 바뀌기 시작한다. 물론 통풍이 되지 못하고 안에 웅크려 쌓여가는 분노이다. 무언가 다른 길을 모색해야 한다. 더 어른스러워지면서 부모를 더욱 닮아가려 할 수도 있고, 더 큰 양보와 희생을 할 수도 있다. '아이다운 아이'에서는 점점 더 멀어져 간다. 둘째가 마침 학업에 재능이 없어서 경쟁에 뛰어들지 못해도 게임이 끝난 건 아니다. 다른 재능을 발휘할 것이 틀림없다. 혹여나 아무런 재능이 없어서 측은한 아이라면 그것도 큰 문제다. 그러면 부모의 극진한 애정과 보살핌이 동생에게 더욱 집중이 되기 때문이다.

첫째는 자신의 아성을 더욱 공고히 하기 위해 하던 대로 열심히 해야 한다. 더욱 과묵하게, 더욱 성취에 집착하면서, 애착은 양보하고 기다리는 것이라고 굳게 믿는다. 필요하다면 놀이도 되도록 자제한다. '아이 같은 아이'는 곧 패배를 의미한다. 불안한 아이 모드가 대세인 채로 시간이 흐르면 점점 분노가 안에 고일 수밖에 없다. 불행하기 때문이다.

둘째는 빼앗으면서 인생을 시작했다. 빼앗긴 자의 아픔을 모르기에 천진할 수 있었다. 그래서 첫째가 주로 혼났다. 여린 척 가만히 있기만 하면 엄마의 따뜻한 얼굴은 내 차지였다. 그런데 첫째가 첫째다워지면서부터 이야기가 좀 달라지기 시작했다. '의젓하다', '속이 깊다', '재능이 있다', '든든하다' 이런 표현들이 냉정하고 차갑게 들린다. '몇 살 덜 먹은' 둘째에게는 분명 공정하지 못한 현실로 느껴진다. 막상 때가 되니까, 역시 공부와 성취라는 게 별것 아니라면 인생이 참 순조롭다. 또 빼앗는다. 그리고 빼앗고 있다는 걸 또 모른다. 의젓하고 속이 깊은 것도 이제 자신의 차지가 된다. 부모는 그렇게 생각하지 않지만, 적어도 자신은 그렇게 느낀다. 어쨌든 내

친 김에 더 달린다. 어렵지 않다. 앞서가는 자의 노력에는 리듬과 탄력이 있다.

그런데 한 가지 함정이 있다. 아직 빼앗겨보지 않았다. 하나라도 빼앗기는 걸 잘 인내하지 못할 수도 있다. 천석꾼은 천 가지 고민, 만석꾼은 만 가지 고민이라고 했다. 차라리 덜 가진 자들이 이웃에게 베풀면서 나누는 즐거움을 더 잘 아는 경우가 흔하다. 2등보다는 1등이 더 불안하기도 하다. 빼앗으면서 인생을 시작했고 한참 어릴 적에는 모든 걸 움켜쥔 상태가 당연하게만 느껴졌다. 그러나 자아 개념이 생기고 언어가 활발해지면서 엄마의 손길이 줄어들었다. 혼자서 할 줄 아는 게 훨씬 많은 첫째의 존재가 크게 느껴지기 시작한다. 경쟁과 질투라는 개념이 자라나기 시작하는 건 자연의 이치다. 만약 반대로 둘째가 공부와 성취에서 별 재미를 못 보면 기가 죽는다. 첫째의 아성에 도전하는 건 무모하니까 다른 길을 찾는다. 어느 길도 여의치 않으면 여린 척하면 된다. 모성 본능을 불러일으키는 건 언제나 유효하니까. 그런데 자립심이 부족한 채로 성장한다면 학교와 사회로 나아가는 동안 점점 더 큰 불안을 안고 살아가게 된다. 불안한 아이는 울타리와 보살핌이 간절하기에 더 자주 삐치고 화나게 마련이다.

아무리 불편해도,
일차감정이라면 원활한 통풍만이 유일한 해법이다

형제, 남매, 자매간의 질투와 시기심, 그로 인해 불거지는 불안과 분노는 지극히 자연스러운 감정들이다. 인류는 오래전부터 늘 형제간의 질투와 시기를 인정하고 표현하는 것을 인격에 반하는 것으로 여겨왔다. 받아들이기에는 너무 거칠고 독한 감정이라서 두려울 것이다. 장성한 자녀들이 유산을 놓고 물고 뜯는 싸움을 하는 건 너무 흔해서, 먼 미래를 내다볼 때도 이미 기정사실처럼 뻔한 일로 예측할 정도다. 돈과 권력이 많을수록 싸움은 치열하고 잔인하다. 왕조 사회에서는 가진 자들 사이에서 서로 죽이는 일이 흔했다. 반면 없이 살던 농민들이나 천민들의 경우에 형제간 우애가 더 깊었다. 고된 생활에 짓눌려 살다 보면 애착과 놀이는 사치스러운 것이 되고, 자연히 질투와 시기심이 꽃을 피울 기회가 적어진다. 먹고살 만하면 애착과 놀이에 대한 욕구가 활발하게 살아나게 마련이다. 그러니 현대 사회에서 질투와 시기심이 더 큰 문제가 되는 건 당연하다.

　질투, 불안, 분노는 알아주고 인정해주면 풀린다. 일차감정들은 언제나 그렇다. "동생이 미울 때도 있었을 거야. 너도 아직 어린아이인데 오죽하겠니. 엄마한테 많이 서운했지?"라는 이 한마디에 굵은 눈물 뚝뚝 흘리는 다섯 살 첫째 아이를 상상해보자. "질투가 나면 엄마, 저 질투나요, 라고 말해도 돼. 감정은 부끄러운 것도 아니고 혼날 일도 아니야. 엄마도 어렸을 때는 그랬어. 사람은 다 그래." 그렇게 가르쳐주면 아이가 더 이상 불안하거나 화나지 않을 수 있다. 둘째에게도 같은 가르침을 주어야 한다. "형이 널 미워하는 게 아니야. 엄마 사랑을 독차지하고 있다가 그걸 너랑 나누어가지려니까 샘이 나는 거야. 엄마가 가끔은 형한테 더 잘해줘도 네가 이해해 줄 수 있겠지? 나누어 가지려면 너도 마찬가지로 질투가 나고 그럴 수 있을 거야. 네가 그렇게 느낀다 해도 그건 네 잘못은 아니야."

첫째와 둘째는 각자 엄마와의 사이에서 문제를 해결해야 한다. 그리고 일차 감정을 완전히 연소시키는 법을 배워야 한다. 일차 감정이 해롭지 않다는 걸 체득해야 한다. 나중에는 질투와 시기심을 형제 사이에 서로 '감정 없이' 자연스럽게 소통할 수도 있어야 한다. "나는 공부 잘하는 형이 부럽더라. 그런데 양보 잘 하고 늘 인내하는 형도 가끔 서운할 때가 있다는 건 몰랐었. 형도 같은 감정을 느낀다니까 난 그게 더 좋다"라고 말할 수 있다면 좋겠다. "난 스무 살이 넘어서도 어리광을 부리면서 사랑받는 널 보면 그게 그렇게 부럽더라.", "그거 실패했다고 의기소침하지는 마. 넌 좀 못해도 돼. 동생이 이것저것 다 잘하고 의젓하기까지 하면 형은 어쩌라는 말이냐? 하하하." 이렇게 해도 정겹지 않겠나. 서로 연민을 소통하고 있는 거다. 연민은 관계 안에 팽팽했던 긴장을 녹인다.

## 부러우면 지는 거다?
## 부러움은 이기는 거다?

부러움은 긍정적인 에너지를 내포하고 있다. 존경하는 인물의 인품이나 업적을 부러워하면 마음에 꿈을 품게 되고 닮아가거나 따라잡으려고 애쓰게 된다. 혼자만의 경쟁은 아름다운 성장을 일구는 원동력이다. 부러움은 해롭지 않은 감정이다. "아니 대체 그 어려운 일을 어떻게 해낸 거야? 능력이야 노력이야? 둘 다겠지, 하여간 정말 부럽다." 이런 말이 상대를 해칠 리가 없다. 노력 없이 받은 행운에 대해 부러워하는 것도 그리 해로울 건 없다. "넌 어쩜 그렇게 다 가졌니? 너도 다른 사람 부러워할 때가 있니? 나는 이번 생에서는 글렀어." 이런 말 주고받는다고 의가 상할 일은 없다. 부러움은 오히려 관계를 부드럽게 한다. 일차감정이기 때문이다. 본능이기에 부럽지 않을 리가 없고, 그래서 안 부러운 척 해봐야 상대가 믿지 않을 테고, 게다가 아닌 척 하면 그걸 비뚤어진 성격이라 여길 것이니까 득이 될 게 없다. 반면 터놓고 표현하면 부러움을 시기와 질투로까지 몰고 가지 않는, 너그러운 인성을 갖추었다는 느낌을 주게 된다. 부러움은 혼자 품어도 함께 나누어도 해로울 게 없는 감정이다. 스스로 자각하고 인정할 수 있다면 그렇다.

## 연민으로 시기와 질투를 지운다

어려서부터 가족 안에서 연민을 배울 수 있다면 더할 나위 없이 좋겠다. 세상 어떤 질투도 형제간의 질투만큼 뿌리 깊거나 독하지는 않다. 남녀 문제로 인한 질투가 때로는 극단으로 치달을 수도 있는데 그건 어디까지나 그 개인의 인성이 반영되어서 그렇다. 극단적인 질투로 갈등을 빚는 남녀보다는 '아니면 말고' 태도로 체념하고 잊는 사람들이 더 많다. 혈연은 '아니면 말고'로 처리할 수 없는 질긴 관계인지라 형제간의 질투와 갈등은 좀 더 보편적이고 만성화되어 있다. 다만 금기시되어서 잘 표현되지 않을 뿐이다. 가족 안에서 질투, 불안, 분노의 감정들을 통풍시키고 해소한 사람들은 사회에 나가서 타인들과의 관계에서 더 넉넉한 여유를 발휘하는 편이다.

부러움을 인정하지 않으면 시기심이나 질투로 변질된다. 시기심이나 질투를 인정하고 받아들이고 깔끔하게 표현할 수 있다면, 해롭지 않은 감정 상태, 즉 부러움으로 돌아올 수도 있다. 같은 인간으로서 이해할 수 있으니까, 나라고 그러지 말란 법이 없으니까 어떻게든 따뜻하게 감싸주고 싶어진다. 게다가 인정하고 표현하는 용기는 아무나 갖는 게 아니니까 닮고 싶어지기도 한다. 인간의 내면에도, 삶에도, 모든 관계에도 모순이 있다. 모순의 나쁜 에너지를 지우는 가장 강력한 묘약은 이해하고 인정하고 표현하는 것, 즉 연민이다. 연민을 위한 첫 단추는 감정들을 자각하고 이해하고 인정하는 것이다.

## 채우지 못한 사람은 겨루려 하고
## 채운 사람은 나누려 한다

겨루면 적이 되고 나누면 편이 된다. 모든 인간관계가 그렇다. 상대를 낮추면서 자신을 과시하면, 그게 자식이어도 용서가 안 될 때가 있다. 그 누구도 적으로 만들지 말라는 게 대인 관계에서 첫 번째 원칙일 것이다. 우월감의 바탕에 깔린 동기는 사랑과 인정에 대한 욕구다. 사랑과 인정이 채워지지 않아 외롭고 서러우면 우월감으로 허전한 속을 달래려는 성향이 커진다. 이건 자신의 선택이라기보다는 무의식적인 흐름이다. 우월해지면 사랑과 인정을 독차지하리라는 기대감을 갖는 것은 동물에서부터 진화되어 내려온 본능이기 때문이다. 승자가 모든 걸 차지하고 지배하는 동물의 법칙은 현대의 인간 세상으로 이어지면서 많이 퇴색했지만, 여전히 스포츠의 세계에는 그 잔재가 고스란히 남아 있다. 그러나 복잡다단한 현대의 인간관계에서는 승자보다는 협력자, 조력자, 기여자가 더 각광받는다. 모난 돌이 정 맞는 세상으로 변해왔다. 잘난 능력으로 주위 사람들을 이롭게 하지 않고 그들을 약 올리기만 하는 사람이 모난 돌이다. 자존감이 높고 행복한 사람은 우월감이나 열등감을 거추장스러워한다. 관계 안에서 행복을 누려야 하는데 그 관계들에 긴장을 불어넣기 때문이다.

# 애착, 생활, 놀이의 균형이
# 행복이다

　애착, 생활, 놀이 어느 것에든 고착된 사람은 행복해지기 어렵다. 세 가지의 균형이 행복이다. 무엇에 고착되어 있든, 무엇을 외면하고 살아가고 있든 그 사람만의 그럴 만한 이유가 있다. 이유는 개인의 타고난 기질, 어린 시절의 경험, 그리고 자신의 무의식 안의 생각들에서 찾아야 한다. 이유를 모르는 사람은 고집을 부리고, 이유를 깨달은 사람은 집착을 내려놓을 수 있게 된다. 더불어 사는 세상이다. 자신을 돌아보고 이해하는 과정은 자신에게뿐 아니라 자신에게 소중한 이들에게도 큰 복이 된다. 자신을 돌아보면 타인을 깊이 이해할 수 있는 힘이 생기기 때문이다.

　반대 방향도 마찬가지이다. 자신과 다른 타인의 심리를 잘 이해하면 자신을 돌아보는 데 큰 도움이 된다. 예를 들어 놀이 본능에 고착된 사람들의 장점을 보면 애착 본능에 고착된 사람들의 단점이 더 확연히 눈에 띈다. 어제와 내일의 걱정에 파묻혀서 오늘을 잃어버리는 것 말이다. 또 하나, 외향적인 사람을 예로 들어보자. 내향적인 사람들의 심리를 정확히 이해하지 못하면, 그들 눈에 외향적인 자신이 어찌 보일지 가늠할 수 없게 된다. 자신만 알고 남을 알지 못하는 건 자신을 올바르게 이해하지 못한 거다. 서로의 장점을 깊이 이해해서 서로 닮아가는 건 서로의 행복을 밀어주고 끌어주는 길이 된다. 서로 다름을 인정하는 게 시작이다. 그러나 다름을 억지로 인정하는 것은 별 도움이 안 된다. 무엇이 어떻게 그리고 왜 다른지 알지 못하면 받아들이지 못하기 때문이다.

이제부터는 애착 본능, 생활 본능, 놀이 본능에 각각 고착된 사람들이 유형별로 일, 관계, 사랑에 있어서 어떤 삶의 태도를 갖고 있는지 살펴보도록 하겠다.

## 일에서의 세 유형

### 애착 본능에 고착된 사람들: 직장에서 가족처럼 지내자는 게 왜 나쁜가요

애착 욕구에 고착된 사람들은 늘 사람의 온정이 고프다. 세상만사를 애착이라는 관점에서 바라본다. 직장에서도 마찬가지다. 그들이 동료들을 어떤 시각으로 보고 있는지 살펴보자.

동료들은 나와 대부분의 시간을 함께 하는 사람들이니 물리적인 시간으로만 따지면 가족보다 더 가까운 사이다. 게다가 좋든 싫든 다 같이 잘 살기 위해서라도 서로 지켜주고 밀어주고 끌어주어야 한다. 한 배를 탄 우리가 남이 아니라는 건 누가 가르쳐주지 않아도 다들 잘 안다. 목 마르지 않은 사람이 어디 있겠나. 우물은 내가 한발 먼저 나서서 파는 게 좋다. 한발 늦었다고 아쉬워들 하면, 난 그저 운이 좋았을 뿐이라고 겸손하면 된다.

직속상관이 가장 믿고 아끼는 후임이 되는 것은 기본이다. 나의 존재가 회사의 미래를 밝혀야 하고, 상관의 근심을 덜어주어야 하며, 동료들의 어깨를 가볍게 해주어야 한다. 어려움에 처한 동료를 돕거나 궂은일을 마다하지 않는 희생은 선택이 아니라 필수다. 그게 빠지면 오직 성공을 위해 영리한 술수를 부리는 모양새로 비칠 것이다. 궂은일일수록 먼저 나선다. 어려운 일이 있을 때마다 동료들이 나를 먼저 떠올리면 자부심과 더불어 안도감이 느껴진다. 너의 곁에 늘 내가 있다는 걸 기억해주어서 감사하다. 어려울 때 서로 힘이 되어주는 가족 같은 사이라서 자랑스럽고, 이래야 좀 살맛나는 세상이 아닐까 생각한다.

그런데 나처럼 온 마음을 다해 우리는 하나임을 실천하는 사람은 나뿐이다. 모두가 다 우물물을 나누어 마시려 할 뿐 우물 파는 걸 돕겠다고 나서는 사람도 없고, 우물 판 사람의 소중함을 알아주는 것 같지도 않다. 궂은일이 생기면 내가 또 나서주기를 은근히 바라는 것 같다. 심지어 어서 나서라고 내게 눈치를 주는 이도 있다. 자기들은 갖가지 변명을 대고 스르르 빠진다. 실망스러운데 실망을 내비치면 따가운 눈총을 받는다. 내가 사람들에게 실망하고 그들을 미워하기 시작하면 이제는 내가 바로 조화로움을 깨는 장본인이 된 느낌이다.

거리는 곧 의미다. 놀기에 좋은 사람, 정보와 조언을 얻는 지인, 급할 때 도움을 청할 수 있는 친구 등은 애정을 나누는 가까운 친구와는 의미가 다르다. 어떤 관계든 놀이, 생활, 애착 중의 하나가 주된 목적이다. 심리적 거리와 의미를 투명하게 하는 사람들을 우리는 '깔끔하다'고 표현한다. 거리와 의미를 모호하게 흐리는 사람들은 그럴 만한 저의가 있을 것이다. 남다른 사이라고 강조하면서 정이 깊은 척하지만 사실은 정보를 구하거나 급할 때 도움을 얻는 것이 주된 목적인 사람들이 흔하다. 생활이 목적이면서 애착이 목적인 척 하는 사람이 가장 얄밉다. 반면 생활이 목적인 공간에서 애착을 목적으로 하는 사람이 가장 안타깝다. 한편 생활이 목적인 공간에서 함부로 정이 깊은 척하지 않고 공과 사를 냉정하게 구분하는 사람들은 아름답다. 모든 시간과 공간에는 목적이라는 게 있다. 사람들은 대체로 그 목적에 대해 암묵적으로 동의하고 있다. 목적에 맞게 처신하는 것을 순리라고 한다.

### 생활 본능에 고착된 사람들: 사는 건 고되고 사람은 다 거기서 거기다

생활 본능에 고착된 사람들은 공적인 일에 사사로운 정을 끼워 넣지 않는다. 세상만사를 필요성과 손익이라는 관점에서 바라본다. 직장에서는 더욱 그러하다. 같은 목적으로 한 배를 타고 상당한 시간을 함께하는 사람들인만큼 사사로운 정 때문에 쓸데없이 관계를 껄끄럽게 만드는 건 어리석은 일이다. 모두의 이익이 극대화되는 방향으로 다 같이 합심해서 노를 젓는다면 더 바랄 게 없겠지만 어딜 가도 그런 일은 흔히 일어나지 않는다. 적어도 나는 손해 보지 않도록 주의를 기울이는 게 중요하다. 낙오되지 않도록 노력하지만 그렇다고 민폐를 끼치지도 않도록 조심해야 한다. 안정감이 최우선이다. 별 이득이 없는 궂은일이라면 굳이 나서지 않는 게 상책이다. 그러나 승진으로 가는 길이라면 경쟁은 필수며, 한 발 앞서기 위해서라면 다소 무리한 방법, 심지어 다소 부정한 방법도 굳이 마다하지는 않는다. 어차피 사람들은 원하는 것과 생각하는 바가 크게 다르지 않다. 한발 뒤처진 후에 후회해봐야 아무 소용이 없다. 곧고 바른 길만 고집한다고 해서 누가 알아주지도 않는다.

어려움에 처한 동료들을 돕는 건 좋은 일이다. 이미지도 중요하고 추후에 나도 도움받을 일이 틀림없이 있을 터이다. 그러나 남을 돕는 일도 상황에 따라 수위 조절을 해야 한다. 기껏 도와줘봐야 나중에 내게 도움이 될 일이 없는 사람들이라면 너무 힘을 쓸 필요가 없다. 심지어 돕겠다고 나섰다가 내 입장만 곤란해지는 일이라면 냉정해질 필요가 있다. 사회생활이란 그런 거다. 너무 착해도 바보가 된다. 사람들은 다 똑같다.

물론 한 배를 탄 직장 동료들끼리 가족처럼 진한 정을 나눌 수 있다면 그보다 근사한 일도 없겠다. 그건 어느 누구도 밀려나지 않고 모두가 안정감 있게 먹고살 때 가능해지는 일이다. 메마른 땅에서 곡식이 여물지 않듯이 척박한 생활에서는 온정이 피어나지 않는 법이다. 그런데 손해를 마다하지 않고 스스로 나서서 희생적으로 돕는 사람이 있다. 모든 면에서 앞서가려면 아무래도 남달리 적극적인 노력이 필요하다고 여기는 모양이다. 책임감도 강하고 성실한데다 저렇게 희생하기까지 하는데 고속 승진을 못하면 너무 크게 상심하지 않을까 우려된다. 우직한 노력보다는 냉철한 상황 판단과 영리한 대처가 더 주효한 게 세상 일이다. 세상 일은 고집스러운 노력으로 다 만들어지는 게 아닌데 저 사람은 왜 그걸 모를까. 혹시 아직 실패를 해본 경험이 없는 걸까. 아니면 너무 순진한 걸까. 물론 남의 일이니까 내가 걱정할 일은 아니다. 좋은 친구인 건 분명하지만, 왠지 내게 큰 도움이 될 것 같지는 않다.

## 놀이 본능에 고착된 사람들: 사는 거 별거 없다

놀이 본능이 강한 이들은 살아가는 목적이 없는 것처럼 보일 수도 있다. 그런데 그건 이들을 잘 몰라서 하는 소리다. 누구보다 사는 목적이 뚜렷한 사람들이다. 좀 더 즐겁게, 후회 없는 인생을 살자는 것이다. 방법은 크게 두 가지다. 하나는, 즐거운 일이 끊이지 않도록 계속 찾아서 시도하는 것이다. 가만히 앉아서 즐거움이 내게 오기를 기다리는 건 우매한 짓이다. 사과를 따야 먹지, 떨어지기를 기다리면 그게 어떻게 내 입에 들어오겠나. 이들은 주저 없이 선택

애착, 생활, 놀이의 균형이
행복이다

하고 곧바로 시도하는 행동파다. 또 하나는, 어제의 근심은 어제 했으니 그걸로 끝내고, 내일의 근심은 어차피 내일 할 거니까 내일로 미룬다. 게다가 막상 내일이 왔을 때 벌어지지 않을 일이라면 오늘 근심하는 게 얼마나 바보같은 짓인가. 오늘은 지금의 즐거움에 완전히 몰입하는 것만 중요하다. "아직 일어나지도 않은 일을 왜 미리 걱정하느냐"는 말을 자주 하는 사람들인데, 그 말을 굳이 먼저 나서서 하지도 않는다. 이들은 이런 진지한 생각을 하고 있을 시간도 없다. 바쁘니까. 친구, 연인 또는 배우자가 걱정에 사로잡혀서 계속 근심을 늘어놓으면 반은 핀잔 그리고 반은 위로 삼아 잠시 지나가는 말을 해줄 뿐이다. 죽기 전에 후회하는 다섯 가지 이야기를 두고 사람들이 "그래, 알면서도 이게 실천이 안 되어서 탈이야"라며 탄식하고 있을 때, 놀이 본능이 강한 사람들은 아마도 "거 봐, 내가 뭐랬어"라며 해맑게 웃을지도 모른다.

이들에게도 생활은 필요하다. 먹고사는 문제에 걱정이 없을 리가 없다. 다만 생활에 필요한 노력은 언제나 최소한으로 한다는 게 이들의 뚜렷한 철학이다. 직장에서 눈치껏 일을 적게 하고, 우물물은 당연히 나눠 마시려 한다. 현재 곤경에 처해 있어도, 일단 퇴근을 하면 깨끗이 잊는다. 마냥 잊을 수는 없는, 해결하지 않으면 당장 어떻게 될 어려움이 생기면 적극적으로 나서지만, 잘 해결하기보다는 빨리 해결하는 게 이들에게는 더 중요한 듯하다. 즉 임시변통에 아주 능하다. 자신의 그런 행동이 남들에게 어떻게 비치는지, 남들에게 어떤 영향을 주는지 잘 인지하지 못할 수도 있다. 남들 눈치를 많이 보지 않기 때문이다. 생활에 대한, 그리고 공동체 안에서의 협력에 대한 책임감이 부족할 수도 있다는 게 가장 큰 단점이다. 그러나 이들은 크게 개의치 않는다. 그게 자신들이 즐거움을 추구하는 데 직접적인 해를 끼치지 않는다면 가볍게 흘려 넘길 수 있기 때문이다.

사실 사람들이 모여 사는 곳이라면 경멸, 시기, 미움 등의 감정이 끊이지 않는다. 훌륭한 일을 많이 하는 사람도 피할 수 없다. 어떤 이는 사람들의 칭찬에도 기쁨을 느끼지 않고 흘려듣는다고 말한다. 사람들이 어느 순간에 칭찬에서 비난으로 돌아설지 알 수 없고, 그들의 칭찬도 그리 객관적이거나 진심이 아니라는 걸 잘 알기 때문이다. 놀이 본능이 강한 사람들이 남의 비난에 개의치 않고 자기 갈 길을 해맑게 웃으면서 가는 모습은 해탈의 경지로 보일 수도 있다. 그런 사람이 생활 본능도 제법 충실하게 갖추고 있다면 금상첨화다. 책임감 있게 할 일을 다 하고, 즐길 때는 적극적으로 해맑게 즐기는 여유로움을 갖게 된다.


## 관계에서의 세 유형

애착 본능에 고착된 사람들:
언제 밥 한번 먹자는 말은 너무 무책임하잖아요

'좀 아는 사이'에서 거리 개념은 늘 애매하다. "언제 밥 한번

같이 먹어요"라는 말이 의미하는 '우리 둘 사이의 심리적 거리'는 대체 어디쯤일까. 내가 다음 주에 전화해서 만나자고 하면 좋아하겠다는 걸까, 싫어하겠다는 걸까. 일 년에 서너 번 만나서 밥 먹는 사이는 어려울 때 하소연도 하면서 마음을 의지해도 되는 사이일까, 그건 좀 실례일까. 세 번 만나는 동안 늘 밥값도 계산하고 꼬박꼬박 집까지 차로 데려다주는 이 친구는 나와 어느 정도 가까운 사이일까. 왜 내가 세 번 연락하는 동안 그는 내게 한 번도 연락을 하지 않은 걸까. 내가 연락을 더 자주하면 좋아할까, 부담스러워할까.

'좀 아는 사이'를 많이 가진 사람들이 있다. 명함이나 핸드폰 번호를 수집이라도 하듯 모으는 사람들을 두고 인맥이 넓다는 표현을 쓴다. 이들은 자기 사업을 하면 참 잘할 것 같다. 좀 아는 사이는 생활이 주 목적인 경우가 대부분이다. 여가 생활을 풍성하게 하기 위해서 인맥을 적극적으로 넓히고 관리하는 사람은 거의 없다. 딱 하나 예외가 있다면, 이성의 연락처를 많이 모으고 소위 '어장 관리'를 하는 사람들이다. 그들은 연애를 놀이처럼 하는 편인데, 그런 유희가 생활에 큰 도움이 되는 건 아닐 것이다. 넓은 인맥을 관리하는 사람들은 살다 보면 언젠가 요긴할 것임을 알기에 그런 인맥을 만드는 것이리라. 너무 가깝지도 너무 멀지도 않은 적당한 거리에 두는 것도 중요하다. 너무 가까워지면 애착으로 무게중심이 이동하고, 그럴수록 바라는 게 많아지면서 실망도 피하기 어렵다는 걸 너무 잘 안다. 미래를 위한 투자와 관리라는 측면에서 보면 시간과 마음을 크게 투자했는데 실익을 낼 가능성은 오히려 떨어지는 셈이다. 그건 생활의 법칙에 어긋난다.

애착 본능에 고착된 사람들은 타인과의 심리적 거리가 좁혀질 때 행복을 느끼기 때문에 이타적이거나 애정 어린 행동을 습관적으로 하는 편이다. 자신이 그런 행동을 습관적으로 하기 때문에 둘 사이의 심리적 거리를 실제보다 더 가깝다고 생각하는 버릇이 있다. 그래서 모호한 거리는 마치 이들을 삼키는 거미줄과도 같다. 무언가 해보려는 부단한 몸짓 때문에 얽히고설키면서 점점 꼬인다. 애착 본능에 고착된 사람은 가까운 거리를 잘 내어주지 않는 상대가 야속하다고 느낀다. 그럴수록 애가 닳아서 더욱 애정 어린 제스처를 취할 것이다. 그러면 상대는 뒤로 물러날 게 틀림없다. 부담스러울 테니까. 상대는 애초에 애착이 목적이 아니었다는 걸 뒤늦게 깨달으면 그때는 감정 조절이 잘 되지 않는다. 그런데 모호한 거리를 가깝다고 착각한 것은 자신이었으니 누굴 탓할 일도 아니다.

### 생활 본능에 고착된 사람들: 밥 먹을 사람이 많은 게 재산이다

'좀 아는 사이'의 심리적 거리는 분명하다. 그런데 때와 장소에 따라 '좀 아는 사이'라고도 하고 '잘 아는 사이'라고 말하기도 한다. 어느 경우이든 '필요에 따라 친한 사이'라고 해석된다. 내 가족 또는 절친한 친구들 앞에서 이 사람을 소개할 때는 '아주 잘 아는 사이'라 말한다. 신경을 좀 써달라는 뜻이다. 도움이 될 만큼 적당히 가까운 거리를 유지해야 하니까. 그러나 돌아서서 우리끼리 이야기

**애착, 생활, 놀이의 균형이 행복이다**

할 때는 '그냥 좀 아는 사이'임을 분명히 한다. 우리끼리는 정확히 알아야 손발을 맞추어 처신할 수 있으니까. 그래야 혹여나 '불필요한' 정을 투자하는 우를 범하지 않을 테니까.

"언제 밥 한번 먹자" 했더니 이틀도 지나지 않아 전화를 하는 사람이 있다. 나쁠 건 없지만 조금 생각이 필요하다. 나랑 애착 관계를 맺자는 걸까? 지금 당장 내 도움이 필요한 걸까? 아니면 빨리 적극적으로 친해져야 할 이유라도 있는 걸까? 그것도 아니면 자기가 오늘 마침 너무 한가해서 밥이나 한 끼 같이할 사람이 필요한 걸까? 애착에 대한 탐색이라면 한 발짝 물러나서 거리를 조절해야 한다. 내가 원하는 심리적 거리를 은근슬쩍 알려줄 필요가 있다. 당장 도움이 필요하다면 그게 뭔지 들어보고 움직이면 된다. 이 사람이 내게 중요한 자원이라면 흔쾌히 들어주는 건 기본이고 우리가 남달리 정이 깊기 때문이라는 걸 과시하는 것도 괜찮다. 그래야 내가 전하는 의미를, 나를 그 정도로 챙겨주고 지지해주기를 기대한다는 걸 새겨들을 것이다.

세 번째 가능성은 오늘 만나서 즐겁게 놀면서 좀 더 빨리 친해지겠다는 것이다. 그럼으로써 가까운 미래에 더 큰 계획을 도모하려는 것일지도 모른다. 이건 약간 흥미로울 수도 있고 부담스러울 수도 있다. 중요한 건 내게는 어떤 실익이 있느냐는 것, 그게 없다면 이건 부담스럽거나 어이 없는 상황이 된다. 어차피 조금 지나면 금방 알게 될 것이다. 또 하나의 가능성, 아무런 목적 없이 오늘 한가한데 딱히 만날 사람이 없으니까 날 만나겠다는 거라면 좀 실망스럽다. 내가 그리도 한가해 보였을까? 아니면 나와의 관계를 그 정도 의미로만 보고 있다는 걸까? 그럼 가까운 거리를 유지해봐야 앞으로 내게 실익은 없다는 건가. 이것도 좀 두고 보면 알 일이다.

꾸준한 게 중요하다. 얼마나 자주 연락하느냐는 거리의 지표다. 일 년에 한 번 크리스마스에 감사 인사를 전하는 관계라면 일 년에 두 번 연락하는 것도 좀 무리가 될 수 있다. 두 번과 한 번은 꽤 큰 차이가 있다. 두 번째가 흔쾌히 받아들여지면 세 번째도 쉬워지고 그건 가까운 거리를 내어준다는 적극적인 표현에 해당한다. 철마다 한 번씩 만나 즐겁게 회포를 푸는 사이라면 꽤 가까운 인맥에 해당한다. 이 정도면 어려울 때 달려와줄 수도 있는 거리다. 생활의 관점에서 보면 아주 이상적인 거리다. 애착의 관점에서 봐도 꽤 안전한 거리이다. 조금만 당기면 애착의 관계로 발전할 수도 있지만, 서너 번만 연락을 거르면 스르르 잊히는 사이가 될 수도 있다. 현재 이대로도 서로에 대해 아는 게 많아서 마음의 소통이 자연스러운 사이다. 이런 사이가 많으면 외로울 일도 없겠다.

매주 만나는 사이라면 당연히 애착 관계다. 매주 만나는 이성이 여럿이면 그건 명백한 철면피다. 매달 만나는 이성이 여럿이면 그건 소위 말하는 '어장 관리'라고 볼 수 있겠다. 매달 만나는데 애착을 전혀 나누지 않는 사이라고 한다면 그건 모순이다. 그러나 철마다 한 번씩 만나 회포를 푸는 사이가 여럿이라면 '어장 관리'라는 비난을 면한다. 그건 어쩌면 마음을 깊이 소통할 수 있는 지인을 많이 가진 마음의 부자라는 느낌일 수도 있다.

**애착, 생활, 놀이의 균형이
행복이다**

놀이 본능에 고착된 사람들:
사람들이 있어서 세상이 즐겁다

'좀 아는 사이'이든 '잘 아는 사이'이든 지금 중요한 건 누가 나와 즐거운 시간을 함께할 수 있느냐다. 나는 사람을 잘 가리지 않는다. 사람을 평가하고 가리는 건 필요 이상의 감정 소모다. 게다가 왜 어떤 이가 항상 더 의미가 있고, 어떤 이는 항상 별로인가. 그런 구분은 너무 인위적일뿐더러 구분당하는 사람의 입장에서는 기분 좋을 일이 아니다. 굳이 구분을 하자면 지금 나와 좋은 걸 나누는 사람이 좋은 사람이다. 그렇기에 누구라도 좋은 사람일 수 있다. 나는 쿨 하다. 그리고 나는 아무래도 박애주의자라는 말이 잘 어울리는 것 같다.

취미 동호회는 참 좋은 문화다. 이건 인류가 오랜 세월 진화하며 빚어낸 지혜다. 누구나 참여할 수 있고 모르는 사람들끼리도 한 팀이라는 이유로 금세 친하게 섞일 수 있다. 게다가 빠질 때는 말없이 빠져도 된다. 좋아하는 활동을 실컷 즐길 수 있도록 모든 여건을 만들어놓고, 어서 오시라고 환영까지 해주니 동호회 사람들은 천사나 다름없다. 세상에는 봉사의 기쁨을 아는 사람들이 참 많다. 나는 성선설을 믿는다.

유난히 잘해주는 사람들도 간혹 있다. 나를 더 자주 만나고 싶어 하고, 더 많이 챙겨주려 하고, 더 깊은 대화를 원하는 그들이 때로는 내게 서운한 내색을 한다. 내가 말도 많고 밝고 쾌활해서 늘 그들을 즐겁게 해준다고 믿는다. 그래서 왜 내게 서운한지 잘 모르겠다. 그들 마음 안에 내가 알지 못하는 어떤 이유가 있겠거니 생각한다. 그걸 굳이 알려고 하지 않는다. 안다고 내가 해줄 건 없으니까. 중요한 건 그들이 좋은 사람들이라는 점이다. 그래서 나는 그들도 나처럼 긍정적일 수 있기를 진심으로 바란다.

## 사랑에서의 세 유형

애착 본능에 고착된 사람들:
그의 곁에 늘 있어주는 것, 자신을 잊는 것, 그게 사랑이다

애착 본능에 고착된 사람들의 장점은 절친한 친구, 연인, 가족 등의 애착 관계에서 특히 두드러진다. 자신을 내어줌으로써 상대를 채워주고 자신의 아픈 속마음은 혼자 삭힌다. 애착 본능이 강한 사람들은 아끼는 이들을 손수 보살펴야 한다는 책임감이 집요할 정도로 강하다. 애정 욕구를 채워주어야만 그가 비로소 삶을 온전히 누릴 수 있음을 너무 잘 안다. 그게 나의 결핍이기 때문이다. 나는 그 아픔을 아는 사람이기에 한시도 그게 잊히지 않는다.

문제는 애착 욕구가 채워질수록 잊히는 것이기에 내가 채워주면 그는 날 바라보지 않고 다른 곳을 바라본다는 점이다. 엄마의 사랑을 의심할 일이 없는 아이들이 엄마를 떨쳐내고 세상으로 나아가 마음껏 즐기고 경험한다. 마찬가지로 아내의 헌신적인 사랑과 내조에 힘입은 남편이 생활 전선에서 열정과 집중력이 살아나고 여

애착, 생활, 놀이의 균형이
행복이다

가 생활에서도 활기와 여유가 넘친다. 채워지는 사람의 관심은 애착 욕구에서 점차 풀려나가는 반면 채워주는 사람의 관심은 애착 욕구에 더욱 강하게 묶인다. 상대가 채워지는 만큼 자신이 비어간다는 걸 느낀다. 그럴 줄은 몰랐던 거다. 채워주는 게 채워지는 길이라고 믿었다. 또한 채워진 사람은 채워지는 맛을 배울 테니까, 그런 만큼 나를 채워줄 줄 아는 사람으로 거듭날 거라 믿었다.

한 쪽은 채워주는 것이, 다른 한 쪽은 채워지면서 잊히는 것이 서서히 습관이 된다는 걸 뒤늦게 배우지만 되돌리는 법은 배우지 못했다. 습관도 고질화되면 운명이 된다. 돈, 지위, 권력의 맛을 아는 사람은 돈, 지위, 권력을 빼앗으려 하고, 놀이의 맛을 아는 사람은 놀이의 즐거움을 나누려 하고, 애정의 중요성을 아는 사람은 애정을 주려고 한다. 약육강식의 생활에 길들여진 사람은 승부욕이 강하고, 놀이의 즐거움을 아는 사람은 친화력이 강하고, 애착에 몰입하는 사람은 희생적일 가능성이 높아진다. 애착 본능에 고착된 사람을 가족으로 둔 사람들은 행운이다. 그럼 애착 본능에 고착된 사람들은 행운을 어디서 찾아야 할까.

희생은 쉽게 묻히는 법이다. 희생은 스스로 빛이 나지 않는다. 희생이 빛이 나려면 그 희생의 이유와 가치를 정확히 알아주는 사람을 만나야 한다. 누구도 알아주지 않는 희생은 분노와 회한으로 이어지기 마련이다. 생활 본능에 고착된 배우자는 헌신적인 보살핌에 대해 인정하고 깊이 감사할 줄 알지만 되돌려주는 법을 잘 모른다. 그렇다면 결과적으로 그는 나의 극진한 애정과 보살핌을 당연시하는 것과 크게 다를 게 없다. 예를 들어 아내의 (또는 남편의) 보살핌을 자신에 대한 애정 어린 관심으로 인식하기보다는 그저 맡은 바 책임을 다하는 걸로 여기는 것과 같다. 자신은 살아가는 데 필요한 중요한 책임에 좀 더 매진하고 있으니 우리는 서로 잘 보완이 된다고 생각하는 것 같다. 그러나 애석하게도 근면, 성실함이 애착 욕구를 보상해주는 건 아니다.

배우자가 아무리 존경스러울 정도로 훌륭한 생활을 하고 있어도 그건 그 자체로 좋을 뿐 그게 애정은 아니다. 심지어 배우자가 돈, 지위, 명예, 권력으로 탑을 쌓아도 어차피 애착과는 무관하다. 관심, 이해, 공감, 지지, 보살핌은 언제나 사소한 말, 지나가는 표정, 작은 행동에서 묻어 나온다. 그리 어려운 게 아니다. 그러나 습관이 되어 있지 않은 사람들에게는 그보다 어려운 것도 없는 모양이다. 그래서 깊은 한숨이 늘어간다. 그러다 보면 생활 본능이 강한 그도 결국 크게 상심한다. 가족의 생활을 일구어내는 자신의 눈물겨운 노력이 인정을 받지 못했다고 여기기 때문이다. 좀 더 백방으로 훌륭해져야 또는 돈을 좀 더 벌어와야 비로소 나에게 인정을 받으리라 생각하는 것 같아서 안타깝다. 엇갈린 매듭을 어찌 풀어야 하나. 사랑이 밥 먹여 주느냐고 말하고, 밥 먹고 살게 해주었으면 그게 곧 사랑이라고 믿는 사람을 어디서부터 가르쳐주어야 하나. 사람은 기계가 아닌데 어떻게 기계화된 삶에 만족할 수 있는가.

놀이 본능에 고착된 배우자는 좀 얄밉다. 지금 내 상태가 어떤지, 우리 집안 사정이 어찌 돌아가는지도 모른 채 어떻게 저렇게

천하태평일 수가 있나. 이 사람도 가끔 근심이라는 걸 하기는 할까. 보고도 모른 척 하는 건지, 애써 잘 안 보는 건지, 아니면 정말 눈에 안 보이는 건지도 잘 모르겠다. 내 희생의 가치를 잘 알아주지도 않는 것 같다. 그는 내가 당연한 걸 하는 건데, 또는 내가 좋아서 하는 일이면서 그렇게 생색을 낼 필요가 있느냐 반문한다. 이따금은 진심인지 농담인지 모르게, 너무 자기만 바라보고 있지 말고 자기처럼 나도 나 하고 싶은 걸 하면서 살라고 조언을 해주기도 한다. 그걸 조언이라고 한다. 나는 그가 배우자인지 룸메이트인지 헷갈려 하고 있는 마당에 그런 말을 어떻게 할 수 있을까. 간혹 나의 배려와 희생에 눈물 어린 감사함을 표현하기도 한다. 그 순간은 진심일 테고 그래서 잠시 달콤하지만, 사실 그게 더 약 오른다. 말뿐일 거면 아예 꺼내지를 말지, 왜 희망 고문을 하는 걸까. 함께 시간을 보내면서 마음을 들어주고 알아주고 나누어야 가족이라 할 수 있는 것 아닌가. 생활은 어차피 각자의 영역이니까 따로 하고, 노는 것도 여기 저기 친구들과 놀며, 가끔 집에 함께 있는 시간조차 각자의 공간에서 각자의 취미에 몰두할 거면 대체 가족이 왜 필요한 걸까. 우린 멀고도 가까운 사이이다. 내가 그를 필요로 할 때 우리는 너무 멀고, 그가 날 필요로 할 때 우리는 아주 가깝다.

## 생활 본능에 고착된 사람들: 각자 맡은 바 책임이 곧 애정이다

삶에는 연습이 없다. 흐른 시간은 되돌아오지 않는다. 그러니까 매 순간이 실전이다. 한가하게 여유부리다가 경쟁에서 밀려나는 건 순식간이다. 한 발 앞서서 오르고, 하나 더 가지려면 여유 부리기를 조금 포기하는 수밖에 없다. 잘 것 다 자고 놀 것 다 놀면서도 가질 건 다 가지겠다는 건 나약한 자들의 백일몽이거나 편법과 술수도 마다하지 않겠다는 도둑 심보다. 세상은 험하고 생활은 거칠고 삶은 만만하지 않다. 그런 삶에 내 편 하나는 확실히 가져야 한다. 주거니 받거니 하면서 험한 세상을 함께 헤쳐 나갈 사람, 잘 나갈 때 진심으로 기뻐해주고 힘들 때 격려해줄 사람, 내가 한 세상 잘 살아왔다고 인정해주고 기억해줄 사람이 필요하다. 그게 가족이다. 때로 내가 좀 비겁했어도 그럴 만한 사정이 있었을 거라 이해해주고, 때로 내가 좀 거만해져도 그럴 만도 하다며 알아주고, 때로 내가 지쳐서 주저앉아 있어도 곧 다시 힘을 낼 거라 믿어주는 것이 애착이다. 밤이슬 맞으며 남의 집을 털어도, 손 시리지 말라고 장갑을 챙겨주는 게 정이다.

내가 아는 사랑은 그런 거다. 어떤 고난에도 무릎 꿇지 않으며, 험한 세상 다리가 되어 상대를 지켜주는 것이다. 그런 내게 사랑이 없단다. 사랑 노래 잘 부르는 게 사랑이 깊은 건가. 사람들은 새들이 지저귀면 사랑 노래라도 하는 줄 안다. 새들은 사람 아기들과 마찬가지로 뭔가 불편하거나 필요할 때 살아보겠다고 우는 것이다. 나는 살아보겠다고, 나아가서 잘 지켜주겠다고 애쓰고 있다. 다만 울지 않을 뿐이다. 차라리 화를 내거나 우는 게 더 인간적으로 정이 느껴질 거란다. 애정을 달라고 울거나 화를 내는 게 더 애정이 깊은 거라는 말이 도무지 이해가 되지 않는다. 그건 애정을 믿지 못하겠다는 것이지, 그게 어떻게 믿겠다는 태도인가. 살기 더 힘들었던 옛날에는 우울증이나 불안장애 같은 게 없었을 것이다. 살기 힘들면 마음의 호사를 누리지 못했다 해서 가슴을 쥐어뜯으며 울지 않을 것이다.

## 놀이 본능에 고착된 사람들:
## 즐겁게 살도록 격려하고 도와주는 게 사랑이다

재미있는 게 좋다. 새로운 게 좋다. 설렘이 좋다. 도전이 좋고 경험이 좋다. 나는 진취적이고 낭만적이며 즐길 줄 안다. 고로 나는 사는 법을 안다. 제일 나쁜 건 후회하는 것이다. 지금 하지 않으면 나중에 후회할 것이다. 그거야 말로 인생 낭비. 일은 더도 말고 덜도 말고 필요한 만큼만 한다. 물론 어느 정도가 꼭 필요한 만큼인지는 서로 기준들이 다르긴 하다. 충분히 이해한다. 그리고 나는 나의 기준대로 산다. 남들이 옳다는 대로 사는 건 우매한 것 아닌가. 지나간 건 잊는다. 앞으로의 일에 대해서는 긍정적으로 전망하고 빨리 결단하고 곧 바로 실행하는 게 좋다. 신중하지 못하다는 말에 동의할 수 없다. 자신의 기준으로 타인을 평가하지 않는 것은 기본적인 매너 아닌가. 나는 남을 평가하지 않는다. 나는 나의 길을 간다. 나는 자유로운 영혼이다.

나는 유쾌한 사람들과 어우러져 노는 걸 좋아한다. 당연히 그들에게는 깊은 정을 바라지 않는다. 취미 활동을 마음껏 할 수 있으니 소중하고 감사할 따름이다. 연인이나 배우자는 좀 다르다. 나는 늘 정 많고 배려가 깊은 사람을 사귄다. 나를 가장 아끼고 사랑해주는 사람과 함께 살고 싶은 건 당연한 이치다. 힘들고 지치면 나를 위로해줄 사람, 실패하고 좌절해도 나무라지 않고 격려해줄 사람, 어떤 경우에도 날 믿어주고 좋아해줄 사람과 함께하는 것, 그게 애착이다. 가족은 서로 힘이 되어주어야 한다. 서로 지켜줌으로써 각자가 후회 없는 인생을 살도록 도와주는 것이 가족이다. 나는 언제나 가족의 곁을, 내가 있어야 할 자리를 지킴으로써 그들에게 힘을 실어준다. 그리고 진취적, 긍정적, 적극적인 나는 늘 즐겁게 사는 모범을 보인다.

어떻게 사는 게 잘 사는 것인가에 대해 나는 확고한 가치관을 가지고 있다. 인생의 성공과 실패는 죽기 전에 자기 인생을 돌아볼 때 얼마나 많은 시간을 웃고 즐거워했는지에 따라 결정되는 거다. 나는 그렇게 살아가고 있다. 아내는 (또는 남편은) 좀 다르다. 벌써부터 후회하고 있다. 어제 일을 후회하고 앞으로의 일을 걱정한다. 안타깝지만 내가 무얼 해주어야 할지 모르겠다. 게다가 그런 자신이 옳고 이런 내가 틀렸다고 말하고 있다. 어느 부분은 인정한다. 아주 깊이 관심 갖고 섬세하게 배려해주는 건 감사하다. 솔직히 때로는 부담스럽다. 정확히 말하자면 그 자체가 부담스러울 건 없다. 다만 나만 바라보고 있느라 자신의 즐거운 일을 찾지 못한다면 얼마나 후회할 것이며 나를 얼마나 원망할 것인가. 그게 안타깝다. 그래서 굳은 표정으로 나를 보는 그 시선이 부담스럽다.

**애착, 생활, 놀이의 균형이
행복이다**

## 이해하지 못하면 멀어지고
## 깊이 이해하면 닮아간다

이 세 유형의 사람들은 서로 다른 곳을 바라보고 있다. 타고난 기질도 한몫한다. 성장 과정에서 체험하고 배운 것들도 모두 제각각이다. 가치관이 다르고 성격이 다르다. 쉽게 풀 수 없는 문제인 건 맞지만 그렇다고 체념할 일은 아니다. 애착이라는 본성이 체념한다고 체념이 되는 게 아니다. 그리고 어렵지만 불가능한 건 아니다. 사람의 본성이라는 건, 좋아하면 이해가 잘 되지 않는 것도 이해해보려 애쓰게 되고, 그게 무엇인지 이해가 되기 시작하면 싫어하지 않게 된다. 그러다 깊이 공감이 되면서 자신에게도 통찰을 주면 더 좋아하게 된다. 좋아하게 되면 닮아가게 되고, 서로 닮아가다 보면 소통이 더욱 깊어지고 애착이 공고해지는 법이다. 물론 이 과정은 아주 어렵다. 죽고 못 살 정도로 좋아해서 결혼하는 사람들이 많지 않은 듯하기에, 첫 단추부터가 어렵긴 하다. 굳이 깊이 이해해보려 애쓰기보다는, 마음에 안 들면 성토하기 바쁘다. 과감히 첫 단추를 건너뛰어도 다음 단계로의 진행이 가능하다. 억지로라도 깊이 이해해보려고 애써보는 것이다. 사람은 작정하고 파고들면 이해하지 못할 바가 없다. 앞서 연민의 과정에 대해 설명했다. 이해하면 연민하고 용서하게 된다. 그건 순리이다.

# 마음의 치유를 넘어
# 자아실현으로

# 자아실현과 성공은
# 어떻게 다른가

자아실현이란 능력과 성취의 극대화가 아니다
인간애의 극대화다

자아실현이란 한 개인이 자신에게 내재된 잠재력을 극대화하는 것이라 정의된다. 잠재력을 극대화한다는 것을 개인의 능력치를 최고 수준으로 끌어올린다는 뜻으로 받아들이기 쉽겠지만, 그게 전부가 아니다. 올림픽 금메달, 콩쿠르 우승, 노벨상 획득은 자아실현과는 좀 다른 개념이다. 역사 속 위인으로 추앙받는 인물들 역시 자아실현을 이룬 사람들이라고 단정할 수는 없다. 실상 위인들의 면면을 꼼꼼히 살펴보면 자아실현과는 꽤 거리가 먼 인물들이 아주 많다. 자아실현을 향해서 가다 보면 성취가 자주 뒤따르는 게 자연의 이치이기는 하다. 그러나 비범한 재능이나 남다른 성공이 자아실현의 필요조건은 아니며 충분조건은 더욱 아니다.

인간이 자신에게 주어진 잠재력을 극대화한다는 것은 주어진 삶을 가장 아름답게 소화해낸다는 걸 의미한다. 주어진 한계를 이해하며 받아들이고 주어진 장점들을 극대화해서 스스로를 가장 좋은 모습으로 진화시키는 걸 의미한다. 간단히 말하자면 사람으로서 가질 수 있는 가장 좋은 향기를 갖는 것이다. 그러기 위해서는 스스로 행복할 줄 알아야 하고, 타인들과 어우러져서 더욱 즐거울 줄 알아야 하며, 나아가서 사람들에게 좋은 사람이어야 한다. 최대한의 능력 발휘나 드높은 성취가 궁극적으로 개인의 행복을 보장하는 게 아니며, 주위 사람들과 조화롭게 어울리는 데 있어서 꼭 도움이 되는 것도 아니다. 오히려 자칫 겸손을 잃으면 치명적인 해가 될 수 있고, 겸손하다 해도 자신의 능력 발휘가 타인에게 득이 되지 않으면 시기의 대상이 될 뿐이며, 나아가서 사회 전체에 기여하지 못하면 외면당하기 십상이다. 사람은 사회적 동물이며, 한 개인의 존재 가치나 삶의 가치를 논할 때 조화로운 관계 안에서의 행복을 빼고서는 주목할 게 별로 없다. 자신의 존재가 주위를 행복하게 하지 못하면 자신의 가치에 대해 스스로 흡족할 수 없다.

매슬로가 제시한 욕구의 위계에서 자아실현의 욕구가 가장 높은 단계에 위치한다. 자아실현을 추구하기 위해서는 그 아래 단계의 기본적인 욕구들이 충족되어야 한다는 뜻이다. 생리적 욕구들이 지나치게 결핍된 상태라면, 안전을 확보하고 먹고살기에 급급하다면, 사랑도 놀이도 큰 의미가 없고 자아실현은 언감생심이다. 안전이 확보되어 있고 먹고살기에 문제가 없어도 너무 외롭거나 즐거움이라곤 없는 팍팍한 삶이 지루하게 이어지고 있어도 역시 자아실현은 너무 먼 이야기가 된다. 생활을 안정시키고 단단한 애착을 얻고 놀이를 마음껏 누리려는 노력들은 자아실현으로 가는 길을 열어준다. 행복이 없는 정신적인 성장은 이유 없는 고통이며 모순이다.

## 사회가 내게 무얼 해주는지보다
## 내가 사회에 무얼 해주고 있는지를 고민한다

물론 개인의 능력을 최대한으로 발휘하는 것도 자아실현에 포함된다. 모든 개인들은 지금 아무리 행복해도 그 상태 그대로 유지하면서 앞으로 영원히 만족할 수는 없다. 자신의 능력을 좀 더 발휘하고 싶고 그럼으로써 좀 더 나은 사람으로 진화하고 싶은 욕망에 끝이 없는 게 인간에게 내재된 본성이다. 이런 본능을 '개인의 한계를 초월하고자 하는 욕구Transpersonal Needs'라 한다. 이 욕구는 한 개인이 어느 분야에서든 개인적인 목표를 달성하는 것을 넘어서서 어떤 형태로든 타인에게 큰 도움이 되고자 하는 욕망으로 표현된다. 예를 들어 자신의 부모보다 더 훌륭한 부모가 되겠다는 소망, 부모 형제와 그 자식들까지 포함한 온 가족을 자신의 손으로 먹여 살리고 끝까지 돌보겠다는 포부, 사회에 굵직한 공헌을 하겠다는 야망, 아름다운 멘토가 되어 누군가의 삶에 길잡이가 되어주겠다는 바람 등의 형태로 나타난다. 자아실현 욕구는 특별한 사람들의 특별한 선택이 아니라 우리 모두에게 내재된 자연스러운 욕망이다. 그런 욕망과 노력이 진정한 행복과 자아실현으로 이어지려면 주위

자아실현과 성공은
어떻게 다른가

의 타인들과 사회에 도움이 되어야 한다. 능력의 순위는 중요하지 않다. 능력이 화목함에 기여하는 정도가 중요하다.

더욱 중요한 것은 능력을 계발하는 과정 자체가 본인에게 행복이 되어야 한다는 점이다. 자신의 재능과 관심이 한 곳에 집중되어서 열정이 되면 몰입의 행복을 느끼게 된다. 이것이 매슬로가 말하는 '절정경험peak experience'이다. 절정경험은 그 순간을 몰입해서 사는 것이다. 궁극의 즐거움, 삶에 대한 깊은 경외감, 두려움이나 근심이 사라진 무아지경이다. 절정경험을 맛볼 기회는 누구에게나 있다. 힘겨운 배움의 과정, 목표 달성을 위한 인내와 끈기, 간혹 마주치는 어려움들을 해결하는 지혜와 용기, 그런 고단한 과정 뒤에 찾아오는 성취감, 이제 어려운 과정은 지나갔다는 안도감이 찾아온다. 그 뒤에는 물이 오를 대로 오른 자신의 전문성을 발휘하면서 성과를 즐기는 절정경험이 쉽게 이어진다.

어느 분야에서든 그 정도의 수준에 오르게 되면, 자신의 즐거운 노력들이 사람들과 세상을 이롭게 하기 시작한다. 사람들과 세상이 그 진가를 인정하고 감사함을 표하기 시작한다. 그때 세상과 내가 혼연일체가 된 특별한 경험을 하게 된다. 이때야말로 자신의 한계를 초월하고자 하는 욕구가 충족되는 순간이다. 짓밟고 올라서서 기세가 등등해진 순간에 느끼는 자부심을 두고 자아실현을 달성했다고 보지는 않는다. 자아실현은 세상과 나 사이의 애착이 실현되는 그 지점까지를 목표로 한다. 좀 더 현실적인 예를 살펴보자. 달랑 열다섯 가구가 모여 사는 작은 섬이 있다고 해보자. 이 작은 마을에서 이십 년째 구멍가게를 열어놓고 있는 김씨가 있다. 큰 돈을 벌 일은 애초에 없지만, 사람들에게 필요한 물건들을 헤아려 두었다가 배가 들고 날 때마다 어김없이 그것들을 챙겨둔다. 당연히 구멍가게가 본업이 아니다. 할 일이 많아서 가게는 비워놓는 경우가 대부분이다. 마을 사람들은 주인이 없어도 물건을 갖다 쓰고 나중에 값을 지불한다. 말하자면 김씨는 이 마을의 빛과 소금 같은 존재다. 이 도시가 내게 무언가를 해주기에 내가 이 도시에 애착을 갖는 게 아니다. 내가 이 도시에 열정과 노력을 투자하고, 그것이 이 도시를 행복하게 한다면, 나는 이 도시를 가장 아끼고 사랑하는 사람이 되는 것이다.

천석꾼이 경주에 사는 당대 최고 부자인 최부자를 찾아간 사연이 전해진다. 만석꾼이 되는 비결을 배우러 왔다고 하니 저기 머슴들 방에 가서 기다리라는 답이 돌아왔다. 무척 배가 고프지만 아무리 기다려도 밥을 줄 생각을 안 하길래, 어찌 이리 홀대하느냐 따져 물었다. 최부자의 답은 간단했다. 악착같이 돈을 벌면서 사람들에게 개돼지로 손가락질을 받았을 것이니 사람 대접을 해주지 않았다는 것이다. 머쓱해진 천석꾼이 최부자 집을 나와 주막에서 하소연을 했더니 동네 사람들이 최부자의 미담을 일러주었다. 최부자는 천 석만 곳간에 들이고 그 이상은 땅을 사서 동네 사람들에게 내어주고는 토지세만 받는다는 것이다. 이듬해에 또 천 석 이상이 되면 또 땅을 사서 사람들에게 나누어준다. 그래서 사람들은 자기 논이나 최부자의 논이나 다 마찬가지라고 생각하고, 늘 최부자가 더욱 흥하게 해달라고 기도한다. 큰 은덕을 입고 있는 마을 사람들도 이 마을을 사랑하겠지만, 최부자보다 더 사랑할 거라고는 말할 수 없을 것이다. 어떤 이는 자신의 사리사욕을 위해 이 마을을 팔아넘기는 짓을 할 수도 있겠고, 대부분의 사람들은 마을에 풍토병이라도 돌면 안전한 곳을 찾아 서둘러 떠날 수 있겠지만, 아마도 최부자는 끝까지 마을을 지키는 최후의 한 사람일 가능성이 크다.

# 자아실현으로 가는 사람들은
# 무엇이 다른가

자아실현의 방향으로 올바르게 나아가고 있는 사람들에게
는 남다른 특징들이 있다. 마지막으로 그들의 특징을 하나씩 살펴
보도록 하자.

자아실현으로 가는 가장 중요한 첫걸음은 인간의 본성에 대
해 진심으로 궁금해하고, 뚜렷하게 직시하려 하고, 깊이 이해하려
하고, 겸허하게 받아들이는 것이다. 인간과 삶의 본성에는 알고 싶
지 않은 불편한 진실들이 많다. 세상 돌아가는 일들 중에도 차라리
모르는 게 나을 법한 불편한 진실들이 참 많다. 자아실현에 대한 잠
재력이 높은 사람들은 진실을 똑바로 직시할 줄 아는 날카로운 눈
과 이 진실을 눈 부릅뜨고 바라볼 용기를 가지고 있다. 자신의 내면

319

하나만 들여다보아도 이기심과 탐욕, 시기와 질투, 적대감과 공격성 등 인간 본성의 좋지 않은 민낯을 시시때때로 직면할 수밖에 없다. 자신의 부모를 들여다보아도, 주위의 관계들을 돌아보아도, 세상을 둘러보아도 보고 싶지 않고 받아들이기 껄끄러운 불편한 진실들이 헤아릴 수 없이 많다. 인간과 사회 그리고 삶을 받아들이고 연민하기 위해서는 이런 면면들에 대한 깊은 통찰이 우선되어야 한다. 있는 그대로 관찰하고 용감하게 직시하며 냉정하게 이해하려는 노력이 필요하다. 당장 편해지기 위해서 섣부른 합리화를 하지 않아야 한다는 뜻이다. 모르는 건 모른다고 하고, 틀린 건 틀렸다고 하는 것이다.

앞서 언급한 『호밀 밭의 파수꾼』의 홀든 콜필드가 그러하다. 그는 자신과 부모, 친구들 그리고 세상을 똑바로 직시하고 인간의 위선과 모순에 대해 진중하게 아파하고 있다. 언뜻 보기에는 지나치게 예민하기만 해서 세상에 적응하지 못한 어리석은 모습으로 비쳐질 것이다. 그러나 그런 아픔의 밑바탕에는 인간과 세상에 대한 깊은 애착을 실현하고자 하는 욕망이 깔려 있다. 인간의 한계를 넘어서서 세상과 하나가 되고자 하는 갈망이 심하기 때문에 이상과 현실의 간극이 너무 아픈 것이다. 자아실현으로의 길로 걸음을 뗄 때는 사람들은 밝고 자신감이 넘치는 사람들이라기보다는 진지하고 간절한 사람들이다.

## 본성의 모순을 받아들이면
## 편안하고 유쾌해진다

본성을 직시할 수 있어야 연민할 수 있다. 인간의 내면에 선과 악이 늘 공존한다는 걸, 즉 인간의 본성 자체가 모순이라는 걸 자연스럽게 받아들이게 된다. 모든 개인들은 영원히 잘난 것보다는 못난 게 더 우세하다는 걸 겸허하게 인정한다. 욕구가 채워지는 것보다는 결핍이 더 지배적인 게 삶이라는 필연적인 사실에 승복한다. 그 결과 단점을 감추기 위해 애쓰지 않는다. 타인의 단점을 들추는 데에도 큰 관심을 갖지 않는다. 궁극적으로는 단점이 단점으로 여겨지지 않게 된다. 이것이 자신을 사랑할 줄 알게 된 사람들의 특징이다. 나아가서 자신의 단점을 스스로 희화화하면서 유쾌한 분위기를 자아내기도 한다.

이들의 유머는 선하다. 남의 단점을 건드리는 건 유머의 소재로 사용하지 않는다. 이들의 유머는 통렬한 데가 있다. 인간의 본성을 꿰뚫는 통찰들이 유머에 담겨 있기 때문이다. 잘 만들어진 시트콤이나 코미디는 인간의 못나고 못된 본성을 우스꽝스럽게 묘사한다. 그래서 소소한 재미와 따뜻한 위안을 준다. 그렇게 못나고 못된 채로 한바탕 잘 어우러질 수 있고 게다가 때로는 서로 큰 의지가 되어줄 수 있음을, 그래서 서로 용서하고 좋아하고 화목해진다는 걸 보여주기 때문이다. 본성의 민낯은 절대로 들추어서는 안 되는 흠이 아니라 보이면 자연스럽게 안아주고 안 보이면 굳이 보려고 하지 않는 게 올바른 태도이다.

**자아실현으로 가는 사람들은
무엇이 다른가**

## 머리보다는 가슴으로
## 나아가 온몸으로 체험하려는 사람들

파울로 코엘료Paulo Coelho의 소설 『연금술사』는 자아실현에 대한 이야기다. 연금술사는 자아의 신화를 빚어내는 사람들을 말한다. 자아의 신화를 추구하는 사람들에는 세 부류가 있다. 첫째는 자아의 신화를 이해하지 못한 채 추구하는 흉내를 내며 자아의 본질을 이야기하려는 사람들이다. 둘째는 이해하면서도 머리가 아닌 가슴으로 이루어야 한다는 것까지 깨닫고 나서 좌절해버리는 사람들이다. 마지막으로 자아의 신화가 무엇인지 들어본 적도 없으면서도 자신의 삶 속에서 이루어내는 사람들이다. 앞서 말한 섬 마을의 구멍가게 김씨가 여기에 해당할 수도 있다.

『연금술사』의 주인공 산티아고는 부모님의 바람대로 열여섯 살까지는 신학교를 다니면서 신부가 되기를 꿈꾸지만 어느 날 더 넓은 세상을 아는 것이 중요하다는 생각이 든다. 자신의 존재 의미를 여행에서 찾기로 작정하고 양치기가 되어 먼 길을 떠난다. 그는 여행을 통해 많은 마을과 여인들을 만나고 싶어 했다. 자아실현을 찾아 떠나는 고단한 여정이 때로는 그렇게 단순한 이유로 시작되곤 한다. 산티아고는 길목마다 고난을 맞닥뜨리고 현실에 안주하는 안정에 대한 유혹도 마주했지만 멈추지 않고 길을 계속 갔다. 길의 목적이 발견과 성장이었기 때문이다.

산티아고는 에스페란토어와 종교를 배우고 연금술에 심취한 영국인을 길에서 만나 동무가 된다. 위대한 업을 좇는 그 영국인 친구는 부친의 유산을 털어서 도서관을 모두 찾아다니고 많은 책을 사 모은다. 책 속에 있는 단 몇 줄의 고귀한 글귀를 만나고 이해하기 위해 그 많은 책들이 필요하다고 믿는다. 하지만 산티아고의 눈에는 그가 자신의 신념에 별로 확신이 없어 보였다. 그런데 그의 눈빛과 기세는 맹렬해 보였다. 그건 억지로 확신하는 사람의 특징이다. 산티아고는 그 책들 속 언어들이 생소했다. 하지만 모든 책들이 하나의 결론으로 통한다는 사실을 발견했다. 세상의 만물이 다양한 형태로 서로 다르게 표현되어 있지만 결국 하나에 대해 말하고 있음이 어렴풋이 느껴졌다. 서로 다른 분야에서 정점에 달하면 결국 같은 진리를 만나게 되는 이치다. 산티아고는 그런 점에서 그 영국인 친구를 포함하여 자신과는 다른 방식으로 자아의 신화를 좇는 모든 사람들을 존중한다. 반대로 책에 파묻힌 영국인은 그 책들에 새겨진 상징들과 난해한 용어들을 속속들이 감상하지 못하는 산티아고를 업신여긴다.

드디어 연금술사를 만났지만 영국인은 깊은 좌절에 빠진다. 이제껏 당신을 찾아 다녔노라 말하고 연금술의 비밀을 물었지만 돌아오는 대답은 직접 해보라는 말뿐이다. 그게 전부다. 마음의 이야기를 스스로 들은 사람들이 글귀를 통해 소통하는 것이지, 글귀를 읽은 사람들이 마음의 이야기를 깨닫는 건 아니다. 이미 느끼고 있던 바를 책에서 만날 때 공감하고 그 책의 진가를 알아보는 것이지, 새로운 이야기를 글에서 만난 사람에게 깊은 체험이 우러나는 건 아니다. 연금술사는 산티아고의 용기를 시험해본 후 진실을 말해준다. 아무리 먼 길을 왔어도 절대 쉬지 말라 한다. 사막을 사랑하되 사막을 완전히 믿지는 말라 한다. 마음의 말에 귀를 기울이고 깊이 잠기라 한다. 산티아고는 그 안에 자신의 자아가 있음을 발견한다. 연금술사는 자신의 마음의 소리를 아무리 듣지 않는 척해도 절대 그 마음으로부터 달아날 수는 없노라 말한다.

## 안전보다는 성장을 택한다

삶의 어느 길목에서 현실적인 안정을 추구하는 순간 마음의 이야기는 문을 닫아버리고 성장이 중단된다. 자아를 찾아가는 성장의 길이 고난으로 여겨지고 두려움이 앞설 때 현실에 안주해버리면 자아의 비밀은 영원히 열리지 않는다. 연금술사가 금을 빚기 위해서는 납을 녹여서 이전의 형체를 파괴해야만 하는 것과 같은 이치다. 산티아고는 현실에 안주하고 싶어질 때마다 여행길에서 만난 어느 노인, 살렘의 왕의 가르침을 떠올리고 용기를 추스르곤 했다. 그 왕의 가르침은 절대로 꿈을 포기하지 말고 표지를 따라가라는 것이었다.

여행길에 만난 친구에게 배신을 당해 전 재산을 빼앗기고 절망에 빠진 산티아고는 여비를 다시 마련하기 위해 크리스털 그릇을 파는 상인의 가게에서 그릇을 닦기 시작한다. 조금씩 돈을 벌고 안정감을 느낄 때마다 좀 더 획기적인 아이디어가 떠오르고 과감하게 실행함으로써 큰돈을 벌어들였다. 평생 안정을 추구한 그 가게의 주인은 산티아고에게 자신과 오래도록 함께할 것을 제안한다.

산티아고가 보기에 안정은 달콤해보였지만, 세상은 목적 없이 떠도는 양치기보다는 부를 축적한 남자를 공경하니 강렬한 유혹이었지만 그는 제안을 거부한다. 산티아고가 보기에 그 주인은 자신의 인생을 어찌 살아야 할지 모르는 것 같았기 때문이다. 더 많이 가진 사람이 더욱 많이 차지하려고 애를 쓰는 건 성장이 아니다. 안전할 만큼 충분히 가진 사람이 더 나은 자아, 더 나은 관계, 더 나은 세상을 꿈꾸는 것이 성장이다. 쌓여 있는 재물들을 보면서 잠시 만족할 뿐 헛헛해져서 조금 더 가지려 애쓰는 건 협소한 시각이며 작은 욕망이다. 현재의 안정감에 너무 의존하면서 새로운 시도를 포기하는 것도 역시 좁은 안목에서 비롯된다. 자신의 내면을 좀 더 면밀히 들여다보면 분명 무언가 좀 더 큰 그림이 들어 있음을 발견할 것이다.

## 누구에게서나 배운다
### 모든 사람들과 세상에 대해 감사한다

제자에게도, 자식에게도, 경쟁자에게도, 심지어 적에게도 배울 게 있다. 남들을 내리누르거나 비교 우위를 즐기는 게 목적인 사람은 남들이 못 가진 것에 집중하지만, 배움이 목적인 사람은 남들이 갖춘 것에 주목한다. 흔히 어느 집인들 문제없는 집이 없다고들 한다. 맞는 말인데 따를 말은 아니다. 남이 더 가진 걸 바라보면 상대적 박탈감으로 인해 아프하게 될까봐 애써 모자란 점을 찾으려는 심리다. 뒤집어서 보면 어느 집인들 배울 점 없는 집도 없다. 그걸 보려 하지 않는 건 좋아하면서, 배울 기회와 함께 나누면서 즐거

**자아실현으로 가는 사람들은
무엇이 다른가**

울 기회를 스스로 걷어차는 셈이다. 가장 인간다운 모습을 실현하기 위해 남들을 내리누르거나 남들 위에 올라서는 건 필요하지 않다. 얼마나 더 많은 이들과 얼마나 더 좋은 걸 많이 나누느냐에 달려 있다.

제자를 가르치는 스승은 제자의 부족한 부분을 찾아서 메우도록 돕는 역할을 한다. 부족한 부분을 메워야 한다는 필요성은 어디가 얼마나 부족한지를 아는 데서 비롯되지만, 부족함을 메우는 방법은 그가 가진 장점에서 찾는 게 좋다. 누구에게나 고유한 특징들이 있고, 남다른 장점들이 있다. 제자의 장점을 잘 알아주는 스승이 가장 효과적으로 도울 수 있다. 이는 기술적인 측면뿐 아니라 제자의 자신감과 동기 부여에도 막대한 영향을 끼친다. 스승과 제자는 역할 놀이일 뿐 누가 더 아름다운 성장을 하고 있는지는 맡은 역할의 종류와 무관하다. 스승으로서 자신의 역할을 더 잘하기 위해 자신을 돌아보면서 성장을 지속하고 있다면, 제자에게는 매우 큰 가르침이 될 것이다. 제자에게서 배울 줄 아는 스승이 가장 아름다운 성장을 할 것임은 틀림없다.

자녀에게 자신의 단점을 투명하게 보여주고 인정할 줄 아는 부모는 아름다운 가르침을 주는 부모다. 자녀가 배워야 할 것들 가운데 가장 가치 있는 건 역시 자존감이다. 자존감은 자신의 부족함이 사랑받을 자격이나 관계의 화목함, 나아가 세상과의 유대감을 해치는 게 결코 아니라는 걸 아는 것이다. 그걸 가르치는 부모의 역할은 자녀의 부족한 것들을 포용하면서 한결같은 사랑을 주는 것으로 시작되고, 부모 스스로가 겸허하고 당당하게 성장을 지속하는 모습을 보여줌으로써 완성된다. 부모 스스로가 성장을 하려면 자신의 부족함을 인지하면서도 스스로에 대한 사랑을 잃지 않고 남 앞에서, 특히 자식 앞에서도 당당할 줄 알아야 한다. 사실 스스로의 부족함을 잘 인정하는 태도는 자신의 장점들이 차고 넘쳐서 충분하다는 자신감에서 비롯되는 것이다. 그렇게 당당한 사람이 지속적인 성장을 할 수 있고, 그런 과정에서 부모는 자녀들에게도 배울 게 있다. 다른 데서는 기꺼이 배우는데 내 자녀에게서는 배울 생각이 없다는 태도는 자녀와 부모 모두의 자존감에 해가 된다.

### 자신이 가장 잘 하고 좋아하는 걸 한다
### 몰입보다 더 즐거운 일은 없다

적성에 열정이 포함되어 있는 게 아니다. 열정은 몰입의 결과물이다. 처음부터 열정으로 시작하는 게 아니라는 뜻이다. 시작은 괜한 호기심, 왠지 끌리는 호감 그리고 즐거움이다. 자신이 잘하는 걸 좋아하는 건 자연스러운 현상이다. 하면서 즐겁고, 할 때마다 결과가 만족스럽고, 게다가 그 결과로 인해 인정과 사랑을 받는다면 그보다 더 끌리는 일이 또 있을까. 해보기 전에는 얼마나 잘할지, 좋아하게 될지, 점점 더 몰입하게 될지 아니면 점차 시들해질지 알수가 없다. 시작하는 동기가 열정이라고 말하는 사람이 있다면, 차라리 그건 야망이라고 표현하는 게 옳을 것이다. 야망으로 시작하는 게 나쁠 건 없지만 최선은 아니다. 과정에서의 즐거움보다는 결

**자아실현으로 가는 사람들은
무엇이 다른가**

과가 가져다주는 이익을 원하기 때문이다. 그것도 너무 간절히 원하기에 야망이라 표현되는 것이며, 그렇게까지 간절할 만한 이유가 있을 것이다. 어디서부터 비롯되었든 야망이라는 건 사람들의 위에 위치함으로써 자아를 드높이고 싶은 욕망이다. 그럴 때 과정이란 몰입의 즐거움이 아니라, 아직 올라서지 못한 상태를 의미할 뿐이다. 오늘 하루가 즐거웠고, 이렇게 즐거운 날로 삶을 채우면 행복하겠다는 태도가 아니라, 내일의 결과로 이어지지 않는 오늘의 노력은 의미가 없다는 뜻이다. 자아실현의 관점에서 보자면 거꾸로 가는 길이다. 너무 많이 가면 돌아오는 길이 너무 멀어진다.

베르나르 베르베르Bernard Werber의 소설 『뇌』를 보면 인간과 컴퓨터가 체스 대국을 벌이는 장면이 나온다. 소설 속에서 마르탱과 핀처 박사는 컴퓨터가 인간의 지능을 닮아가면서 앞지르기도 하는 현상에 대해 토론한다. 그중 체스에 대한 이야기에서 인간에 대한 마르탱의 통찰이 흥미롭다.

"체스는 도를 향해 나아가도록 도와줍니다. 선과 악, 긍정과 부정을 상징하는 두 에너지 사이에 투쟁이 존재한다는 것을 우리에게 일깨워주니까요. 또한 체스는 우리 모두가 저마다의 역할과 능력을 지니고 있음을 깨닫게 해줍니다. 우리는 폰일 수도 있고, 나이트나 비숍이나 룩이나 퀸일 수도 있습니다. 하지만 가장 보잘것없는 폰이 승부를 결정짓는 외통수를 만들어내듯이 우리가 어디에 있느냐에 따라서 대단히 중요한 역할을 할 수도 있는 것이지요."

체스의 각각의 말들은 한 가지 기능밖에 못한다. 폰이 나이트나 비숍의 기능을 흉내 내지 못한다. 각자가 할 수 있는 것만 적시 적소에서 할 뿐이다. 인간 사회가 그러하다. 각자가 맡은 바 역할을 해주고 그것들이 조화를 이룰 때 그 집단은 흥하고 집단의 구성원들은 단단한 유대감을 누린다.

　　노력하는 자가 즐기는 자를 이길 수 없다는 건 분명하다. 어느 위치, 어느 역할이든 자신이 맡은 일에서 흥미를 느끼고 과정에서 몰입의 즐거움을 알게 되면 열정적으로 임하게 된다. 언젠가는 사람들에게 도움이 되고, 그래서 사람들이 알아주고, 그럼으로써 자신의 가치가 빛이 나는 때가 자연스럽게 온다. 그런 때는 노리면서 기다리는 자에게 오는 게 아니라 잊고 사는 자에게 불현듯 다가오는 법이다. 노리면서 기다린다는 건 현재의 과정에 몰입하지 못하고 있다는 반증이다. 잊고 몰입하는 사람은 그저 현재가 즐거울 뿐이다. 그런데 그게 타인과, 더 넓게는 사회에 도움이 된다. 기여하기 위한 목적의 기여는 의미가 쉽게 퇴색된다. 자신을 먼저 채우지 않고 타인을 채우는 기여는 심지어 해롭기까지 하다. 그러한 기여의 대상이 된 타인은 뿌듯할 리가 없다. 그건 타인에게 부담스러운 빚을 안겨주는 셈이기 때문이다.

　　자신이 행복하면서 그게 타인에게 도움이 되면, 타인은 부담 없이 감사하고 덩달아 행복해진다. 내 입에 맛있는 걸 넣어주고 행복해하는 엄마의 미소는 진심이다. 그걸 아는 나는 신나게 먹고 행복해진다. 내 입에 맛있는 걸 넣어주고 생색내는 선배의 미소는 계략이다. 나는 체하지 않으면 다행이다. 요리사로서 장인 정신이 투

**자아실현으로 가는 사람들은
무엇이 다른가**

철하고 음식을 즐기는 손님들의 표정에서 행복을 찾는 선배가 갑자기 보고 싶어져서 불쑥 찾아갔다가 맛있게 먹어달라며 건네받은 음식은 소화가 잘 된다.

　길에서 퍼져버린 차를 정비소로 가져갔을 때 엔진을 통째로 갈아야 한다는 말을 예상했다가 엔진 위에 얹혀 있는 작은 고무 부품 하나만 갈아 끼우고 이제 됐다면서 따뜻한 미소를 짓는 정비공을 만난다면 어떨까. 몇백 만 원이 날아갈 줄 알았다가 몇천 원만 내고 가라는 정비공을 만나면 얼마나 행복할까. 이 정비공은 정확함, 성실함 그리고 정직함이 가져다주는 행복에 길들여져 있을 것이다. 이런 게 장인 정신이다. 우리 사회가 각박해도 이런 사람들은 분명 곳곳에 있다. 그들도 잘 안다. 자신들이 어떤 기여를 하고 있는지. 그들의 정직함과 선함은 사람들에게 전이된다. 그런 모습을 기억하는 사람들은 아마도 다른 곳에서 다른 이에게 한 번의 선함을 더 베풀게 될 것이다. 그 정비공은 늘 바쁘다. 아는 사람들은 다 아는 그런 사람이 되면, 아주 바빠진다. 자신을 처음 찾는 사람들도 만면에 흐뭇한 미소를 띄고 친근함과 신뢰를 한껏 드러낼 것이다. 그래서 바쁜 하루가 그리 싫지 않을 것이다.

## 방심하고 물을 주지 않으면
## 금세 시들기 시작한다

　사람의 성장은 이만하면 충분하다는 그런 지점이라는 게 없다. 사람의 성장에서 필수적인 요소가 본성과 인성의 균형인데 이

것이 시소와도 같다. 너무 예민해서 평형을 유지하기가 무척 어렵다. 본성을 외면하지도 억누르지도 않고 자연스럽게 소화시키되 마냥 그 본성만을 따라갈 수도 없으니, 인성은 본성과의 힘겨운 싸움을 쉼 없이 지속해야 한다. 시소는 한쪽으로 조금만 기울기 시작하면 훅 내려간다. 반대쪽에 무게를 실어주지 않으면 다시 올라오지 못한다. 본성은 끊임없이 내면의 깊은 곳에서 펌프질을 하고 있다. 끊임없이 욕망하고 숱하게 좌절한다. 인성은 본성으로부터의 펌프질을 잊고 마음을 마냥 놓을 수는 없다.

자아실현의 길을 가는 사람들도 조금만 방심하면 금세 지루해지거나, 어리석어지거나, 유치해지거나, 탐욕에 빠지거나, 거만해지거나, 짜증이 늘거나, 우울해지거나, 초조해질 수 있다. 그러나 위기는 또 하나의 기회가 될 수도 있다. 한번 넘어지고 일어나면 더 힘 있게 달리기도 한다. 일자리를 잃어본 사람은 일자리가 있음에 깊이 감사할 줄 안다. 내면의 나쁜 본성의 펌프질을 영원히 잠재울 수 있는 방법은 없다. 본성의 아우성을 끝없이 관찰하고 관리하는 것, 그게 인성의 책임이자 그나마 가능한 유일한 방법이다.

그런데 그게 끝이 아니다. 균형이라고 말하는 것은 인성의 역할이 본성을 관리하고 통제하는 것만이 전부가 아니라는 뜻이다. 인간의 기본 감정들은 주로 본성에서 비롯된다. 본성의 욕구가 잘 충족되는 게 행복의 비결이다. 매슬로가 말하는 것처럼, 하위 단계 욕구들이 충족되지 않고서는 자아실현도 없다. 본성에서 비롯되는 욕구들을 너그럽게 이해하고 잘 보살펴주는 것 또한 인성의 책임이

자아실현으로 가는 사람들은
무엇이 다른가

다. 본성의 욕구는 마냥 통제만 할 것이 아니라 문화가 허용하는 범위 내에서 지혜로운 방법으로 충족을 시켜주는 게 더 중요하다. 근엄하고 예의 바른 모습도 필요하지만 때로는 아이처럼 유치해질 필요도 있다. 이타적인 행동도 중요하지만 자신의 이기적인 마음을 알아주지 않으면 탈이 난다. 사랑을 주는 것보다 사랑을 잘 받는 법을 깨우치는 것이 더 중요하다.

시소의 균형은 늘 위태롭다. 그래서 인간은 매 순간 바쁘다. 깨어 있지 않으면 금세 시든다. 자아실현은 마지막 순간까지 과정일 뿐 결과가 없다. 행복도 성장도 언제나 진행형이고 언젠가 찾게 될 결과물이 아니라 지금 이 순간의 문제다. 그래서 지금 이 순간 깨어 있으면서 몰입하고 있는 사람에게서 가장 좋은 향기가 난다.

## 삶은 기다림이다
### 그리움이 오늘을 의미 있게 한다

사무엘 베케트Samuel Beckett의 희곡 『고도를 기다리며』는 '광대들에 의해 공연된 파스칼의 명상록'이라는 평을 듣는데, 적절한 표현인 것 같다. 모자라 보이는 사람들끼리의 말도 안 되게 엇갈린 대화들 같지만 엉뚱한 대사 하나하나가 의미심장하게 함축된 시와 같다. 그렇게 엇갈리는 게 사람들 간의 관계와 소통 아니던가. 베케트는 어설픔과 엇갈림을 통해 인간, 관계, 소통의 본질을 적나라하게 보여주고 있는 셈이다.

이 희곡이 말하고자 하는 것은 삶이 한마디로 기다림이라는 것이다. 이 작품에서는 처음부터 끝까지 아무 일도 일어나지 않는다. 블라디미르와 에스트라공, 두 남자가 길에서 "고도"라는 이름을 가진 사람을 기다린다. 고도가 누구인지, 오기는 오는 건지, 고도라는 사람이 실제로 있기는 한지, 심지어 고도를 만나면 무얼 할지도 모른 채 그저 기다릴 뿐이다. 양치기 소년이 나타나서 고도가 내일 온다고 알려준다. 고도는 오지 않았고, 후에 다시 등장한 양치기 소년과의 대화도 역시 엇갈리기만 한다. 양치기 소년을 쫓아버리고 다시 고도를 기다린다. 두 사람은 떠나자, 내일 다시 와보자, 정말 떠난다, 이렇게 말은 하지만 떠나지 못하고 또 기다린다. 고도가 대체 무엇이냐는 질문에 작가 자신도 그걸 알았으면 작품 속에 썼을 것이라고 '엇갈린' 답을 한다.

고도를 기다리는 두 명의 주인공들과 양치기 소년 외에 포조와 럭키라는 인물이 등장한다. 포조는 권위적이며 잔인한 지배자이고, 럭키는 포조의 노예다. 포조는 럭키에게 짐을 지게 하고 목에 줄을 매어 끌고 다닌다. 럭키는 포조의 명령에 무조건적으로 순종한다. 두 명의 주인공들이 고도를 기다리던 중 포조와 럭키를 만나 대화를 나누는데 역시 두서없고 무의미한 엇갈림뿐이다. 세상에는 지배하는 자가 있고 지배당하는 자가 있고 방관하는 자가 있고 추종하는 자가 있다. 인간의 본성에는 지배욕, 탐욕, 이기심이 깔려 있다. 스톡홀름 신드롬에서 볼 수 있듯 가해자를 신격화하고 맹종하는 기이한 욕구도 내재되어 있다. 서로 간에 마음이 엇갈리지만 필요에 따라 협력하고 반가움을 표하기도 한다. 그런 가운데 또 누군가는 적어도 한 때는 깨어난 의식을 앞세워 사회를 흔들어 깨우치려는 이상주의자가 되기도 한다. 여러 부류들 간의 대화는 겉으로는 통하는 듯하지만 언제나 엇갈리고 표류한다. 그런 모든 부류의 인간들이 하나같이 다들 고도를 기다린다. 고도는 정해진 모습이 없이 저마다의 것이다. 인간의 삶은 자기 안에 내재된 그리 합리적이지 않은 인간으로서의 본성과의 쉴 새 없는 전쟁이기도 하다. 또 한편으로는 쉴 새 없이 이성을 압박하면서 괴롭히는 추한 본성들에서 자유로워진 어떤 절대적인 상태 또한 고도가 아닐까 싶기도 하다. 본성과 이성의 균형은 언제나 현재 진행형이며, 끝없는 기다림이 곧 현실이자 평화이다.

고도는 사실 없지만, 누구나 기다리는 그것이다. 그렇다면 한 인간의 자아실현에 대한 꿈도 일종의 고도일 것이다. 여전히 꿈을 버리지 않고 의미가 가득한 삶을 희망하는 사람들의 마음 안에는 한시도 잊은 적이 없는 그리움이 있다. 가보지 못한 곳에 대한 그리움 같은 것이다. 경험하지 못한 걸 그리워한다는 건 모순이다. 하지만 그런 모순이 현실이기도 하다. 갓난아기 때 입양되어서 부모의 얼굴도 모르고 목소리와 살냄새도 전혀 기억하지 못하는 사람들조차 '부모'를 그리워한다. 엄마다운 엄마를 가져보지 못한 사람도 평생 엄마다운 엄마의 느낌을 그리워한다. 겪어보지 못해서 알지 못하는 느낌을 그리워한다. 엄마다운 엄마를 가져본 사람도 평생의 반쪽, 영혼의 동반자를 그리워한다. 진화의 오랜 세월 동안 우리의 유전자 안에 각인된 진한 그리움이다. 그게 무엇인지 모르지만 그리워한다. 왜 그리워하는지도 모른 채 기다린다. 자아실현의 꿈은 영원히 실현되지 않지만, 꿈꾸고 기다리면서 살아가는 매 순간에 생동하는 의미를 부여하는 건 그리움이다. 삶은 기다림이다.

내가 몰랐던 상처를 마주하고,
다시 나를 성장시키는

# 홀로서기 수업

1판 1쇄 펴냄 | 2018년 5월 18일
1판 2쇄 펴냄 | 2019년 1월  2일

지은이 | 김진관
발행인 | 김병준
편  집 | 유승재
디자인 | 김은영·이순연
발행처 | 생각의힘

등록 | 2011. 10. 27. 제406-2011-000127호
주소 | 경기도 파주시 회동길 37-42 파주출판도시
전화 | 031-955-1318(편집), 031-955-1321(영업)
팩스 | 031-955-1322
전자우편 | tpbook1@tpbook.co.kr
홈페이지 | www.tpbook.co.kr

ISBN  979-11-85585-51-2  03180

이 도서의 국립중앙도서관 출판시도서목록(CIP)은
서지정보유통지원시스템 홈페이지(http://seoji.nl.go.kr)와
국가자료공동목록시스템(http://www.nl.go.kr/kolisnet)에서
이용하실 수 있습니다.(CIP제어번호: CIP2018013627)